개념 전쟁

아시아에서 인도-태평양까지,
강대국의 공간 지배 전략과 한국의 선택

개념 전쟁

손열 지음

책을 펴내며

 이 책을 구상한 지는 꽤 오래되었다. 2000년대 후반 몇몇 학자들과 함께 '동아시아연구모임'을 결성하여 동아시아의 지역 협력에 대해 공부하면서 동아시아라는 지역 개념의 역사에 관심을 갖게 되었다. 초보적인 의문은 동아시아라고 불리는 지리적 공간을 아시아, 동양, 동아, 태평양, 아시아-태평양, 동북아시아 등으로 다양하게 지칭해왔다는 점이다. '그렇다면 특정 지역어는 누가, 왜, 어떻게 정하는가'라는 질문이 뒤따랐다. 이에 지역어가 담고 있는 개념을 찾아내 그 정치적·국제정치적 성격을 밝힐 필요가 있다는 생각을 하게 되었다. 그 단초는 공부 모임이 출간한 두 권의 책 《동아시아와 지역주의》(2006)와 《매력으로 엮는 동아시아》(2007)에 담았다.

 문제는 이후 여러 공부 모임을 거쳐 아이디어가 조금씩 숙성해 가는 과정에서 현실의 변화가 빠르게 전개된 데 있었다. 2010년대 들어 동아시아를 지리적으로 어디까지 구획할 것인가를 두고 대국들이 경합을 벌이면서 개념은 혼란 상태에 빠졌고, 쇠퇴한 것 같았던 아시아-태평양 개념이 부활했으며, 동시에 인도-태평양 개념이 서서히 부각되기 시작했다. 여기서 그치지 않고 2020년대 들어 인도-태평양 개념이 지배적 지위에 오르면서 공부 거리는 점점 늘어났다. 돌이켜보면 그 어떤 지역 개념도 패권적 지위를 30년 이상 지속하지 못했기 때문에 인도-태평양 역시 언젠가는 다른 무언가로 대체될 것이다. 이에 필자는 인도-태평양이 수명을 다하기 전에 이 프로젝트를 마무리해야 한다는 조급함으로 집필을 서둘렀고, 마침내 완성할 수 있었다.

이 책은 아시아, 동아시아, 동북아시아, 아시아-태평양, 인도-태평양 등 지역어의 개념을 찾아 이들 개념 사이에 벌어진 경쟁의 동학動學을 밝히는 '개념사적 접근법'을 채용하고 있다. 만청晩靑 하영선 선생이 주도한 '전파연구회'를 통해 가다듬은 인식론이자 방법론이다. 이 책의 제목도 만청의 '개념 전파 전쟁'에서 원용한 만큼 그분에게 진 학문적 빚이 크다. 또한 이 책이 다루는 '매력외교', '네트워크권력', '중견국 외교' 등의 주요 개념은 전재성 서울대 교수와 김상배 서울대 교수가 주축이 된 '정보세계정치연구회'나 '동아시아지역질서연구회'에서 서로 배운 산물이다. 이승주 중앙대 교수, 배영자 건국대 교수, 이동률 동덕여대 교수는 위 공부 모임뿐만 아니라 동아시아연구원(EAI) 국가연구패널과 국제정치경제패널 등을 함께했으며, 특히 이 책의 후반부를 구성하고 있는 인도-태평양 개념 관련 기술은 이들에게서 많은 도움을 받았다. 긴 세월 함께 공부한 이분들의 도움 없이는 이 책은 세상에 나올 수 없었을 것이다.

이 책의 편집을 맡아 난삽한 문장을 읽기 쉽게 바꾸어준 이경민 선생님과 출판 과정에서 여러 행정적 처리를 담당한 동아시아연구원 오준철 연구원과 이주연 연구원에게 감사의 말씀을 전한다.

끝으로 이 긴 작업은 아내 임수경의 헌신적인 내조와 질책, 격려가 없었다면 완수할 수 없었을 것이다. 깊은 감사와 사랑의 마음을 담아 이 책을 아내에게 헌정하고자 한다.

안산을 내다보는 연구실에서

손 열

차례

책을 펴내며 | 4

서장 공간 지배와 개념전쟁

공간을 둘러싼 개념전쟁의 시작 | 13
공간, 개념, 지역 | 18
개념사적 접근을 통한 분석 | 24
개념전쟁의 역사를 통해 이 책은 무엇을 말하려 하는가 | 28

제1장 아시아 대 태평양, 개념전쟁의 서막

천하天下라는 전통적인 세계관 | 35
문명의 교체, 천하에서 아시아로 | 40
인종 개념으로서의 아시아 | 50
조선의 개념전쟁 | 54
태평양 개념의 등장 | 61
태평양 개념의 전파 | 68
'동아東亞'라는 대항 개념의 등장 | 78
동아 개념의 전파: 동아협동체론 | 85
동아협동체 개념과 미키 기요시 | 91
조선의 동아협동체 수용 | 100
태평양 대 동아, 두 개념의 충돌과 전쟁 | 114

제2장 태평양에서 아시아-태평양으로

전후 질서의 확립과 태평양 개념의 진화 | 123
경제 개념으로서 태평양의 재부상 | 130
아시아-태평양 개념의 등장 | 137
아시아-태평양 개념의 전파 | 144
미국의 패권과 아시아-태평양 개념의 관계 | 152

제3장 동아시아의 재구성

동아시아라는 개념의 재현 | 161
기적의 동아시아, 위기의 동아시아 | 165
문화적 공간으로서의 동아시아 | 178
동아시아의 주도권을 장악하기 위한 중국의 노력 | 184
일본이 내세운 동아시아공동체의 개념 | 191
동아시아 공간을 둘러싼 중일 간 개념전쟁 | 198
아시아-태평양의 반격 | 201
동아시아 개념의 후퇴 | 211

제4장 인도-태평양의 등장과 경합

인도-태평양의 부상 | 217
인도-태평양을 둘러싼 세력 배분 구조의 변화 | 221
인도-태평양 개념으로 지정학적 변화를 꾀한 일본 | 229
인도의 인도-태평양전략 | 237
호주의 인도-태평양전략 | 245
미국의 인도-태평양전략 | 249
인도-태평양전략에 대한 중국의 저항 | 256
인도-태평양 지역의 과잉 안보 딜레마 | 262
깊어가는 한국의 고민 | 268

제5장 동북아에서 인도-태평양으로

한국, 동북아 vs. 인도-태평양 | 273
동북아시아 개념의 기원과 탄생 | 276
친숙한 동북아 개념에 매달린 한국 | 281
한국에게는 낯선 인도-태평양 개념 | 291
인도-태평양 개념의 뒤늦은 수용 | 298
인도-태평양을 익숙한 공간으로 만들기 위한 조건 | 305

제6장 한국의 인도-태평양전략 7대 성공 조건

개념전쟁의 역사에서 우리는 무엇을 얻을 수 있는가 | 311

1. 지구적 맥락에서 미래 변화를 담는 개념을 설정하라 | 317

2. 인도-태평양을 친숙한 공간으로 만들어라: 인도와 동남아와의 관여 강화 | 322

3. 인도-태평양전략의 대목표를 설정하라 | 326

4. 인도-태평양 개념에 전략적 지향성을 담아라: '전략적 균형'전략 | 330

5. '중층적 공간'전략을 짜라 | 334

6. 선진 중견국 네트워크 외교를 펼쳐라 | 337

7. 제도적 역량을 강화하라 | 341

미주 | 344
찾아보기 | 360

서장

공간 지배와 개념전쟁

공간을 둘러싼 개념전쟁의 시작

한국이 위치한 지역공간은 그동안 아시아, 동양, 동아시아, 동북아시아, 태평양, 아시아-태평양(이하 '아태'와 혼용), 인도-태평양(이하 '인태'와 혼용) 등 다양한 이름으로 불려왔다. 유럽이나 북아메리카 등 다른 지역에 비해 유독 명칭이 많다. 이 명칭들은 주로 역사적으로 변천해가는 게 보통이지만 동시대에 공존·경합하는 경우도 있다. 오늘날 주목받고 있는 인도-태평양이라는 개념은 아태, 동아시아, 동북아시아 등과 함께 쓰이고 있다. 명칭이 시사하듯이 각 용어가 포함하는 지리적인 범위는 서로 다르고, 국가들도 서로 다른 명칭을 사용한다. 미국과 일본 등의 국가는 인도-태평양이라는 용어를 적극적으로 사용하는 반면 중국은 이를 거부하고 있다. 한국은 대개 동북아시아나 동아시이라는 용어에 익숙하다. 이처럼 국가마다 서로 다른 공간 개념을 갖고 있음을 알 수 있다.

본래 지역이란 물리적으로 쉽게 구별 가능한 공간이 아니다. 지리적 인접성으로 이웃한 국가들이 특정한 영토적 영역을 구성하여 다른 국가들과 충분히 구별 가능한 경계를 갖기도 하지만 지리적으로 규정할 수 없는 경우가 더욱 많다. 공간사회학자 앙리 르페브르Henri Lefevre에 따르면 공간은 사회적 관계의 집합인 동시에 행위 주체들의 상호작용 혹은 반작용에 개입하여 특정한 의미, 가치, '우리'라는 소속감을 부여하고 관계를 재생산한다.[1] 공간이 권력적 작용을 한다는 뜻이다. 지역이라는 공간을 지칭하는 용어가 여럿 존재한다는 사실의 이면에는 행위 주체가 특정 언어로써 공간을 구획하고 정체성을 부여하여 구성원을 선별하려는 기도企圖가 숨겨져 있다.

미국은 그동안 통용되어 온 지역명인 '아시아-태평양' 대신 '인도-태평양'이라는 개념을 띄우고 '태평양사령군軍'을 '인도-태평양군軍'으로 개칭하는 등 전면적인 지역명 제도화 작업을 진행하고 있으며 일본은 이를 전폭 지지하고 있다. 이처럼 두 나라가 인도-태평양이라는 용어를 적극적으로 사용하는 데는 인도를 지역공간 안으로 끌어들임으로써 중국의 영향력이 확장하는 것을 견제하려는 전략적 의도가 숨어 있다. 중국이 이 용어의 사용 자체를 거부하는 것도 이런 까닭이다. 한편 그동안 한국이 이 용어를 수용하는 걸 주저해온 것은 미중일 사이에 끼어 있는 전략적 딜레마를 반영한다. 이렇듯 경계를 구획하고 공간을 명명하는 일, 또 그 공간을 수용하는 일은 정치적이고 전략적인 행위다.

세계 주요국들은 지역어를 창안하여 경계를 획정하고, 구별 짓기를 시도해 자국에 유리한 전략공간을 조성하고 경쟁한다.[2] 이는 상대의 행위를 직접적으로 규제하는 게 아니라 특정 공간에 가두거나 배제함으로써 의도를 규율하는 일종의 구조적 권력을 행사하는 것이다. 이 경우, 공간에 의미와 정체성을 부여하는 작업이 먼저 이루어져야 비로소 지역이 성립되고 통용된다. 인도-태평양이라는 이름이 하나의 지역 개념으로 성립하려면 특정한 공간적 일체성이 형성되어야 한다. 예컨대, 인도-태평양을 태평양과 인도양이라는 두 대양大洋의 연결로 정의한다면 이 공간을 '해양'이라는 공통적인 개념을 이용해 규정한다는 뜻이다. 이 경우 〈그림 1〉에서 보듯이 해양 세력인 미국과 일본, 호주, 인도네시아 등은 자연스레 공간의 중심에 서게 되고, 역사적으로 유라시아대륙의 중심에 자리한 중국이나 러시아는 주변적 지위에 놓이며, 대륙과 해양이 교차하는 반도와 해협에 위치한 한국과 동남아시아 국가 다수는 중간적 위치를 차지할 것이다. 미국과 일본은 새로운 개념 전파의 주도국이 되는 반면 중국은 인도-태평양 개념이 중화민족의 위대한 부흥을 열망하는 중국몽中國夢을 견제하는 기제로 작동할 것이라고 보고 이를 비판하며 대항

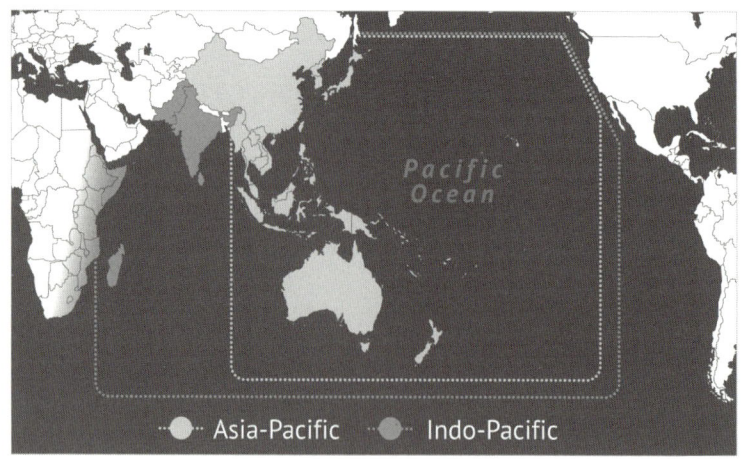

그림 1 '인도-태평양'과 '아시아-태평양' 공간을 나타낸 지도

출처: The Sydney Morning Herald

개념을 찾고 있다.

이처럼 주도 세력은 공간 개념을 이용하여 자기의 정치적·사회적 행위를 통제하고 타자를 구별하고자 한다. 반면 이로 인해 변화된 자국의 위상이 현실 혹은 미래의 열망과 괴리가 있다고 느끼는 세력은 이에 저항하고 갈등을 조장하며 대안(=대항 개념)을 제시하려 한다. 이른바 '개념전쟁'의 시작이다.

21세기 들어 주요 국가 세력들은 냉전으로 구획된 공간을 대체하는 새로운 공간을 획정하는 일을 둘러싸고 개념전쟁을 벌이고 있다. 이 전쟁의 세 개념 축은 아시아-태평양, 동아시아, 인도-태평양이다. 아시아-태평양은 유일한 지구적 강대국으로 자리매김한 미국이 신자유주의적 세계화globalization의 추진을 목표로 설정하고 그 실천 전략으로 구획한 전략공간이다. 둘째 축인 동아시아는 신자유주의적 세계화의 과잉을 경계하고 이에 대한 반발로 중국이나 일본, 동남아시아 국가 들의 정부 단위 협력 기구인 아세안이 중심이 되어 토착적 관념과 제도에 기반한 자본주의, 나아가 대안 문명을 모색하는 공간이다.

끝으로 미중 간 전략 경쟁이 심화되면서 혼란을 겪는 동아시아 개념을 대체하고자 부상浮上한 인도-태평양이 있다. 이는 미국을 중심으로 중국의 패권적 부상을 저지하는 동시에 신자유주의적 세계화를 수정하는 재세계화reglobalization의 공간이라 할 수 있다.[3]

21세기의 국제 정치는 이러한 세 개념 축을 중심으로 공간 지배를 획책하는 강대국과 이를 수용·변용하려는 주요국의 전략적 경쟁과 제휴, 타협으로 전개되고 있다. 이 가운데 한국은 아시아-태평양에서 동아시아로, 그리고 동아시아에서 인도-태평양으로 개념을 전환하는 데 어려움을 겪으며 어떻게 주체적인 외교전략을 수립할지를 두고 고심하고 있다.

공간, 개념, 지역

　공간을 지배하기 위한 경쟁의 내러티브를 전개하려면 그 전에 몇 가지 개념을 정리할 필요가 있다. 첫째는 '공간'이다. 공간은 기하학적 물리 공간이라기보다는 관계의 집합으로서 사회적·심리적·정치적 복합체라 할 수 있다. 동시에 공간은 나름의 방식으로 생산 과정 자체, 이를테면 노동의 조직과 이동, 원자재의 흐름, 유통망 등에 개입한다.[4] 예컨대 지역의 지리적 경계가 새로이 설정되면 기업의 투자 결정도 그 영향을 받게 된다. 자국이 속한 공간이 동아시아에서 인도-태평양으로 전환될 경우 기업은 이에 맞추어 초국적 생산네트워크 혹은 공급망supply chain을 재조정함으로써 결과적으로 새로운 공간 선택을 주도한 정치권력에 정당성을 가져다줄 수 있다. 이렇듯

'생산'된 공간은 그와 관련된 인간과 조직의 인지認知와 실천에 영향을 미치고, 그 공간을 생산한 사회 혹은 그 기반이 되는 권력관계의 재생산을 이끌어낸다. 이처럼 공간은 사회적·경제적 관계의 생산물이자 생산자로서 사회와 더불어 변화하여 그 자신의 역사 즉, 공간의 역사를 만들어내는 것이다.

둘째는 '개념'이다. 개념은 인간의 경험을 특정한 언어로 구조화한 것으로서 인간은 개념을 통해서 자신의 경험을 이해하고 세상에 대한 지식을 만들어내며 의미 있는 행위의 근거를 구성한다. 즉 공간의 생산은 공간을 지칭하는 언어가 등장하면서 시작된다. 개념사 연구의 대가 라인하르트 코젤렉Reinhard Koselleck은 옛 용어가 이전의 의미를 넘어 새로운 의미를 갖게 되거나 신조어가 등장해 사람들 사이에서 사용되면서 정치적·사회적인 전체 경험 공간이 변하고 새로운 기대 지평이 열리게 된다는 점을 근대 독일의 사례를 들어 보여주고 있다. 예컨대, 장래에 어떤 '지위'가 획득된다고 가정할 때, 그를 지칭하는 용어가 먼저 생겨나고, 그 용어가 특정 주체가 장래에 그 지위를 획득하는 데 일조하는 사태가 발생한다는 것이다.[5] 그런 만큼 주요 행위 주체들은 자신의 정치적·사회적 지위를 규정하고 이를 바탕으로 지위를 획득하거나 지키려는 개념투쟁을 전개한다. 올바른 개념을 둘러싼 싸움이 정치적 파괴력을 얻게 되는 것이다.

무엇보다도 공간 생산을 둘러싼 개념투쟁이 전개되는 전형적인 경우는 바로 '지역地域'이다. 국제 정치에서 지역이란 국가와 지구 수준의 중간에 위치한 공간으로서 인접한 국가들이 합쳐진 영토적 공간을 의미한다. 그러나 그 외부 경계는 모호하고 가변적이며 신축적이다. 앞서 언급하였듯이 지역은 지리적으로 자명한 존재가 아니라 인간이 고안한 정치적·사회적 기획이기 때문이다.[6] 물론 지역이 지리적 경역을 완전히 뛰어넘는 것은 아니다. 유럽, 북아메리카, 남아메리카, 사하라 이남 아프리카 등과 같이 지역은 일차적으로 물리적 경계와 생태적 특징에 의해 정의되는 것이 사실이다. 따라서 유럽이라는 지역어에 기반하고 있는 유럽연합(이하 'EU')에 한국이 회원국으로 가입하기는 곤란하다. 마찬가지로 동남아시아라는 지역 범주를 사용하는 기구 혹은 협의체(Association of Southeast Asian Nations, 이하 '아세안'으로 표기)에 미국이 주역으로 참여하는 것도 어색하다.

그러나 지리적으로 구분된 영역에 거주하는 집단(국가)은 경계를 넘는 경제적 교환과 문화 교류, 정치적 신뢰의 축적 등으로 집단(국가) 간 상호작용과 빈번한 접촉을 경험하면서 새로운 영토적 공간을 개념화하고자 한다. 지역을 만들어가는 현상은 이른바 지역화regionalization라 표현될 수 있다.[7] 지중해 국가인 이탈리아가 북대서양조약기구(North Atlantic Treaty Organization, 이하 'NATO'와 혼용)에, 튀르키예가 EU에, 미국과 호주가 동아시아정상회의(East Asia

Summit, 이하 'EAS'와 혼용)에 가입하는 행위는 지역의 개념화를 둘러싼 그들의 정치적 상상력의 발휘, 정치의 결과라 할 수 있다. 아시아-태평양에서 동아시아로, 나아가 인도-태평양으로 주도적 지역 개념이 변천하는 현실 역시 주요 국가 간 정치적 상상력의 경합과 교섭, 수렴의 결과라 할 수 있다.

이렇듯 지역은 물질적으로 그리고 관념적으로 창조되기도, 수정 혹은 파괴되기도 한다.[8] 마치 국민국가 건설nation-state building 프로젝트처럼 지역 건설은 성공하기도 실패하기도 하는 것이다. 그 성패를 좌우하는 외부적 요인으로 국제 질서의 구조적 변환을 들 수 있다. 지구적 강대국의 영향력이 강력할 경우 지역 질서의 중요성은 상대적으로 저하된다. 냉전시대 미국과 소련 두 초강대국이 지구적 수준에서 경쟁했을 당시 지역은 사실상 분단되어 큰 의미를 가질 수 없었다. 지구 차원의 경쟁 동학이 지역 차원의 공간 구획 경쟁을 압도했던 것이다. 다만, 강대국은 지구적 지배의 일환으로 지역적 영역을 구성하고 지구적 목표와 의제를 지역 수준에서 실천하고자 하는 경우도 있다. 이를 지구적 지역global region이라 한다.[9] 강대국의 지구적 지역 설정 의지가 클 경우, 강대국의 지역공간 장악력이 커지고 지역의 정치적 중요성 역시 상승할 것이다. 반면 지구적 패권국의 상대적 쇠퇴와 경제적 상호 의존의 진전에 따라 다극체제로 이행하거나 혹은 주권국가체제가 약화되는 경우 지역공간이 국가 간 상호

작용에 미치는 영향은 증대된다.[10] 비슷한 예로 냉전 종식 후 유럽과 북미, 아시아에서는 지역을 단위로 한 국가 간 협력이 분출했다. EU, 북미자유무역협정(Northa America Free Trade Agreement, 이하 'NAFTA'와 혼용), 아세안+3(ASEAN Plus Three, 이하 'APT'와 혼용), 동아시아정상회의 등 지역의 범위를 정하고 공통의 규칙과 규범을 통해 정책 협력을 추진하며 나아가 국제 제도를 창설하는 움직임이 부상했다.

지역 개념을 형성하는 주요 동인은 주도국의 능력 즉, 군사력이나 경제력 등을 통한 권력작용이다. 제국주의 시절에는 제국의 중심에서 주변으로 개념의 전파가 강제력을 수반해 이루어졌다. 예컨대, 식민지 조선은 당시 일본이 사용한 지역 개념인 동아시아를 그대로 수용하여 활로를 모색했다. 일본이 '동아협동체'라는 새로운 개념의 지역 질서 구상을 밝히자 조선의 지식인들은 이를 적극적으로 수용하여 그 속에서 민족 자치自治의 가능성을 기대하는 헛된 꿈을 키웠다.[11] 보다 일반적인 경우는 지역 개념의 전파가 금력이나 무력과 같은 강제력에 의거하기보다는 일정한 정당성legitimacy을 획득하여 상대방의 자발적 동의를 이끌어낼 때이다. 주어진 개념이 수용자에게 친숙한 공간을 만들어낼 때, 자기 정체성과의 일체감을 이끌어낼 때, 혹은 집합적 이익을 담아낼 때 비로소 그 개념이 널리 수용되면서 지역공간이 구성된다. 따라서 지역은 강요되기보다는 종종 주도국이 개념을 제시하고 이에 대한 수용국의 교섭과 합의의 결과로 드러난다. 인도-태평양 개념의 사례를 보면 개념을 전파하고 주창한 국가와 이를 수용한 국가 사이에 지속적인 교섭과 합의가 시도되어 왔다는 사실을 알 수 있다.

미국은 인도-태평양 개념의 군사안보적 성격을 상대적으로 강조하고, 중국을 최대의 도전이자 위협세력으로 명시하면서 이를 대중 견제를 추진하는 공간으로 삼고 있는 반면, 인도와 아세안은 이러한 대중 견제적 성격을 탈색하고 포용성과 아세안 중심성을 강조함으로써 인도-태평양 개념을 변용해 미국의 행동을 일정하게 제어하는 역할을 하고 있다. 초기에 이 개념을 형성하는 걸 주도한 일본과 호주는 중국을 견제하려던 성격에서 벗어나 자유주의 가치와 원칙의 확산을 강조하고 경제 협력과 비전통 안보 협력을 중시하는 쪽으로 선회하며 좀 더 포용적인 공간을 지향하고 있다.[12] 더 나아가 주요국 사이에 개념의 격차를 줄이기 위한 여러 교섭과 타협의 노력이 경주되고 있다.[13]

개념사적 접근을 통한 분석

　이 책은 각국이 공간을 장악하기 위해 어떻게 경쟁하고 있는지를 특정 개념어의 탄생, 경합, 충돌, 쇠퇴의 과정을 다루는 개념사 conceptual history 방법론을 활용해 분석한다. 주요 행위자(국가)들이 특정 개념을 사용하여 표현하고 추구하고자 했던 의미를 파헤쳐 그들의 경험과 기대, 가치관과 전략을 읽어내는 것이다.[14] 구체적으로 공간 장악을 둘러싼 갈등 당사자들이 지역어에 어떤 개념을 부여했는지, 상상된 공간에서 자기의 위상을 어떻게 규정하며 어떤 행위와 관계를 만들어갔는지를 살펴볼 것이다. 이때 특히 주목해야 할 부분은 지역공간을 지칭하는 용어는 역내에서 스스로 탄생하고 부상한 것이 아니라 구미의 개념어를 번역했다는 점이다.

아시아亞細亞, 동양東洋, 동아東亞, 태평양太平洋 등은 토착 개념이 아니라 각각 Asia, Orient, East Asia, Pacific을 한자어로 번역한 것이다. '동양'처럼 이미 전통질서에 존재했던 비슷한 개념어를 가져다 맞춘match 경우도 있지만, 아시아나 태평양처럼 완전히 새로 만든 한자어가 더 많았다. 이러한 신조어는 19세기 구미세력과 조우하면서 발생한 일련의 새로운 경험 즉, 근대의 경험을 이해하고 대응하는 행위의 근거로 외국어를 도입, 번역한 산물이다.

그러나 번역은 구미歐美 개념의 단순한 수용이 아니라 자국의 전통에 근거한 변용이란 측면이 크다.[15] '언어횡단적 실천translingual practice' 혹은 '언어횡단적 소통의 복합적 행위'라 일컫는 것처럼 애당초 구미 개념의 번역으로 도입된 지역어들은 이후 그 자체로 생명력을 띠고 새로운 의미를 더하며 창조적으로 진화해왔다.[16] 그 속에는 근대적 변화를 품고 미래를 전망하는 과제를 둘러싼 사회적 상상력과 역사적 실천의 궤적이 담겨 있다.[17]

개념어는 번역의 과정을 거쳐 공간을 장악하기 위한 경쟁의 주요 기제로 활용됐다. 주요국들은 공간에 자국의 이해관계를 담는 의미를 부여하여 사회적 사실로 만들고자 경쟁적으로 개념을 번역/창조하고 전파하는 개념전쟁에 돌입했다. 이 책은 개념전쟁이 첫째로 국가의 물리력(군사력과 경제력), 둘째로 정당성을 확보하는 사회적 상상력의 동원 능력, 셋째로 개념 전파국 간, 전파국과 수용국 간 연대

coalition 능력에 좌우됨을 보여주고자 한다.

한편, 지역공간 개념은 크게 보면 정신적인 것, 문화적인 것, 경제적인 것, 안보적인 것 등으로 나뉘고 또 서로 연결되기도 한다. 이 책이 다루는 지역공간 개념은 대체로 안보, 경제, 문화 개념으로 모아질 수 있다. 안보 개념으로서 지역은 세력의 각축과 균형 등 고전적인 의미의 지정학이 작동하는 공간을 뜻하며, 경제 개념으로서 지역은 시장 규율이 작동하고 초국가적 자본의 논리가 통용되는 공간이라 할 수 있으며, 문화 개념으로서 지역은 유교적 전통, 인종적 유사성, 토착적인 생활 습관과 생활 양식, 문화 정체성 등이 지배하는 공간으로 이해할 수 있다. 그런데 이 세 개념은 단순히 상호 배타적으로 기능하는 것이 아니라 서로 연결되기도 한다.

또한 주목할 사항은 공간 개념과 공간을 명명하는 용어 사이의 관계가 투명하거나 고정적이지 않다는 점이다. 이 책의 제3장에서 보듯이 아시아-태평양이라는 지역어는 장기간에 걸쳐 자본주의적 생산 양식의 확산이라는 경제적 의미가 각인되었으나 점차 지정학적인 색채가 강조됐다. 반면 제4장에서 다루듯 이를 대체하려는 인도-태평양은 본래 해양을 강조하며, 중국을 견제하는 지정학적 개념으로부터 경제 협력과 규범을 상대적으로 중시하는 방향으로 진화하는 경향성을 보이고 있다. 요컨대, 지역어는 복수의 개념을 담거나 개념의 전환을 재현하기도 하며, 핵심적이고 견고하던 개념이 주변적이고 진부한 것으로 퇴화하기도 한다.

공간 개념전쟁은 종종 전환기라는 위기의 시기 혹은 혁명적 변화의 무대에서 발생한다. 왜냐하면 개념의 경합은 새로운 경험을 이해하고 의미 있는 행위를 구성하여야 할 시기에 분출하기 때문이다. 멜빈 리히터Melvin Richter에 따르면 변환의 시기에는 신조어들이 등장하고 이름이 혼동되며 개념의 혼란이 오고, 주인공의 정치적 판단과 행동에 의해 개념의 결정적 변화가 일어나곤 한다.[18] 국제 관계에서 세력 배분의 변화와 기존 질서의 혼란이 초래되면 기존 공간 개념이 쇠퇴하고 새롭게 상상되고 구획되는 공간 명칭으로 옛 언어들이 새로운 의미로 쓰이거나 신조어가 등장하여 도전하는 상황이 발생한다. 특정 국제 질서의 지속, 변화, 새로움의 계기들이 공간 개념의 경합을 통해 나타나게 되는 것이다. 19세기 말은 근대 세계의 등장과 함께 지역공간 개념이 탄생하는 시기이고, 본격적인 개념전쟁이 벌어지는 20세기 말(1990년대)에서 21세기 초(2010년대)는 냉전의 붕괴라는 국제적 위기와 신질서를 향한 결정적 변화의 시점이다.

개념전쟁의 역사를 통해
이 책은 무엇을 말하려 하는가

　이러한 문제의식 아래 이 책은 크게 다음과 같은 내용을 다룬다. 제1장은 개념전쟁의 역사적 배경으로서 '아시아 대 태평양'의 경쟁과 대립이다. '천하天下'라는 공간 개념에 기반을 둔 전통적인 국제질서 속에서 각 국가는 19세기 중반 구미세력과 충돌하게 되고 그 과정에서 근대에 걸맞은 새로운 공간 개념을 필요로 하게 된다. 문명, 국가, 시민 등 근대적 개념과 함께 출현한 지역어인 '아시아'는 일본을 위시한 국가들이 구미 제국주의의 위협이라는 새로운 경험을 이해하고 대응하는 문명 개념을 담았다. 한편 서양문명을 대표하는 세력으로 부상한 미국은 태평양이라는 지역 개념을 내걸고 아시아 공간을 침식하고 주도적 지위를 차지한다. 태평양이라는 개념은 무역과 투자, 생산을 매개로 한 자본주의적 생산 양식의 확산과 국제 노동 분업이라는 개념을 담아 미국의 상업적·전략적 이해를 재현하는 용어다. 미국은 19세기 말 이미 이 태평양이라는 전략공간을 설정했고, 제1차 세계대전 후에는 자유와 개방 등 자유주의 가치에 기초한 이른바 워싱턴체제를 출범시켜 태평양 개념에 패권적 지위를 부여했다. 이에 일본은 태평양 개념이 자국의 현재 경험과 미래 기대 즉, 대륙에서 배타적 세력권을 건설하려는 목표를 담지 못한다는 불만을 갖고 미국과 서양을 배제하는 신공간을 만들려고 노력하는데, 제1장은 이 과정을 자세히 담았다.

제2장은 '냉전기 태평양에서 탈냉전기 아시아-태평양으로'의 개념 전환을 다룬다. 1980년대 말 소련의 해체와 함께 그동안 냉전으로 양분되어 있던 지역은 새로운 국면을 맞는다. 미국은 지구적 패권국의 지위를 바탕으로 신자유주의적 세계화라는 지구전략을 추구하면서 아시아-태평양 개념을 주도적으로 밀기 시작했다. 냉전 이후 미국은 자본과 재화, 서비스의 자유로운 이동을 보장하는 시장 자본주의의 지구적 확산을 통해 미국 내 다국적기업의 상업적 이해를 대변하려 했으며, 그와 동시에 경제적 자유화를 통해 정치적 자유화(민주화)를 이끌어내 세계 평화를 성취한다는 자유주의 정치이념을 확산하고자 하였다. 이러한 신자유주의적 세계화를 지역적 영역에서 실천하는 공간으로 기능한 아시아-태평양의 개념을 면밀히

들여다보았다.

제3장은 아태 개념이 자유화(신자유주의적 세계화)의 질주에 대한 지역 내의 반발과 새로이 등장한 동아시아 개념과 경합을 벌이는 과정을 다룬다. 아시아금융위기를 거치며 아세안 국가들과 중국, 일본은 초국적 자본의 파괴적 행위에 대해 방화벽을 설치하고 지역 내 고유의 발전 지향 정치경제체제를 지키려는 일환으로 동아시아 개념을 지지했다. 이 용어가 아시아적 가치, 관행, 제도를 강조하며 신자유주의를 넘는 새로운 문명 개념을 담으려고 노력한 시도와 그 결과 부상한 동아시아공동체 담론까지 들여다보았다.

제4장은 오늘날 논쟁이 되고 있는 인도-태평양의 부상을 다룬다. 동아시아 개념은 지구적 패권국인 미국을 배제하거나 중심에 위치한 위상을 주변으로 돌리려는 의도가 담겨 있고, 중국의 적극적 지지를 확보했다. 하지만 중국의 강대국화가 본격화되면서 일본은 주도권을 확보하고자 민주주의와 인권, 법치 등 자유주의 가치를 공유하는 호주, 뉴질랜드, 인도를 구성원으로 끌어들였고, 이들 국가는 새로운 지역어인 인도-태평양 개념을 제시하기 시작했다. 미국 또한 이를 통해 패권 경쟁국으로 부상한 중국을 견제하고자 했다. 자국의 산업과 일자리를 보호하고 중국과의 첨단기술 경쟁에서 우위를 견지하기 위해 관리 무역을 정당화하는 재세계화의 공간으로 인도-태평양을 개념화하고 있다. 물론 중국은 이러한 시도를 무마하고

자 대항적 공간 개념을 마련하려고 노력하고 있는데 그 양상을 살펴볼 것이다.

제5장은 이러한 흐름 속에서 한국이 '동북아'에서 '인도-태평양'으로 개념 전환을 이루는 과정을 다룬다. 아시아-태평양과 동아시아의 대립 구도 안에서 존재감이 희미했던 한국은 그동안 동북아시아 지역 개념을 지지해왔다. 20세기 초 미국이 소련과 충돌하는 지정학적 공간으로서 한국에서 전면적으로 수용된 동북아시아 개념은 21세기 노무현盧武鉉 정부에서 전성기를 구가했는데, 이 개념은 한국의 지정학적 관심을 잘 담아냈지만 주변국의 호응을 이끌어내지 못해 실천되지 못했다. 이런 맥락에서 한국은 현재 부상하고 있는 인도-태평양이라는 친숙하지 않은 개념을 수용해야 하는 처지가 되었다. 그동안 한국이 이 인도-태평양 개념을 어떻게 이해하고 공간 지식을 만들어왔는지, 어떻게 자국의 새로운 기대 지평에 근거한 개념어로 삼고 있는지를 검토하고 전망한다.

제6장은 앞으로 한국이 취해야 할 인도-태평양전략과 그 성공 조건을 다룰 것이다. 현재 인도-태평양 개념과 전략은 미국이 주도하고 일본과 호주가 뒤따르며 중국과 러시아가 반기를 드는 형국이다. 이렇듯 개념전쟁의 주변부에 위치한 한국이 인도-태평양전략 지도의 중심부로 발돋움하기 위해서는 무엇보다 지난 지역 개념의 실패사를 성찰하고 교훈을 찾아야 한다. 이를 통해 향후 인도-태평양

지역전략의 성공 조건을 마련하고, 이를 추진하기 위한 물리적 역량과 지식, 규범, 문화적 매력을 총동원할 수 있어야 한다. 이 책은 한국의 정책 결정자에게 인도-태평양 지역전략의 7대 성공 조건을 제시하는 것으로 마무리할 것이다.

제1장

아시아 대 태평양, 개념전쟁의 서막

천하天下라는 전통적인 세계관

　　한국이 처음으로 지역이라는 영역을 인식하고 이를 바탕으로 어떤 정치적 결과를 이루려는 행위를 모색하기 시작한 시점은 19세기 중반 서양이라는 근대 세계와 조우했을 때였다. 당시 조선 왕조는 중국 중심의 위계질서인 '천하'라는 세계 속에 있었다. 주나라 때 시작되어 청나라에 이르기까지 장구한 세월 동안 지속되어 온 이른바 중화질서는 중국의 천자天子를 중심으로 두고 주변국이 조공과 책봉을 매개로 정치, 경제, 문화적으로 중국과 유기적인 관계를 구성하는 것을 기본으로 하였다. 이를 표현하는 핵심 원리는 '큰 것을 섬기고 작은 것을 어여삐 여긴다'는 뜻의 '사대자소事大字小'로서 유교 문명권에서 대국과 소국의 관계를 규율하는 요소였다. 중화질서를

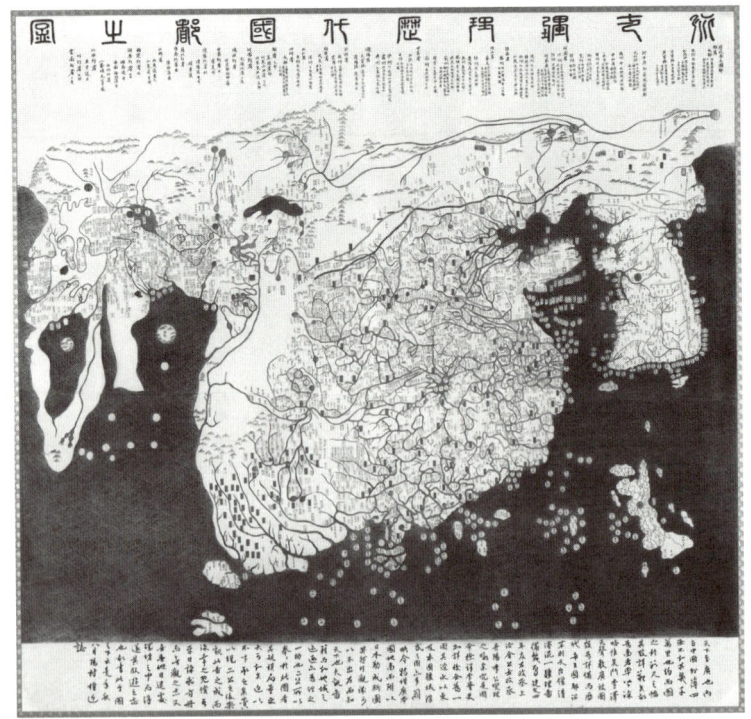

그림 2 중국을 세계의 중심으로 상정한 혼일강리역대국지도(1402년 제작)

이론화한 대표적 인물인 존 페어뱅크John Fairbank에 따르면 중국은 이러한 문명적 가치를 확산하며 권역을 형성하였고, 통치의 대상인 다른 나라들에게 자국의 문명적 매력뿐만 아니라 경제적 유인, 종교적 회유, 군사적 강압 등 때에 따라 다양한 수단을 동원했다.[1]

그중에서도 조공관계를 통해 국가 간 관계를 규율한 대표적 사례는 조선 왕조였다. 조선은 천자의 문화적 우월성과 형식적 위계를 인정하는 데 따른 보상으로 정치적 안보와 경제적 이득을 취할 수 있었는데, 조선 왕조가 개국한 지 얼마 되지 않은 1402년 제작한 세계지도인 혼일강리역대국지도(그림 2)에서 보듯이 조선의 심상지도에서 중국은 세계의 중심에 위치하고 있었다. 이러한 인식을 바탕으로 조선은 문명의 중심에 가까이 가고자 하는 열망과 자존심을 끊임없이 표출했다.[2] 이에 따라 조선은 천하 질서를 전적으로 수용하였기 때문에 그 경역境域의 주변 혹은 외부 국가들에게는 관심이 없었으며 제대로 된 관계조차 맺지 않았다. 심지어 일본과 같은 이웃과도 어떤 때는 문명권의 경계에 있는 "천애天涯의 절역絶域"으로 간주하며 관계 맺는 것을 기피하기도 했다.[3]

하지만 전통세계에서 절대적이었던 이 천하라는 문명적 공간은 19세기 구미세력의 도전과 함께 와해되고, 그 대신 근대적인 지역공간이 새롭게 부상하게 된다. 바로 아시아의 등장이다. 본래 아시아라는 용어는 아시리아어로 "해가 나옴"을 뜻하며 "해가 들어감"을 뜻하는 유럽과 대비되는 개념이었다. 그 지리적 대상은 처음에는 근동 혹은 중동이었고, 대항해시대를 맞으면서 인도로, 산업혁명과 프랑스혁명을 거쳐 중국으로 범위가 확장됐다. 이 아시아라는 용어는 1602년 이탈리아 신부 마테오 리치Matteo Ricci가 중국에서 펴낸 곤여만국전도坤輿萬國全圖를 통해서 중국에 소개됐는데, 이 지도는 지구를 아시아, 유럽, 아메리카, 오세아니아, 아프리카로 나누었다. 중국

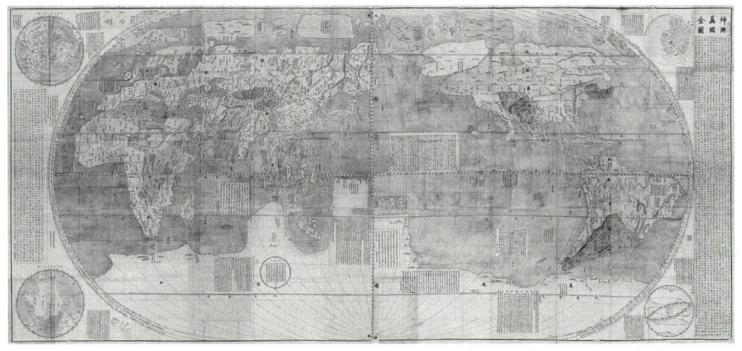

그림 3 1602년 마테오 리치가 제작한 곤여만국전도

은 이에 해당하는 중국어가 없어서 아세아亞細亞란 한자어를 만들었고, 이 신조어는 18세기에 일본과 조선으로 전파됐다.[4] 이에 그동안 중화 혹은 천하가 세계의 중심이자 모든 것이라고 알고 있던 조선과 일본의 지식인들은 중국 또한 세계의 일부였음을 깨닫고 충격을 받게 된다. 이렇듯 아시아라는 지역명은 타자인 유럽이 부여한 것이다. 즉, 아시아라는 실체를 먼저 알고 그 뒤에 지역에 대한 인식이 성립된 것이 아니라 유럽이 아시아로 규정한 것을 역내의 국가들이 수용한 결과다. 이는 곧 유럽의 공간 개념과 그 기반으로서 주권국가를 단위로 한 구미 국제 정치체제와의 만남을 의미했다.

영국을 위시한 유럽 열강과 본격적으로 마주한 국가는 중국이지만 정작 이를 통해 새로운 지역 질서를 개념화하고자 노력한 국가는 일본이었다. 사실 중국은 아편전쟁의 굴욕을 겪었음에도 자국을 중심으로 형성한 천하 질서를 버리고 새로운 공간 질서를 수용하는 데 커다란 어려움을 겪었다. 조선 역시 구질서의 우등생으로서 새 질서를 수용하기가 결코 쉽지 않았다. 반면 구질서의 주변부에 위치했던 일본은 상대적으로 주체적으로 지역 인식을 성찰할 수 있는 여건에 놓여 있었고, 두 나라와 다른 길을 가게 된다.

문명의 교체, 천하에서 아시아로

중국과 달리, 유럽이 구획한 아시아라는 개념에 특정한 의미를 담아 공간적 일체성을 부여하고자 시도한 것은 일본이었다. 18세기 무렵 일본은 유럽 국가들을 서양西洋이라 부르고, 자국과 중국을 그와 대치되는 개념인 동양東洋이라는 범주 안에 넣었다. 즉, 아시아를 동양이라는 개념과 등치시키고 서양문명과 대립시킴으로써 중국을 유일한 문명의 중심으로 인식해왔던 천하관 혹은 중화관을 상대화하고 아시아만의 문명적 특징을 찾고자 했다.

본래 동양의 의미는 지금과 달랐다. 14세기 원명 교체기 즈음 나타난 동양이라는 용어는 선박이 중국의 '남쪽 바다'에서 동쪽으로 향할 때 그 항로에 해당하는 해양, 혹은 그 위쪽에 위치하는 공간을 지칭했다.⁵ 따라서 중국의 '동쪽 바다'에 위치한 일본이 동양이었다.

동양이 지리적 범위를 지칭하는 용어로 사용된 것은 서양의 '오리엔트orient'의 번역어로 등치된 때부터이다. 저명한 문화학자 에드워드 사이드Edward Said는 오리엔트란 정체停滯된 공간, 후진성이 내재한 공간인 동시에 유럽인들이 자신의 진보를 확인하는 대상물로 활용한 부정적 개념임을 밝혔다.⁶ 오리엔트가 중국에서 '동양'으로 번역되었듯이 '서양'이란 말 또한 마찬가지였다. 동양과 마찬가지로 원래 중국에서 볼 때 남양의 서쪽 대해를 지칭하는 것으로 구체적으로 자바 근처의 바다나 포르투갈을 뜻했다. 그러던 것이 19세기에 들어 점차 유럽 혹은 구미를 지칭하는 의미로 변해갔다.⁷

일본은 아시아를 동양이라 지칭하여 한자를 사용하는 '동문同文', 유교와 불교를 숭상하는 '동교同敎'의 문명권으로 인식했다.⁸ 대표적으로 도쿠가와 막부 말기 지식인인 사쿠마 쇼잔佐久間象山은 동양도덕東洋道德, 서양예술西洋藝術(=技術)이라는 대립 구도를 설정했다. 서양을 과학기술의 힘으로 상징되는 물질문명으로 정의하고, 동양을 유교적 가치가 체화된 윤리적 존재인 정신문명으로 대비하여 그 문명적 일체성을 부여한 것이다. 또한 메이지유신의 주역 가쓰 가이슈勝海舟가 주창한 조선-청-일본 간의 공수동맹共守同盟, 이와쿠라 도모미岩倉具視의 일청동맹론日淸同盟論 등은 아시아가 연대해 서양의 침략에 공동 대응해야 한다는 인식에서 나왔다. 동문동교同文同敎, 순치

보거脣齒輔車 관계에 있는 인접국들이 연대하여 자국의 삶과 문화를 보호해야 한다는 의미의 이른바 흥아론興亞論이었다.

하지만 서양문명은 선진 과학기술을 바탕으로 한 압도적인 군사력과 경제력으로 중국 중심의 질서를 무너뜨렸고 만국공법에 기초한 주권국가체제를 강요해왔다. 일본은 이러한 서양 제국주의 세력에 의해 식민지화되는 위기를 피하고자 서양의 생존 방식을 따라 적응하는 길을 택했다. 도쿠가와 막부를 무너뜨리고 등장한 메이지 정부가 구미에 이와쿠라사절단岩倉使節団을 파견한 사례에서 보듯이 문명개화라는 이름의 서양화가 일본의 독립을 확립할 유일한 길임을 명확히 인식했다. 이는 곧 당시 서양문명의 표준인 근대국가를 만드는 일이었고, 그 기본은 부국강병과 이에 기초한 권력정치power politics였다. 이 시기를 기점으로 일본에게 서양이란 존재는 '금수禽獸'에서 '문명'으로 급격하게 전환되었으며, 동시에 아시아의 위상은 '문명'에서 '야만' 혹은 '반개半開'로 추락하고 말았다.[9]

당대의 대표적 지식인 후쿠자와 유키치福澤諭吉는 이러한 문명 개념을 설파하기 시작했다. 그에게 문명이란 곧 서양문명을 의미했고, 문명개화의 길은 단일한 역사 발전의 궤적으로 존재했다. 그는 《문명론의 개략槪略》에서 인류 역사의 단계를 미개/야만, 반개, 개화/문명 순으로 진보해 나가는 과정으로 그려내고 문명의 차이 여부로 지역을 분별했다. 이때 유럽은 문명의 영역에 속하는 반면 아시아는 반개의 영역으로 튀르키예, 인도, 중국 등의 지리적 영역을 포괄한다. 여기서 문명과 비문명을 나누는 경계의 기준은 동문동교, 동도 등 아시아의 내적 속성이 아니라 일원적 문명 개념 속에서 "문명의 연령"이 된다.[10]

후쿠자와에 따르면 아시아가 안고 있는 핵심 과제는 구미의 압력에 저항할 힘을 확보하는 일이었지만 그가 보기에 페르시아, 조선 그리고 아시아 최대국인 중국은 모두 혼미 상태였으므로 "현재 동양의 열국列國이고 문명의 중심이며 타국의 별로서 서양제국에 당할 자는 일본 국민이 아니고 누구일 수 있는가"라며 일본이 구미제국에 대항하는 핵심 주체이며 지도국이라 주장했다.[11] 이러한 문명론에 따르면 일본은 동양문명의 별이자 아시아의 맹주로서 중국과 한국의 문명화를 돕는 국민적 사명을 지고 있다.[12] 이 논리로 보면 아시아 내 인접국들이 문명화를 통해 구체제에서 벗어날 때 비로소 아시아 연대의 의미가 생성되므로 일본은 이 연대의 기초자이자 촉매자 역할을 해야 한다는 것이다.

문제는 이러한 아시아 인접국들이 문명개화에 실패한 때였다. 원래 일본은 문명개화의 선구자로서 조선의 개화를 지원하고 제휴하여 흥아興亞를 지향하는 입장이었다. 하지만 갑신정변이 실패한 후 이 정책을 전면 전환하는데 이를 대표하는 게 바로 그 유명한 후쿠자와의 《탈아론脫亞論》이다. 갑신정변이 좌절되자, "아국我國[일본]은 인국隣國의 개명開明을 대待하여 공히 아세아를 흥興하기를 유예猶豫할 수 없"으므로 문명의 서양과 보조를 맞추고, 조선과 중국을 오래된 이웃으로서 특별한 관계로 대하는 것이 아니라 서양이 대하는 방식으로 처분해야 한다고 선언한다.[13] 구체제와 구문명에서 벗어나지 못하는 "아세아동방亞細亞東方의 악우惡友"인 조선에 파병할 경우, "[일본의] 정략政略은 문명 개진開進의 정략이므로 병兵 역시 문명 개진의 병"으로서 정당화된다.

청일전쟁 또한 이러한 탈아론의 연장선에서 정당화됐다. 일본은 이 전쟁을 문명개화를 추진하는 세력과 이를 방해하는 세력 간의 충돌로 규정했다. 당시 외무대신 무쓰 무네미쓰陸奧宗光는 "동양의 일대一大 야만국에 다름 아닌" 청국과의 전쟁을 "문명의 승패"를 가늠하는 전쟁으로, 그리고 전쟁의 승리를 문명의 승리로 규정했다. 이러한 논리 아래 일본은 신문명을 도입하고 국제법을 준수하여 전쟁을 승리로 이끌었다는 자부심을 갖게 되었고, 신문명의 지도국으로서 자국의 지위를 확인했다.

아시아가 문명사적 전환의 공간이 됐다는 사실은 역내 국가들이 서양문명을 기준으로 삼고 이를 바탕으로 한 외교정책을 설정하고 추구한다는 것을 의미한다. 당시 구미의 문명국은 제국주의 국가였으므로 일본의 외교정책은 정확히 구미 제국주의 외교를 모방하게 됐다. 1880년대 후반 한반도와 중앙아시아에서 영국과 러시아의 세력 경쟁, 중국 남부와 동남아(인도차이나)에서 영국과 프랑스의 충돌, 독일의 중국 진출과 미국의 하와이와 필리핀 점령 등에서 보듯이 구미 열강은 아시아를 제국주의 침략과 외교의 무대로 만들었다. 이처럼 아시아 공간에서 제국주의 열강의 세력 각축이 격화되자 일본은 구미 열강을 적으로 돌려 아시아의 지도국으로서 배타적 지위를 확보하는 것이 답이 아니라는 결론을 내렸다. 오히려 서구 열강이 중국에 개입하는 것에 가담하여 자국의 권리와 이익을 확보하고, 열강의 일원으로서 자국의 지위를 인정받는 외교정책을 추구하는 것이 국익을 지키는 길이라 믿었다.[14]

메이지 정부의 핵심 인물이었던 야마가타 아리토모山縣有朋는 1890년 일본의 외교안보 문제에 관한 의견서에서 제국주의 외교 원리를 표명했다. 야마가타는 러시아의 시베리아 진출과 세력권 확대로 조선의 독립이 위협받게 되는 현실에 주목했다. 그는 이런 이유로 일본은 주권선主權線인 본토의 방위를 위해 이익선利益線인 한반도를 자국의 영향권 아래 둬야 하고 이를 위해 군사력을 충실히 갖추는 동시에, 영국과 독일 등 조선의 독립적 지위를 선호하는 열강과 '동양 공동 이익의 범위 내에서 연합'해야 한다는 전략을 내놓았다.[15] 러시아의 부상을 견제하여 세력 균형을 이루고 한반도에 일본의 영향력을 확대하는 제국주의 외교전략이었다.

이처럼 아시아가 문명국들의 제국주의적 각축이 전개되는 장이

되자 일본은 청일전쟁 승리 후 조선을 일본의 세력권 안에 넣는 제국주의 외교의 전형을 보여줬다. 그러나 일본이 획득한 조선과 요동반도 지배권이 열강의 세력 균형을 저해한 까닭에 독일, 프랑스, 러시아 등 삼국이 개입하여 지배권을 포기하는 굴욕을 감수해야 했다. 이를 계기로 일본 내에서 구미 중심체제에 순응하는 제국주의 외교에 대한 비판이 고조되었고, 중일관계의 특수성과 배타성을 강조하며 동양의 맹주로서 일본의 지위를 획득해야 한다는 주장이 분출하기 시작했다. 예컨대, 고무라 주타로小村壽太郎 외무대신이나 군부는 일본의 운명이 아시아 대륙에 걸려 있으므로 자국의 특수한 지위를 구미 열강이 승인하도록 만들어야 한다는 주장을 견지했다.

이처럼 일본은 국가의 생존을 위해 구미 문명을 기준으로 하는 외교정책을 펼쳐나갔지만 지역을 문명 개념으로 규정하면서 오는 정체성의 갈등을 피할 수는 없었다. 일본이 동양문명의 일부로 성장해 왔음은 부인할 수 없는 사실이기 때문이다. 다른 한편 현실적으로는 프로이센의 빌헬름 2세가 일본 제국과 청나라를 비롯한 황인종에게 서양이 정복당할 수도 있다는 우려를 담은 황화론黃禍論을 제창하는 가운데, 일본은 청일전쟁과 러일전쟁의 승리에도 불구하고 여전히 열강 반열에 오르지 못하고 그들과 동등한 대접을 받지 못하고 있다는 인식을 갖는 등, 구미와의 관계에서 실존적 모순을 절실하게 느꼈다.[16]

이런 맥락에서 아시아 혹은 동양은 단순히 유럽을 중심으로 하는 세계사의 공백을 메우고 서양사를 보완하기 위한 대상이 아니라 서양과의 지리적·문화적 차이를 유지하는 동시에 서양과 동등한, 자율적인 지위를 가지고 있다는 주장이 등장했다. 시라토리 구라키치白鳥庫吉 등 이른바 동양사학자들은 근대 일본의 정체성의 뿌리로 동양을 설정하고 역사를 재구성하였는데 이런 시도는 유럽이 바라보는 '오리엔트'의 의미와 대단히 유사했다.[17] 유럽이 오리엔트를 세계사의 기원으로 위치시키고 이를 대상화하여 자기의 진보를 확인하였던 것처럼 일본은 동양이라는 공간에 서양과 문명적으로 다르지만 동급의 지위를 부여한 후, 그 중심에 있는 시나〔支那〕 즉, 중국이란 타자를 문명 속 일본의 과거인 동시에 현재의 진보를 측량하는 대상으로 설정했다. 요컨대, 일본은 구미와 동등한 수준의 근대화를 이룬 국가인 동시에 문화적 정체성은 다르지만 서양과 동등한 문명적 지위를 갖는 동양의 일원인 것이다. 일본이 아시아의 최선진국이며 중국에 비해 문화적, 지적, 구조적으로 더 우월하다는 시각을 확립하려는 기획이었다.

여기서 한 발 더 나아가 서양문명의 부정적 측면을 강조하고 동양 혹은 아시아를 이에 대한 대립 개념으로 정립하려는 시도도 등장했다. 신문명의 전파를 명분으로 침투하는 구미 제국주의 세력에 대한 저항으로 아시아를 개념화하는 지적 작업이었다. 이러한 시도의 극단적인 예는 아시아/동양을 이상화된 과거로 상상하는 오카쿠라 덴신岡倉天心이라 할 수 있다. 그는 아시아/동양을 과거 중화질서의 유교문명권이 아니라 "아시아의 영광"으로서 새롭게 발견된 문명으로 개념화하고 있다.

오카쿠라는 후쿠자와의 문명론 즉, 탈아론의 반대 입장에 서서 일본의 정체성을 동양이라는 문명적 영역에서 찾고자 하는 입아론入亞論을 주창했다. 그는 《동양의 이상理想》에서 동양이 서양과 다른 문명 원리를 공유하고 있음을 강조하며 동양문명을 서양문명과 동급으로 격상시켰다. 이 관점에 따르면 아시아인들이 공유하고 있는 "궁극과 보편"의 사랑은 세계의 모든 대종교를 창시할 수 있게 하고 삶의 수단이 아닌 목적을 강조하는 경향성을 갖게 한다.[18] 또한 아시아인의 평화사상, 제왕과 농민을 결합하는 조화調和와 동정同情, 예양禮讓 등 "숭고한 일체성의 직감"이 동양적 특징이 된다.[19] 이때 일본은 서구의 과학과 산업의 도전을 지탱하고 아시아적 정신을 유지할 수 있는 이른바 "아시아 문명 박물관museum of Asiatic civilization"이 된다. 이에 따르면 일본이 동서를 보다 높은 수준에서 통합시킬 수 있는 능력을 갖추었다는 측면에서 커다란 특권을 지니고 있고 따라서 아시아의 지도국으로 자리매김하게 되는 것이다.

그러나 이러한 문명적 논리는 아시아 국가들에게는 통용되기 어려웠다. 일본이 서양과 대립하고 경쟁하는 이유는 아시아와의 문명적 연대가 아니라 자국의 이익이었기 때문이다. 과거 한중일이 서로 공유했던 문명적 가치가 사실상 폐기 처분된 상태에서 일본은 아시아의 지도적 지위에 대한 이웃 국가의 지지와 연대를 이끌어내기 위해서 문명 이외의 개념을 필요로 했다.

인종 개념으로서의 아시아

교토대 야마무로 신이치山室信— 교수는 일본이 문명 이외의 개념을 찾던 가운데 나온 것이 바로 아시아를 인종 개념으로 규정하려는 시도였다고 본다. 아시아는 인종상 동종同種으로 구성되는 공간이라는 주장이다. 본래 인종 개념은 유전적 형질에 기초한 분류로서 국민국가와 거의 동시에 발생했으며 유럽에서 사회진화론Social Darwinism과 함께 각광받았다.[20] 반면 여기서 인종은 주로 문화적 차이를 설명하기 위해 동원됐다. 생물학적 혈통에 관한 이론들이 문화적 정체성을 형성하는 데 동원된 것인데, 이때 인종은 객관적인 형질이 아니라 문화적·정치적 의미를 띠게 된다. 즉, 인종은 문화적 경계를 획정하는 정체성을 구성하는 분류 수단으로 사용되는 것이다.

이런 점에서 아시아라는 지역이 인종 개념과 결합될 때 강한 공간 정체성이 부여된다.

인종 개념은 문명과 마찬가지로 유럽이 비서구세계를 대상으로 인식하는 데에서 비롯됐다.[21] 즉, 타자인 비서구세계와의 차이를 강조함으로써 서구의 내적 동일성과 균질성을 구성하는 전략적 프로젝트의 성격을 가졌다. 이때 인종은 국제사회에서 우열, 성패를 가르는 요인으로서 인종적 형질에 따른 식민지 점령과 분할의 양상으로 나타난다. 인종적 상황은 우월한 문화적 속성을 지닌 집단이 열등한 집단을 지배하는 것을 정당화하는 근거가 되는 것이다. 열등집단은 신체적 형질의 차이라는 준거 틀 속에서 우등집단의 정책(식민정책)을 판단하고 평가한다.

문명 개념과 마찬가지로 일본은 서구의 인종 개념을 도입하여 스스로의 것으로 체화하려 했다. 서구로부터 인종의 차이에 관한 이론(인종우열설)을 수용하면서 '백색인종우등설'과 '황색인종열등설'을 접하게 되는데, 현실적 힘의 근거로 인종을 따지는 일은 이를 문명의 차이로 따지는 일과 그 성질이 달랐다. 가령, 후자를 극복하기 위해서는 문명개화를 추진하면 되지만 전자의 경우는 인종개량에 나서야 한다. 사회진화론의 도입으로 인해 우승열패優勝劣敗, 적자생존適者生存, 자연도태自然淘汰 등의 개념이 과학적 진리로 간주될 때 인종개량이 요구되며 이는 우등인종과의 잡혼雜婚으로 이어진다.

하지만 일본의 선택은 잡혼이 아니라 황색인종 간의 연대였다. 문명적 유사성 혹은 지리적 근접성보다는 인종적 연대를 통한 동양연대론東洋連帶論이 부상했다.[22] 대표적으로 다루이 토오키치樽井藤吉는 동종인의 일치단결로 서양의 위협에서 벗어나자고 주장한다. 당시 다루이의 눈에 비친 국제 세계는 구미가 동양에 개국開國과 문명개화를 강요하면서도 동시에 아시아계 이민에 대해 문호를 폐쇄하는, 양이攘夷라는 이중적인 모습을 보이고 있었다.

따라서 약육강식의 국제 세계는 본질적으로 인종과 인종의 교섭 충돌, 특히 백인종과 황인종의 각축이 일어나는 곳이다. 여기서의 싸움이란 상호 간 판도의 확대 경쟁이 될 것인데, 백인종인 구미제국은 본토의 수십 배에 달하는 속국을 보유하고 있는 반면 일본은 구미와 힘의 평형을 이룰 만한 판도를 확보할 수 없었다. 그러므로 일본은 지리상의 순치脣齒, 인종상 동종인 동양 삼국 간의 연대와 합방(대동합방론) 쪽을 취할 수밖에 없었다. 황인종 간의 연대가 필수적이라는 것이다. 후쿠자와의 《탈아론》 말미에서 언급했던 "아세아동방의 악우"는 다루이에 의해 "동국東國의 익우益友"로 대치된다.[23] 여기서 연대의 범위는 동종同種 즉, 황인종이 주거하는 공간이다. 이때 핵심은 동양 삼국뿐만 아니라 인도차이나와 인도도 백인종의 압박을 받는 대상으로 포괄된다는 점이다.[24]

인종연대로서 지역공간을 구상한 또 다른 중요 인물은 고노에 후미마로近衛文麿였다. 그 역시 세상을 백인종과 황인종 간의 인종 경쟁의 무대로 보았으며 중국분할론을 날카롭게 비판하고 "인종 보호의 묵계"에 의한 일청동맹론日淸同盟論을 주장한다. 그러나 고노에는 더 나아가 일본과 중국이 중심이 되어 스스로 동양 문제를 결정할 권리가 있다고 주장한다. 이는 동양판 먼로주의로서 동종을 근거로 "동양을 위한 동양"을 주장했다.

중요한 것은 이러한 황인종연대의 핵심이 일본이라는 점이다. 인종연대론人種連帶論은 황인종 내부에서도 서열화가 이루어지며 일본의 맹주적 지위가 전제되어 있다. "일본은 동양의 선각자이며 연횡連衡의 주동자이며 이는 일본의 천직天職"이라는 것이다.[25] 물론 그 논거는 인종적 우열이 될 수 없다. 일본은 문명을 기준으로 인종 내 서열을 나누었다. 다루이나 고노에 모두 문명화의 정도를 황인종 내 민족/종족집단에 대한 차별의식의 근거로 삼고 있다. 문명의 제도나 교육 면에서 일본이 중국보다 선진적이기에 중국을 계도해야 한다는 논리다. 이처럼 동양연대론은 인종론과 문명론이 결합된 상태였으며, 이것이 일본의 지도적 지위를 확인해줬다.[26]

조선의 개념전쟁

조선의 전통적 공간 개념이었던 천하는 1860년대에 들어서서 병인양요(1866), 제너럴셔먼호 사건(1866), 오페르트 도굴사건(1868), 신미양요(1871) 등을 거치면서 유럽의 근대 질서와 충돌했다. 천하 질서가 붕괴일로를 걷게 되자 일본과 마찬가지로 조선도 천하를 대체하는 공간 개념이 필요해졌다. 새로운 개념이 전파된 경로는 일본이었다. 앞서 일본은 순치보차脣齒輔車, 동문동종同文同種의 문명 개념으로부터 서양식 문명개화 개념으로 전환하고, 1868년 메이지유신으로 결정적 전환점을 이루어냈다. 하지만 이 시기 조선은 위정척사衛正斥邪, 동도서기東道西器, 문명개화라는 서로 다른 유형의 대응 방식을 주장하는 진영 간의 대립이 치열하게 전개되고 있었다.[27] 세 진영 모두 공통적으로 구미 제국주의 세력의 압력에 대항하는 정치적 공간을 모색한 반면, 저항과 연대 행동의 개념에 대해서는 각자 다른 입장을 취했다.

당시 조선 사회의 주도 세력은 서양을 향해 위정척사의 입장을 견지했다. 위정척사론을 대표하는 이항로李恒老는 〈양화洋禍〉에서 "중국의 도道가 망하면 이적夷狄과 금수禽獸가 몰려온다"며 서양을 금수로 지칭하며 배척의 대상으로 삼았다. 하지만 동문동교, 즉 유교에 기초한 삼국 연대로 금수를 물리쳐야 한다는 이러한 위정척사파의 주장은 점증하는 외세의 압박 속에서 수세에 몰리게 되었고, 점차 동양의 도道와 서양의 기器를 결합해 보려는 동도서기론이 본격적으로 부상했다. 일본으로 치면 앞서 언급한 사쿠마 쇼잔의 "동양도덕, 서양예술"과 같은 개념인데, 이 역시 동도東道에 위배되지 않는 한도 내에서 서기西器를 수용하자는 취지라 시대의 변화에 제대로 대응하기는 어려웠다.

결국 김옥균金玉均을 중심으로 서양문명을 인정하고 수용하자는 문명개화파가 정치 전면에 부상하게 된다. 그 가운데 일본의 문명 개념을 최초로 도입한 유길준俞吉濬은 1881년 6월부터 1882년 12월까지 후쿠자와가 경영한 게이오기주쿠대학에 유학한 후 조선의 문명론인《서유견문西遊見聞》을 출간한다. 그러나 일본에 비해 아직 전통 질서의 영향이 훨씬 컸던 조선의 정치 질서 아래 막강한 위정척사파와 힘겨운 싸움을 벌여야 했던 까닭에 유길준의 문명론은 후쿠자와의 문명론에 비해 훨씬 조심스럽고 복잡한 전통과 근대의 복합화를 모색했다.[28]

위정척사파가 구문명의 개념으로 아시아 연대를 추구하고자 중국과의 연대를 기축으로 삼았던 반면, 개화파는 신문명을 통해 부강富強을 이룩하기 위해 일본 중심의 아시아 연대가 이뤄져야 한다는 일본의 흥아론 입장을 취했다. 구체적인 예로 김옥균은 동양 삼국이 힘을 합쳐 서양을 물리치자는 삼화주의三和主義를 기치로 내걸었다. 임오군란과 갑신정변 당시 양 진영이 각각 일본과 중국을 끌어들였던 것과 같이 결국 이러한 개념전쟁은 실제 전쟁으로 이어졌고, 그 결과 아시아연대론은 정치권에서 퇴각하고 말았다.

1895년 일본이 청일전쟁에서 승리하면서 정권의 전면에 복귀한 문명개화파는 갑오개혁을 단행하며 문명화의 길을 열었으나 당장 대외적으로 일본의 흥아론 같은 문명연대론을 수용하지는 않았다. 반면 민간 수준에서는 인종 개념에 기초한 동양삼국연대론이 부상하게 된다. 이 역시 일본의 영향이 컸다. 일본에서 유행한 대동합방론, 동양연대론 등 인종을 단위로 한 연대론은 조선에서도 상당히 매력이 있는 구상이었다. 예컨대 《독립신문》은 동문·동종인 동양 삼국이 '동심同心'으로 유럽을 막아야 한다고 주장했다.

> 대한과 일본과 청국은 다만 같이 한 아시아에 살 뿐 아니라 종자가 같은 고로 시체모잘이 서로 같고 글을 서로 통용하며 풍속에도 같은 것이 많이 있는지라. 이 세 나라가 별로이 교제를 친밀히 하여 서로 보호하고 서로 도와주며 아무쪼록 구라파 학문과 교육을 본받아서 속히 동양 삼국이 능히 구라파의 침범함을 동심으로 막아야 동양이 구라파의 속지가 되지 아니할 터이라.[29]

《독립신문》은 여기서 더 나아가 일본의 지도적 지위를 인정하고 그 역할을 기대하면서 "일본 사람들은 황인종 형제의 모든 나라들을 권고하고 인도하여 종자를 서로 보호할 큰 계책을 세워 동양 큰 판에 평화함을 유지케 하는 것이 하나님께서 정해주신 직분의 당연한 의무"라고 했다.[30]

1904년 2월 러일전쟁이 발발하자 당시 대한제국 사람들은 이 전쟁으로 '황색인종의 멸절滅絶이냐 흥창興昌이냐'의 기로에 섰다고 파악하고 황색인종 국가인 동양 삼국이 단결해야 한다고 보았다.[31] 《황성신문》은 러시아를 동양 삼국의 공동 적국으로 지목하고 러일전쟁이 러시아로부터 "동양 평화와 안전"을 지키려는 노력이라는 일본의 주장에 동조했다.[32] 그런 이유로 일본군이 대한제국 영토로 진출하자 백성 모두가 환영하고 군수물자를 운반하는 일을 돕기도 했다고 적고 있다.[33]

안중근安重根의 동양평화론은 인종에 기반한 동양연대를 주장한 대표적 제안이다. 그 역시 러일전쟁을 "황백인종 간의 경쟁"이라 보았고, 이 때문에 일본에 대해 "지난날의 원수진 심정이 하루아침에 사라져버리고 도리어 하나의 큰 인종 사랑하는 무리—大愛族黨"라는 생각을 가졌음에도 불구하고 일본이 "같은 인종인 이웃나라를 깎고 우의를 끊어 스스로 방휼蚌鷸의 형세[34]를 만들어 한청 양국인의 소망을 크게 절단"내었기 때문에 이토 히로부미를 암살하는 "의전義戰"을 거행했다고 주장했다.[35]

> 일본과 러시아가 개전할 때 일본 천황의 선전포고하는 글에 '동양평화를 유지하고 대한독립을 공고히 한다'고 운운했으니 이와 같은 대의가 청천백일의 빛보다 더 밝았기 때문에 한청인사는 지혜로운 이나 어리석은 이를 막론하고 일치동심해서 복종[했는데], 천만뜻밖에 승리하여 개선한 후로는 가장 가깝고 가장 친하며 어질고 약한 같은 인종인 한국을 억압하여 조약을 맺고 만주장춘 이남을 조차한다는 핑계로 점거하니 그 만행은 러시아보다 더 심하다.[36]

안중근은 1910년 2월 17일 관동도독부 고등법원장과의 면담 내용을 담은 〈청취서〉에 '동양평화'를 위한 지역 질서 구상을 펼쳐 보였다. 그는 "대한제국, 청국 그리고 일본은 세계에서 형제의 나라와 같으니 서로 남보다 친하게 지내야 한다. 그러나 오늘에 있어 형제 간의 사이가 나쁠 뿐이며 서로 돕는 모습보다는 불화만을 세계에 알리고 있는 형편"이라고 지적하고 동양의 중심지이며 항구도시인 뤼순旅順을 개방하여 일본, 청국, 그리고 대한제국의 공동 관리 군항으로 만들고 세 나라에서 대표를 파견해 평화회의를 조직하자고 주장했다. 그리고 이를 위해 (1) 동양평화회의를 조직하여 삼국 인민 중에서 회원을 모집하고 재정 확보는 회비 1인당 1원씩을 모금하여 운영할 것, (2) 삼국이 공동으로 은행을 설립하고 각국이 공용하는 화폐를 발행하여 금융·경제 면에서 공동 발전을 도모할 것, (3) 각국의 중요한 지역에 평화회의 지부와 은행 지점을 개설하여 재정적 안정을 도모할 것, (4) 영세 중립지 뤼순을 보호하기 위하여 일본 군함 5-6척을 정박해 놓을 것, (5) 삼국의 청년들로 군단을 편성하여 최소한 2개 국어로 교육해 평화군을 양성할 것, (6) 일본의 지도 아래 한청 두 나라의 상공업을 발전시켜 공동으로 경제 발전에 노력할 것, (7) 한청일 세 나라 황제가 국제적으로 신임을 얻기 위하여 합동으로 로마 교황으로부터 대관을 받을 것, (8) 일본은 한국과 청에서 행한 침략 행위를 반성할 것을 들고 있다.[37]

안중근은 정치, 군사, 경제, 사회, 문화 등 다방면에 걸친 대단히 구체적이고도 진전된 지역 협력 질서 구상을 밝히고 있는데, 문제는 대한제국과 중국이 일본과 동등한 지위에서 파트너십을 행사할 역량이 턱없이 부족하다는 점, 그리고 일본을 지도국으로 신뢰할 수 없다는 점이다. 안중근 자신도 이를 잘 이해하고 있었기 때문에 동양 삼국의 연대·협력론은 단지 희망을 밝히는 차원의 의견 개진이라 아니할 수 없다.[38]

태평양 개념의 등장

구미 제국주의를 상징하는 서양에 대한 대항 개념인 아시아의 부상이 일본 제국주의의 확장과 관련이 있다면 태평양 개념의 부상은 동서의 이항대립을 넘는 새로운 공간을 창조하려는 시도로서 미 제국주의의 확장과 관련되어 있다. 태평양이라는 광대한 바다와 연안을 하나의 생활공간 나아가 전략적 공간으로 삼으려는 시도는 19세기 후반에서야 근대 제국주의 경쟁에 본격적으로 참가한 미국에 의해서 이루어졌다. 미국은 태평영이라는 지역어를 통해 자국의 상업적·전략적 의도를 구현하고자 했다.

아리프 딜릭Arif Dirlik의 표현처럼 태평양은 구미의 발명품이다.[39] 1520년 포르투갈의 페르디난드 마젤란Ferdinand Magellan은 악전고투

끝에 오늘날 마젤란해협이라고 명명된 곳의 험난한 물길을 통과하고 마주한 고요하고 평화로운 바다를 태평양pacific이라 불렀다. 물론 태평양은 마젤란에 의해 발견discovery된 것이 아니라 이미 지리적·역사적으로 존재해왔고, 실제로 이 바다를 처음 발견한 서양인은 오늘날의 중미 지역에서 금광을 찾아 탐험하던 발보아Vasco Núñez de Balboa라는 탐험가였다. 그러나 유럽의 시점에서 생각해보면 아메리카대륙 너머에 존재한 이 객관적 실체는 공간을 연결하고 통합하는 역사적 관계에 의해 생산됐다는 점에서 '발명'되었다고 할 수 있다. 즉, 태평양은 원래 그곳의 거주민이 있었음에도 불구하고 유럽인들이 발견한 이후 이들과의 관계네트워크 속에서 정의된 공간이라는 의미다. 15세기 이래 포르투갈, 스페인, 네덜란드, 러시아, 영국, 미국 등 구미세력은 정복과 무역을 통해 태평양을 정의했고 결국 구미 자본주의 세계체제 안에 포섭하기에 이른다. 이렇듯 태평양은 16세기와 17세기에는 아메리카대륙을 발판으로 주도권을 거머쥔 '스페인의 호수'였고, 18세기와 19세기에는 '영국의 호수'였다면, 20세기에는 '미국의 호수'가 될 운명이었다.

미국에게 아시아는 명칭 그 자체로는 자신들의 구성원이 될 수 없는 존재였다. 반면 태평양은 자연스레 구성원이 될 수는 있지만 지리적으로 지나치게 넓었다. 예컨대, 1930년 경제지리학자 고든 우드Gordon Wood는 태평양 연안Pacific Basin이라는 용어를 제시하면서 북쪽으로는 베링해협, 남쪽으로는 남극, 동쪽으로는 북미의 로키산맥과 남미의 안데스산맥, 서쪽으로는 텐산산맥과 티베트, 파미르를 끝으로 해서 동시베리아, 만주, 중국, 말라야를 포괄했다. 이는 태평양과 마주하는 아시아의 4분의 1, 북미의 5분의 1, 호주의 10분의 1, 남미의 16분의 1에 해당하는 광대한 면적의 육지를 하나의 공간적 영역으로 삼은 것이다.[40]

이처럼 태평양은 유라시아대륙의 동쪽 연안과 호주를 포함하는 대양주, 북미 등의 거대한 해역을 포함하는 광대한 지리적 영역이었던 만큼 미국이 이 용어로 공간을 장악하기 위해선 공간적 통일성을 설득력 있게 부여해야 했다. 그리고 이는 한중일 삼국을 중심으로 한 대륙적 정체성의 공간으로서 동양의 맹주를 지향하는 일본과의 전략적 경쟁이 발생할 수밖에 없는 작업이었다.

태평양은 바다를 통해 세계가 하나로 연결되는 과정에서 특정 해역의 교역과 투자, 정복의 네트워크로 개념화된 언어다. 또한 태평양은 앞서 언급하였듯이 발보아가 발견하고, 마젤란이 이름 지었으며, 제임스 쿡James Cook의 과학적 탐사로 그 실체가 드러난 유럽의 발명품이었다. 동시에 식민지 교역을 통한 세계 자본주의 팽창의 공간이기도 했다.[41]

스페인어로 'Mare Pacifico' 혹은 라틴어로 'Mare Pacificum'으로 불리는 이곳이 '태평양'으로 번역된 것은 16-17세기 중국에 들어온 예수회 선교사들에 의해서이다. 그 시초로 마테오 리치는 '고요한 바다'란 의미의 '영해寧海'로 번역하였고, 다른 곳에서는 '바다 중 으뜸' 즉, '가장 큰 바다'라는 '창명종滄溟宗' 혹은 '대동양大東洋'으로 번역·의역되어 사용됐다. 이윽고 곤여만국전도에서는 '태평해太平海'라는 이름으로 기록되었고 이 명칭이 위원魏源의 《해국도지海國圖志》, 서계여徐繼畬의 《영환지략瀛環志略》 등을 통해 한자문화권에 널리 전파되었다. 그 뒤로는 청나라 후기 개신교 선교사들이 'sea'와 'ocean'을 '海'와 '洋'으로 각각 번역함으로써 비로소 번역어인 태평양太平洋이 성립되었다고 알려져 있다.[42]

서양의 개념어인 태평양의 수용은 바다와 문명에 대한 인식의 근본적인 변환을 요구했다. 중화와 화이질서의 세계관은 바다와 섬을 교류와 팽창이 아닌 방어의 개념으로 인식하였고 서양의 세계지도를 도입하였을 때도 중국, 일본, 한국 등은 바다가 아닌 대륙에 집중했다. 이른바 오대주설과 천원주방설, 지구설을 둘러싼 논쟁 등이 그러했다.[43] 그러나 19세기 들면서 해양을 통해 통상과 군함외교 gunboat diplomacy를 매개로 한 구미세력의 침투가 이루어지자 비로소 해양을 장악하고 활용해야 하는 경쟁공간으로 자각하게 됐다. 이들은 바다를 장場으로 하는 신문명과의 본격적인 만남을 시작했고, 이런 맥락에서 태평양 개념을 받아들였다.

태평양이 국제 정치적 개념으로 등장한 계기는 해양을 통해 서진西進을 거듭하며 열강의 일원으로 부상한 미국이었다. 남북전쟁 이후 산업혁명을 통해 급속한 산업화에 성공한 미국은 서부 연안의 본격적 개발과 함께 잉여 공업생산품과 농산물의 수출시장으로 아시아를 주목했고, 무역로로서 태평양에 대한 관심을 키웠다.[44]

중국 시장을 개척하기 위한 경유지로 일본을 선택한 미국의 매튜 페리Matthew Perry 제독은 흑선 4척을 이끌고 일본의 막부 정부를 압박해 일본의 개항을 이끌어내고 근대화의 초석을 놓았다. 이후 미국은 중국과의 교역을 확장하고, 중국인 이민자를 수용해 캘리포니아 개발에 나섰다. 태평양은 이러한 일련의 경제 교류의 공간이 되었고, 이는 군사적 수단이 아닌 상업과 무역을 통한 평화적 팽창주의peaceful expansionism의 공간으로 인식됐다.[45]

아브라함 링컨Abraham Lincoln 대통령의 국무장관으로 당시 대다수 정치가들의 반대를 무릅쓰고 알래스카 매입을 주도한 윌리엄 수어드William Seward는 1860년 한 연설에서 자유무역주의empire of free trade를 언급하면서 "제국[미국]은 중단 없이 서쪽으로 확대해왔으며 새로운 문명과 쇠퇴하는 문명의 조류가 태평양에서 만나게 될 때까지 서쪽으로 진출할 것"이라 전망했다. 그는 태평양이 인간 활동의 중심 극장이 될 것이라 단언하면서, 향후 미국의 운명은 대서양 연안에서 태평양 연안으로 확장될 것이므로 동방the east과 거대한 교역을 포함한 포괄적인 비전을 마련해야 한다고 역설했다.[46]

한편 알프레드 마한Alfred Mahan은 미국이 태평양시대를 여는 데 결정적으로 중요한 전략적 논리를 제공했다. 그는 해상권력이란 해운업의 융성, 상선의 규모, 해군기지의 우열, 식민지 유무 등의 총체라고 정의한 후, 20세기 문명의 중심이 될 태평양을 장악하기 위한 해상권력 신장에 하와이가 중추적인 역할을 할 것이라 주장했다. 그러므로 미국의 하와이 병합은 단순히 아시아 무역의 중계지를 만드는 게 아니라 세계 해양 전체의 중심에 있는 태평양을 장악하는 전초기지로서의 전략적 의미를 갖는 것이라고 강조했다.

미국은 진주만에 해군기지를 설치하고, 사모아에 대한 배타적 관할권을 설정하고, 결국 1898년 미국-스페인전쟁으로 필리핀, 괌, 사모아를 획득하고 하와이를 미국 영토에 편입시키는 등 제국주의세력으로서의 행보를 본격화했다. 그럼에도 불구하고 미국은 기본적으로 태평양을 평화적 팽창주의의 경제적 공간으로 삼았다. 윌리엄 태프트William Taft 국방장관은 태평양 지역의 핵심 이익으로 "세계 최대의 상품인 4억 인구 중국과의 교역"을 꼽았으며, 시어도어 루스벨트Theodore Roosevelt 행정부의 국무장관이었던 존 메이John May가 제창한 문호개방정책도 태평양 지역을 평화, 경제, 교역의 장으로 개념화한 결과라 할 수 있다. 이런 맥락에서 루스벨트 대통령은 미국의 국가 정체성을 태평양세력Pacific power으로 정의했다.[47]

태평양 공간이 경제 개념으로 정의되는 한 그 주역은 기업, 학자, 교육자가 될 수밖에 없었다. 이들은 태평양을 기회의 창으로 보고 중국과 일본을 중심으로 교류를 확대해나갔다. 당시 유행했던 범아메리카주의Pan-Americanism의 태평양 버전으로 범태평양연합Pan-Pacific Union이 결성되어 다양한 상업적·학문적 교류가 전개되었고, 범태평양클럽Pan-Pacific Club이 각 지역과 도시에 생겨났다. 일본에 도쿄클럽이 결성되는가 하면 상공회의소, 로터리클럽, 적십자 등의 단체가 태평양 여러 지역에 지부를 확대해나갔다.

태평양 개념의 전파

미국이 태평양을 평화적 팽창주의의 장으로 개념화하는 흐름은 이윽고 일본으로 전파됐다. 개항과 메이지유신을 통해 일본은 부강富强의 원천인 서양식 군대, 헌법, 공장, 학교 등 여러 신제도를 도입했고, 군사적 우위와 경제적 풍요를 매개로 한 제국주의적 팽창을 서양화 즉, 근대화 성공의 상징으로 인식했다.[48] 일본은 팽창주의 노선을 택하면서 조선에 대한 영향력 확대와 중국과의 경쟁, 청일전쟁 등 대륙으로의 방향성을 분명히 하였으나 동시에 해양으로 진출해야 한다는 담론도 출현했다.

대표적으로 당시 유럽에서 공부한 이나가키 만지로稻垣滿次郎는 미래 전략적 지역 개념으로 태평양을 꼽았다. 그는 캠브리지대학에서 존 실리John Robert Sealy에게 수학한 후 영문 저서인 《Japan and the Pacific》를 출간하고, 이어 《도호사쿠東方策》에서 평시에 국가 간의 경쟁은 부를 향한 각축으로 전개되며, 부강을 성취하기 위해서는 세계의 상업과 산업의 중심에 서야 한다고 주장했다.[49] 그는 대서양 시대가 지나가고 다음 세기에는 태평양이 "세계 정치와 무역의 위대한 극장"으로 부상할 것이라 전망한 뒤, 일본은 동서양의 상품들이 만나는 세계 무역의 교차로에 위치해 운명적으로 핵심적 역할을 수행해야 한다고 주장했다. 그는 이 지역에 대한 영국, 러시아 미국 등 구미 열강의 경쟁적 진출이 일본에게 위협이 될 수는 있겠지만 영일동맹을 굳건히 유지하는 한 이들의 진출은 오히려 경제적 기회가 될 것이라 보았다.[50]

청일전쟁 직후 일군의 지식인과 정치가들 사이에서는 현재 일본이 안보적 이유로 대륙 팽창을 추구하는 대신 평화적 팽창주의라는 시대의 대세를 따라야 한다는 담론이 부상했다. 그들은 태평양으로 시선을 돌려 상업과 해운을 육성하고, 국내의 인구 증가 및 실업 문제를 해결하는 방편으로 해외 이민에 역점을 두어야 한다고 말했다.

대표적으로 도쿠토미 소호德富蘇峰는 서구의 비군사적 팽창주의 혹은 식민주의가 상업과 이민에 의해 이루어져왔음을 강조하면서 일본 역시 이 길을 따라 해외 이민을 장려하고 이들을 보호할 수 있는 해군력과 해운업을 신장해야 한다고 주장했다. 그는 일본이 팽창의 기회를 놓치게 되면 중국이나 서양세력이 지구상 최적의 영토인 태평양을 점유하게 될 것이며 미래 일본의 에너지를 결정적으로 억제할 것이라 전망했다. 도쿠토미를 비롯한 식자들은 일본이 청일전쟁을 통해 한반도로 팽창하여 얻는 실익은 그다지 크지 않으며 오히려 팽창주의적 국가로 거듭나는 상징적인 계기가 된 정도로 평가절하했다. 대신 이들이 주목한 곳은 일차적으로 필리핀을 비롯한 남태평양과 남미였는데, 이들 지역은 한반도나 만주에 비해 기후나 토양면에서 우월하며 지정학적 경쟁에 따른 외교적 부담이 낮으므로 여기에 국력을 집중해야 하다고 역설했다.

무엇보다도 일본에게 당시 평화적 팽창의 이상향은 미국과 하와이였다. 일본 사회에서 미국은 부의 상징이자 무한한 기회의 땅으로 인식되면서 이주 붐이 불기 시작했고, 조선과 중국과는 비교할 수 없을 정도로 이주자가 늘어갔다. 19세기 말 이민 숫자는 크게 증가하여, 러일전쟁 즈음 하와이에는 6만 5,000여명, 미국 본토에는 4만여 명이 이주하였는데 하와이의 경우 오히려 백인 인구를 능가할 정도였다. 급기야 하와이 정부는 일본인의 대량 이주로 일본의 잠재적 위협이 현실화되자 이민을 통제하면서 일본의 이익을 제한하는 조치를 취하였다. 이어서 미국은 일본과의 경합을 의식하면서 하와이 병합을 단행하게 된다. 따라서 하와이는 일본의 평화적 팽창이 최초로 좌절된 사례이자 미국 제국주의가 태평양을 무대로 전개되는 시발점이 됐다.[51] 한편 일본 정부는 청일전쟁 이후 아시아 대륙에서 삼국 간섭으로 좌절하고 영국, 독일, 프랑스, 러시아 등 열강의 이권 쟁탈전 속에서 하와이 문제로 그동안 유지해 온 미국과의 우호관계마저 위험에 빠뜨릴 수는 없는 상황이었으므로 미국의 하와이 병합에 본격적으로 시비할 수는 없었다.

하지만 일본이 러일전쟁에서 승리하여 서태평양에서 가장 강력한 해군력을 보유하게 되는 사태가 발생하자 미일관계는 이전보다 경쟁적인 양상으로 변하게 된다. 미국 내에서는 루스벨트가 '태평양의 세기'를 공언할 때만 해도 태평양으로의 진출은 야만의 세계로 팽창하는 것이므로 필연적으로 갈등을 감수해야 하면서도 여전히 확장의 여지가 큰 공간으로 간주됐다. 그러나 일본이 러일전쟁에서 승리하면서 당시 미국 내에서는 일본인과 중국인의 대량 이민으로 말미암아 서부 연안을 황인종이 장악할지 모른다는 인종주의 담론, 구체적으로 황화론이 고개를 들었다. 태평양이 궁극적으로 백인종과 황인종 간 충돌의 장이 될 것이라는 전망도 대두됐다. 일본과 여타 동양의 국가들이 아무리 서양화, 근대화를 추구한다 해도 근본적으로 황인종이기 때문에 서양과 백인종에 위협이 될 수밖에 없다는 논리였다.[52]

그럼에도 불구하고 루스벨트는 이런 극단적인 인종결정론에 귀를 기울이기보다는 일본을 문명국으로 후원하는 편이 자국의 이익에 부합한다고 보았다. 그는 궁극적으로 미일 간 충돌이 일어난다면 인종적·문명적 대립이 아니라 서태평양세력(일본)과 동태평양세력(미국) 간의 불가피한 세력권 경쟁의 결과일 것이라 보면서도 일본의 이익은 태평양보다는 대륙 진출에 있기 때문에 미국보다는 러시아와의 경쟁과 충돌이 지속될 것으로 전망했다. 따라서 일본의 대륙정책을 지지하는 것, 즉 러시아에게 남만주의 권익을 요구하고 일본의 조선 점유를 인정하는 정책이 태평양에서 현상 유지에 도움이 되는 방향이라고 믿었다.[53]

루스벨트의 분석대로 일본은 외교정책의 최우선 순위를 대륙 진출에 두었고, 미국으로부터 대륙에서 일본의 권익을 인정받는 대신 미국의 문호개방정책을 존중한다는 합의를 이루었다. 이후 양국은 일본이 대륙에서 지나치게 팽창정책을 추구하는 것을 둘러싸고 종종 설전을 벌였지만, 기본적으로 미국의 상업적 이익 추구를 보장하고, 일본의 조선, 타이완, 남만주 점유를 용인하는 양국의 외교정책 기반을 흔드는 사태는 발생하지 않았다. 일본의 대미 수출은 꾸준히 증가했고, 미국 자본의 일본 투자 역시 증가일로였다. 그뿐만 아니라 제1차 세계대전으로 유럽이 전쟁 상태에 빠지며 생긴 경제적 공백에 따라 양국의 경제적 기회는 엄청나게 확대되었고, 양국 간 경제 교류 역시 엄청난 속도로 증가했다.

미일관계는 중국에서 신해혁명 이후 국민당 정부가 수립되고 미중관계가 급속히 진전되면서 한때 갈등적 국면을 노출하기도 했지만 제1차 세계대전 이후 열강의 전후 처리 논의를 위해 열린 워싱턴 회의Washington Conference(1921-1922)에서 급속히 회복됐다. 미국이 주도한 이 회의에서는 한편으로 5대국 간에 해군 군축협정이 성사되었고, 다른 한편으로는 개방과 자유무역을 원칙으로 한 전후 경제 질서가 구축됐다. 이는 곧 제국주의 힘의 논리를 넘어서 다자주의와 경제주의에 기초한 국제협조외교가 전면에 부각되었음을 의미하는 것이었으며 그 공간적 영역은 태평양이었다. 이른바 윌슨주의와 국제주의 이념에 기반한 태평양시대가 열린 것이다.

이런 가운데 민간 수준에서도 태평양을 주요 공간으로 삼고 평화와 번영의 국제 질서를 구축하려는 다양한 노력들이 등장하게 된다. 그 대표적 사례는 태평양관계연구소(Institute for Pacific Relations, 이하 'IPR'과 혼용)라는 진보적 국제비정부기구(International non-governmental organization, INGO)의 등장이다. 1925년 하와이 호놀룰루에 사무국을 두고 출발한 IPR은 YMCA 네트워크를 주축으로 미국과 일본 등의 식민제국, 역내에 식민지를 보유하고 있는 유럽제국(영국, 프랑스, 네덜란드), 조선과 필리핀 같은 피식민 국가, 그리고 중국, 호주, 뉴질랜드, 태국, 인도, 소련의 민간 대표로 구성되었고, 국제 관계와 아시아 문제의 전문가들이 대거 참여했다. 당대 저명한 중국 연구자인 오언 래티모어Owen Lattimore, 미국 내 중국 연구의 대부라 할 수 있는 존 페어뱅크, 일본 연구의 대부인 로버트 라이샤워Robert Reishauer, 캐나다 출신으로 일본의 근대국가 형성에 관한 뛰어난 연구 업적을 생산한 E. 허버트 노먼E. Herbert Norman, 훗날 더글러스 맥아더Douglas MacArthur의 분신으로 전후 일본 헌법을 기초한 코트니 휘트니Courtney Whitney 등은 IPR를 통해 당시 외교 당국과 기업, 언론에 심대한 영향을 미쳤다.[54] 페어뱅크와 라이샤워 등은 훗날 냉전 시기에 지역 연구의 대부가 되었고 일부는 싱크탱크의 주축으로 성장하기도 했다.

이렇듯 당대에 영향력 있는 지식인과 전문가가 모인 IPR 회의는 상당한 명예와 특권, 영향력을 가진 까닭에 대기업과 거대 자선단체의 기부금이 몰려들었고, 점차 국제적 싱크탱크로서의 지위를 확보했다. 그럼에도 불구하고 IPR은 미국 국적의 참가자들이 조직과 자금, 지식 모든 면에서 주도했다. IPR의 목표 역시 태평양을 단위로 한 지역을 상정하고 이 지역에 미국이 주도하는 질서를 구축하는 것이었고, 아시아의 신흥 세력과 보다 동등한 파트너십을 구축하고, 국제 정치에서 비국가 행위자Non-State Actor[55]의 활동을 증진시키는 것을 두 가지 핵심 의제로 설정했다.

1930년대 후반 IPR 회원에 가입한 페어뱅크는 "IPR이 당시 태평양 지역에서 국제 통합의 유일한 주역"으로서 지역의 안정과 정의를 확산하는 역할을 담당했다고 술회하며 태평양 개념을 본격적으로 사용하고 있다.[56] IPR 핵심 인물이며 《뉴 리퍼블릭》의 편집장이었던 허버트 크롤리Herbert Croly는 새로운 정치경제적 영역으로 태평양 개념이 부상하게 된 배경에 제1차 세계대전으로 유럽의 패권이 종언을 고하고 미국이 주도한 워싱턴회의 혹은 워싱턴체제가 있음을 지적하고 있다.

> 1921년 워싱턴회의는 해양세력인 대영제국과 미국 간 분점을 통해 유럽의 확장으로서 대서양이란 전통적 개념의 물리적 근거를 파괴하고 새로운 태평양 개념의 방향을 이끌었다는 점에서 대단히 중요하다 할 것이다. (…) 워싱턴회의는 최초로 태평양을 독립된 정치적·경제적 영역으로 삼았다. 이는 곧 태평양지역공동체Pacific regional community의 윤곽을 그린 것으로서 만일 실천된다면 태평양 고속도로Pacific highway를 약탈적 정치로부터 중립화할 수 있을 것이다. 태평양 인구는 정치적으로 동등한 공동체community of political equals를 형성함으로써 향후 침략으로부터 보호받을 수 있을 것이다.[57]

여기서 국제 정치 무대로서의 태평양은- 극동이라는 명칭이 시사하듯이 -유럽의 변방에서 중심으로의 이동을 상징하는 즉, 유럽중심주의를 극복하고 미국이 주도하는 새로운 공간을 의미한다. 그리고 이 공간을 기획하는 질서는 미국의 윌슨주의, 국제주의 이념에 근거한다. 즉, 윌슨주의를 태평양에 이식하고자 한 것으로 볼 수 있다.[58] IPR이 구상하는 태평양공동체는 국가가 아닌 사람 단위의 공동체이며 정치적 평등의 공동체를 지향했다. 비정부기구로서 IPR의 소임은 이 공동체가 국가 간 연합을 넘어서 '태평양 사람'이라는 정체성과 귀속의식의 형성에 기여한다고 보았다.

이처럼 비정부기구가 주도하는 공동체의 비전은 당시 현실주의 외교가 전면적으로 부상하던 현실과는 괴리가 컸다. IPR은 현실적으로 태평양 내 강력한 해양국가인 미국, 영국, 일본이 소유하고 있는 여러 영토에 대한 법적 권리를 인정하고 있으며, 식민지인 조선에 회원국 자격을 부여하는 것과 관련된 논란 끝에 이를 부정하는 결론을 내놓는 등 이중적인 입장을 노정하기도 했다. 무엇보다도 이 조직은 미국인이 장악하고 있었기 때문에 미국의 주도권하에서 지역질서를 건축한다는 한계parameter를 넘을 수 없었다.

그러나 현실적으로 가장 큰 장애물은 다름 아니라 태평양의 핵심 국가인 일본이었다. 원래 일본 국적의 IPR 회원들은 자국이 최초의 비서구 제국주의세력이며 열강의 일원으로 인정을 받았음에도 불구하고 인종 문제 등으로 차별을 겪고 있는 현실에서 태평양공동체 비전이 자국과 서양 제국 사이의 불평등 구조를 해소할 수 있는 방편이 될 수 있을 것이라 기대했다.[59] 그러나 일본의 주도 세력은 단순히 지역 질서의 불평등한 구조를 해소하는 것을 넘어 자국 주도의 질서를 기도하고 있었다. 결국 일본의 공세적 중국정책과 대륙 진출이 중국 및 미국과의 마찰을 야기함에 따라 태평양공동체는 실현 불가능한 구상이 되고 말았다. 1931년 만주사변이 발발한 직후 열린 제4회 상하이회의에서는 일본 대표단과 중국 대표단 간에 격론이 벌어져 중일 갈등의 장으로 전화됐다. 중일전쟁 전후로 미국의 일본에 대한 비난이 가중되면서 일본 대표단이 1939년 회의에 불참을 선언하는 등 중일갈등이 미일갈등으로 전화되면서 태평양공동체는 폐기 상태로 전락했고 IPR의 지위도 하락하는 것을 피할 수 없었다.

'동아東亞'라는 대항 개념의 등장

미국이 주창한 태평양 개념과 태평양 질서에 대한 일본의 대응은 동아東亞라는 지역어로 재현됐다. 제1차 세계대전을 전후로 일본에서 등장한 동아 개념은 미국 주도 질서에 대한 대항 개념으로 자리하면서 아시아, 동양, 태평양 개념을 서서히 대체해갔다.

"東洋全局의 平和를 維持하기 위해"(淸國에 대한 선전포고, 1894.8)

"東洋의 治安을 영원히 유지"(露國에 대한 선전포고, 1904.2)

"相互의 幸福을 增進하고 東洋의 平和를 영구히 확보"(한국 병합에 관한 조약, 1910)

"東亞永遠의 平和를 영구히 확보"(21개조 최후통첩, 1915)

"東亞의 禍根을 除하고 세계의 평화를 保함"(국제연맹 탈퇴 칙서, 1933)

"東亞永遠의 安定을 確保할 新秩序의 建設"(武漢 함락 후 정부 성명, 1938)

"東亞의 安定을 확보하여 세계 평화에 기여함"(미·영에 선전포고, 1941)

언어의 변화는 개념의 변화를 수반하는 것이기에 아시아와 동양이 동아로 바뀐다는 것은 문명과 인종을 담는 개념의 전환과 결부되는 것으로 이해될 수 있다. 일단 아시아와 동양이 비록 중국과 일본을 중심으로 삼는 지리적 영역을 지칭한다 할지라도 서양에 대항하는 활동 공간으로서는 너무 넓다는 현실적 인식이 내재되어 있었다.[60] 동아는 서양과 경합하는 공간이면서 또한 일본이 제1차 세계대전을 거치면서 팽창한 영향권을 담는 영역을 설정하려는 시도이기도 했다.

일본은 청일전쟁 이래 타이완, 양쯔강 유역, 톈진, 만주, 조선, 산둥반도, 남양군도 등으로 영향권을 확대해갔다. 제1차 세계대전은 이러한 추세를 가속화했다. 구미 대국들이 유럽에서 전쟁을 치르는 가운데 야기된 힘의 공백을 기회로 삼아 일본은 재빠르게 세력권을 확대했다. 마셜제도와 카롤린제도 등 태평양에 산재한 독일 점령지를 접수하고 만주와 시베리아로 영향권을 확대하였으며, 중국에서 각종 이권을 확보했다. 나아가 해운과 조선 등 산업 부문에서 일본 기업들은 공전空轉의 전쟁 특수를 누렸다. 유럽 기업들이 유럽대륙의 전쟁으로 발이 묶였기 때문이다.

1918년 전쟁이 종식되자 일본의 팽창은 멈췄다. 한편으로 일본은 중국과 조선에서 반제국주의 민족주의의 고양과 마주쳤다. 조선의 3·1운동, 중국의 5·4운동으로 대표되는 반제反帝·반일운동으로 인해 일본은 제국의 확장은 고사하고 유지에 노력을 경주해야 할 처지에 놓이게 된 것이다. 보다 큰 이유는 구미열강이 주도한 전후 질서 구축에 순응하였기 때문이다.

20세기 들어 일본의 대외 팽창의 핵심 축은 영일동맹이었고, 그 속에서 러일전쟁 이후 맺은 일련의 협약 즉, 러일협약(1907), 불일佛日협약(1907), 미국과의 태프트-카쓰라조약(1905), 루트-다카히라협정(1908) 등이 이뤄졌다. 일본의 지도자들은 군부의 불만에도 불구하고 영미의 의견을 따르며 적극적인 영향권 확장을 주저했다. 이 연장선상에서 일본의 지도자들은 구미 열강, 특히 미국이 주도하는 태평양 질서에 협조하여 대륙으로 팽창해나가기를 원하는 군부의 열망을 억제했다.[61]

전후 처리 체제인 워싱턴회의Washington Conference 체제는 윌슨주의에 입각하여 전쟁 중 확보한 일본의 권익을 되돌리고 중국의 반제 민족주의에 대응해 중국 정부의 주권 인정, 안정과 유지, 자유주의 경제 질서 등을 지향하는 지역 질서를 창출하려 했다. 시데하라 기주로幣原喜重郎 외무대신이 이끈 이른바 '시데하라외교'는 태평양 중심의 워싱턴체제를 받아들이는 것이었으나 정부와 군부 일각의 강한 불만을 초래했다.[62] 여기에다 일본은 하와이와 미국에서 일본인 이민자에 대한 차별 즉, 또 한 차례의 황화론과 일련의 인종차별적 법률이 등장하는 것을 보면서 영미 주도의 전후 협조 체제가 모순적임을 강하게 인식했다.[63] 1920년대 일본에서는 워싱턴체제에 대한 불만, 일본 통치에 대한 식민지의 반발, 서양의 인종 편견 등과 마주하면서 서양과의 단절을 과감히 모색하는 정신적 흐름이 등장하게 된다.[64] 서양화 속에서 제국을 추구하지만 구미제국의 견제로 그 꿈이 억제되었던 정치적·경제적 현실 속에서 문명개화를 충실히 추구하는 동시에 상실의 위기에 처한 일본 정신을 고민하고, 일본적 정체성을 확보하려는 여러 지적 노력이 전개됐다. 이는 당시 지성계의 일각을 장식했던 문화주의文化主義, 즉 문명에 대한 문화culture의 반발로 표현됐다.

개념사적으로 문화는 프랑스와 영국에서는 문명적 발전의 일부로서 즉, 영적이고 도덕적 차원으로 개념화되었던 반면, 독일에서는 집합적으로 구성되는 주체성으로 정의되었으며 산업사회의 물질만능주의, 자유방임주의, 수요와 공급의 원리, 금융화 등으로부터 영혼을 해방시키는 정신공간을 의미했다.[65] 비근한 예로 문명과 문화를 대립적 관계로 설정하고 전자에 의한 후자의 압박을 기술한 오스발트 슈펭글러Oswald Spengler의 역사관을 들 수 있다. 슈펭글러는《서양의 몰락》에서 유럽인들이 세계상에 존재하는 모든 위대한 문화를 그들 주위의 궤도를 따라 돌게 만들어 놓는- 따라서 인도, 중국, 이집트, 멕시코의 문화가 유럽의 그것과 동등한 위치를 차지하는 것을 허용하지 않는 -유럽중심주의에 사로잡혀 있음을 비판한다.[66] 그는 비유럽 문화의 자발성과 역동성을 인정하는 동시에 문명이 이들과 대립되며 나아가 문명의 압력으로 이들 문화가 몰락해가고 있다고 주장했다. 여기서 이들을 지배하는 문명의 핵심 기제는 서양 제국주의, 기계, 돈이라고 날카롭게 지적하면서 이를 탈피하는 해방공간의 구축을 암시했다.

1920년대 일본에서 문화론 혹은 문화주의의 등장은 이러한 맥락에서 이해할 수 있다. 문명이라는 용어는 물질적 진보와 정신의 저급화를 의미하는 것으로 부정적·조소적으로 사용되는 반면 문화는 창조적 자기실현의 의미로 등장한다.[67] 일본이 독일처럼 문화kultur와 문명civilization의 구분을 수용하면서 문화의 복권을 꾀한 지적 흐름 이면에는 두 개의 조건이 자리하고 있었다. 첫째, 삼국 간섭으로 인한 좌절을 경험하고, 이민 문제로 서양에게서 인종주의적 차별을 받은 일본이 서양의 간섭을 제거하고 역내 패권적 지위를 확보해야 한다는 경제적 조건이다. 둘째는 문화적 조건으로서 급속한 문명화 및 산업화 과정에서 이른바 "일본적 정신"이 소멸되는 것에 대한 위기감이다. 다시 말해서, 이는 문명개화의 과정에서 이질적인 서양의 논리와 과학의 구속에서 자유로워짐으로써 일본의 정체성을 회복하려는 노력의 일환이었다.

이러한 흐름은 종교나 사상의 영역에서보다는 사회조직과 사회관계 속에서 추출되는 특징과 공통점을 찾으려는 노력으로 귀결됐다. 대표적으로 곤도 세이케이權藤成卿, 다치바나 고자부로橘孝三郎 등은 문화를 인류학적 개념으로 정의하면서 현 일본제국의 위기는 기본적으로 물질주의, 합리주의, 자본주의 등 서구의 정치·경제사상 및 조직 등을 따라가는 데서 발생한다고 보았다. 이를 해결하는 방법은 아시아의 사회적 삶과 정신의 재생, 즉 문명에 대한 저항 개념인 문화의 복구에 있다는 것이다. 이들은 서양의 인위적이고 중앙집권적인 행정체제와 대별되는 지방의 자치적 전통에 주목하여 공동체적 이상, 공동체의 상징으로서 국민천황, 농본주의 전통 등을 부각했다.[68]

다치바나는 가족과 촌락자치체, 상공업 길드 등 동양사회 내의 분권적 자치공동체를 서양의 중앙집권적 국가체제와 대비하는가 하면 페르디난트 퇴니스Ferdinand Tönnies가 사회를 게마인샤프트(Gemeinschaft, 공동사회)와 게젤샤프트(Gesellschaft, 이익사회)로 구분한 개념을 채용했다. 그는 게마인샤프트로 동아 문화의 특질을 구성한 후, 동아 스스로 주체성을 갖고 자립하는 지역인 게마인샤프트적 사회를 건설함으로써 근대 서양의 결함을 극복하자고 호소했다.[69] 다치바나는 동아사회는 게마인샤프트적 특질뿐만 아니라 봉건적 요소를 함께 갖고 있으므로 동아의 사상이 단순히 문화적 전통을 존중하는 차원을 넘어야 한다고 지적했다.

동아 개념의 전파: 동아협동체론

다치바나의 개념적 고찰을 보다 정교한 이론체계로 발전시킨 것이 이른바 동아협동체론東亞協同體論[70]이다. 이는 1930년대 정계 핵심 인물인 고노에 후미마로가 사설 자문기관인 쇼와켄큐카이(昭和研究會, 이하 '쇼와연구회')를 만들고 그가 1937년 수상으로 취임하면서 공식적으로 선포한 국가 비전이다. 그 중심에는 미키 기요시三木清가 있었다. 미키는 공동체 혹은 협동체로 번역되는 게마인샤프트 즉, '우리의식we-feeling'을 갖는 집합체를 상징하는 이 용어를 국제 정치 개념으로 격상하여 지역을 단위로 한 협력적 신질서 건축의 열망을 표현하고자 했다. 동아협동체론은 훗날 회자된 '동아시아공동체'의 원류原流라 할 수 있으므로 여기서 보다 자세히 기술하고자 한다.

1930년대는 5·15 사건이나 2·26 사건의 경우와 같이 청년 장교와 우익조직에 의한 정권 전복 쿠데타 시도와 암살 등이 벌어지면서 기존의 정치 질서 특히 정당정치 질서와 관료주의에 대한 뿌리 깊은 의심과 강렬한 반감이 조직적으로 표출된 시기였다. 이러한 국내적 변화는 만주사변과 일본의 국제연맹 탈퇴에 따른 국제적 고립, 세계대공황에 이은 경제 불황과 보호주의 상승, 중국에서의 반일민족주의 고양 등 대외적 이슈와 밀접히 연계됐다. 현상 타파와 신체제 건설을 요구하는 다양한 목소리들이 분출되었고, 농본주의와 군국주의 파시즘 등의 극단주의적 사고가 횡행하는 사상적 혼란을 야기했다. 이런 와중에 고노에는 지적 리더십을 통해 국내외 형세를 정확히 판단하고 이에 근거한 전략을 마련하고자 쇼와연구회를 조직했다. 1936년 가을부터 매주 모임을 가진 쇼와연구회는 당시 일본의 여러 불안 요인이 대외 문제에 기인한다는 인식하에 국제 문제 토론에 역점을 두었다. 그 본격적 출발은 1937년 3월 다카하시 가메키치高橋龜吉가 쓴 것으로 알려진 〈국책 수립의 근본 문제와 관점〉, 〈일본은 어디로 가고 있는가?〉라는 제목의 두 발제문과 세계의 대세에 대한 토론이었다.[71] 이들은 만주국 건설, 일본의 국제연맹 탈퇴, 만주사변 이래로 빚어진 중국, 소련, 영미와의 외교적 갈등관계 등은 기존 국제 평화체제의 근본적인 결함 때문이라고 평가하고, 현재 일본은 안정된 세계 질서를 만들어가는 고통스런 과정에 직면해 있으며 국내 개혁과 독자적 외교정책을 통해 새로운 활로를 모색해야 한다고 주장했다. 또한 경제적 자유주의와 베르사유조약체제가 파탄의 길을 걷고 대공황 이후 과격한 경제적 민족주의가 횡행하는 세 가지 시대적 조류를 강조하면서 대내적으로는 계획경제와 정치체제를 개혁하고, 대외적으로는 대중 온건정책을 추구할 것을 제안했다. 아시아의 식민지 질서에서 벗어나 동남아와 필리핀, 난징南京 국민정부의 민족주의운동을 지원하고 중국의 군사력에 의존하는 정책을 피해야 비로소 아시아에서 일본의 지도적 위치가 확보된다는 주장이다. 이어 논의의 초점은 중국 문제로 모아졌다. '지나(중국)문제연구회' 제1차 회의에서 다나카 카나에田中香苗는 중국 통일에 대한 전망을 제시하면서 장제스蔣介石가 이끄는 난징정부의 부상은 중국 민족주의의 결과이며, 만주사변 이래 유럽 열강들이 중국 분열정책을 버리고 난징정부에 재정적 지원을 함으로써 통일을 지지하는 쪽으로 선회하고 있다고 지적했다. 다만 난징정부의 군사적·경제적 능력에는 한계가 있으므로 중국 대륙을 통일하는 것은 이상에 불과하지만 중국의 민족주의가 일본을 겨냥하고 있고 특히 영국과 소련이 여기에 개입하고 있기 때문에 일본에 불리한 상황이 전개되고 있다고 우려를 표했다.[72] 4월 22일 진행된 2차 회의에서 호리에 무라이치堀江邑一는 중국 문제를 제국주의, 특히 제1차 세계대전 이후 세계 자본주의가 야기한 현상으로 규정했다. 그는 일본의 중국 진출에 대한 내부 역량의 한계와 중국에서 열강세력 간의 균형점 사이에서 중국의 민족주의 발흥과 근대국가화가 진전되었기 때문에 열강의 중국 개입을 차단하는 한편 중국 내 식민지 자본주의의 한계를 넘는 내부 역량을 키우는 일이 이 문제를 해결하는 데 필수 불가결한 요소라고 주장했다.[73]

1937년 7월 중일 양국 군대가 충돌한 노구교사건을 계기로 중일전쟁이 발발한 이래로 8월 중국공산당의 항일구국 10대 강령 발표, 9월 항일민족통일전선의 결성과 일본군의 항저우 상륙과 전선의 확대, 12월 일본의 난징 점령 등 계속해서 일련의 급박한 사태가 이어졌다. 또한 전선이 확대되는 와중에 영국은 중국에서 권익을 지키려는 움직임을 배후에서 본격화했고, 소련은 장제스 정부가 지원을 요청하자 인민전선의 수립 차원에서 군사적 지원을 제공했다. 따라서 1931년 만주사변 당시와는 달리 장제스 정부는 정치적·군사적·경제적으로 더 나은 여건에 놓여 있었던 반면 일본은 고립된 상태였으므로 열강의 간섭을 배제하고 전쟁을 국지적 이슈로 한정하려는 일본의 전략은 여의치 않았다.[74]

쇼와연구회는 일본 정부가 중일전쟁의 목표를 명확히 정의하지 않은 상태에서 일련의 상태가 발생하고 이에 따른 여러 질문이 제기되는 상황에서 해답을 제공해야 했다. 예컨대, 일본은 공산주의를 배격하고 서양의 영향력을 축소하고 싶어 했다. 하지만 중국의 반일 정서가 고취되고 적대적 상태가 지속되는 가운데 이러한 목표를 과

연 어떻게 성취할 수 있을지, 어떻게 중국을 설득해 서양 제국주의 및 공산주의와 싸우게 할 것인지, 만일 중국과 장기전의 늪에 빠져 오히려 서양에 대한 군사적 준비에 막대한 차질을 빚지는 않을지, 그렇게 된다면 중일전쟁의 의미는 과연 무엇인지, 전쟁은 어디서 멈추고 어떤 전후 질서를 위한 타결이 필요한 것인지 등 제기되는 질문은 수도 없이 많았다. 그러나 1938년 1월 16일, 고노에 내각이 국민당 정부와 상대하지 않겠다는 선언, 이른바 '제1차 고노에성명'을 발표함으로써 전쟁의 조기 해결 가능성이 낮아졌다. 사실 고노에는 내각 수상에 오르면서 국내 문제를 최우선 과제로 설정하고 중국과의 전쟁은 원하지 않았지만 노구교사건으로 어쩔 수 없이 전쟁에 말려들어 간 이후부터는 강경 노선을 견지해왔다.

　이런 가운데 쇼와연구회는 중일전쟁이 장기화된 원인을 소련의 중국적화정책과 중국의 항일국민운동 지원으로 보고 대륙정책의 최종 목표를 소련과의 전쟁에 두었다.[75] 역으로 일본 중국정책의 성공은 소련과의 전쟁에 대한 선결조건이므로 이런 맥락에서 난징정부에 대한 군사적 압력을 강화하는 한편 북중국에 새로운 정치체제를 수립하는 전략을 추진해야 한다고 제안했다. 일본과 만주국, 북중국 간 정치경제블록을 구축해 하나의 통일된 중국을 건설해 소련에 대항하겠다는 의미였다. 1938년 6월 〈지나사변 수습의 일반적 방침 및 목표〉라는 보고서는 일본 외교가 당면한 목표로 "지나사변이 세계전쟁으로 전화할 위험을 극력 방지"하는 데 두고, 두 가지 안을 제시한다. 제1안은 국민정부를 중국 유일의 중앙정권으로 인정하고, 북중국 임시정부와 중중국 유신정부를 설립하고, 국민정부는 북중국의 완충지대화, 만주국 승인, 방공협정 참가, 배상금 제공 등을 제시하는 것이다. 반대로 제2안은 국민정부를 상대로 사변 수습이 불가능한 경우, 국민정부 타도에 매진하며 일본군의 점령 지역에 임시 유신정부를 발전 및 조성하는 데 노력한다는 내용이었다.[76] 결과적으로 쇼와연구회는 국민정부를 수용하는 제1안을 지지했다.

문제는 국민정부를 품는 신질서 수립을 위한 정책을 짜는 일이었다. 국민정부와 우호관계를 수립하는 건 사실상 어렵고, 나라 외적으로는 중국의 민족주의와 서구 제국주의의 도전에 직면해 있는 현실이 그러했다. 국내적으로는 독점자본가와 시대착오적 군국주의자들이 장악한 질서 속에서 확대일로의 전쟁에 필요한 군사력을 지탱할 경제계획프로그램이 부재했고, 이러한 현실에서 오는 불안을 불식하고 초기에 품었던 희망을 되살려야 하는 과제에 직면했다. 이에 쇼와연구회는 새로운 활로를 모색하게 된다. "중화민족 개개의 문화, 특히 중국과 일본의 공통된 문화를 존중하고 동양문명 및 동양정신을 부흥시켜 일중 협조를 촉진"하고 "신정권의 정책을 추진할 일중 협조 실현의 기초가 되는 사상을 확립"해야 한다는 '신사상'이 대두된 것이다.[77]

동아협동체 개념과 미키 기요시

이러한 배경에서 등장한 이가 미키 기요시였다. 그는 원래 신칸트주의 철학자였다. 이내 마르크스주의에 심취해 문필활동을 하다가 1930년 투옥되었고 출옥 후에는 전향해 《요미우리신문》 칼럼니스트로 활약하며 필명을 떨치다 1938년 쇼와연구회의 가입 요청을 받았다. 미키는 문화연구회의 좌장이 되었고, 문화 차원에서 중국 문제의 해법을 제시하는 역할을 담당하며 곧바로 두각을 나타내게 되었다.

미키는 "중국에 대한 일본의 군사행동은 동양의 화평과 양국의 우호관계를 확립하기 위한 것"이라는 정부의 공식 견해에 동조하면서 "일본이 중국에 영향을 끼치기 위해서는 사상이란 수단에 의존하지 않으면 안 되며 (…) 정신은 양국관계의 사상의 기초가 된다", "영향권을 아시아대륙에 확대하는 이 시점에서 일본 문화가 응전하지 않으면 안 되는 과제이다"라며 문화적 차원에서의 대응을 주문했다. 단기간에 중국을 무력으로 굴복시킬 전망이 희박한 가운데 중국의 민족적 통일을 방해하지 않으면서 일본 중심의 체제하에서 중국민족주의와 일본민족주의를 융화하는 방법을 찾는 게 주어진 과제였던 셈이다.

미키의 전략은 양국 간 전쟁의 의미를 새롭게 규정하는 것으로 시작됐다. 그는 전쟁을 통해 동아의 통일을 실현함으로써 진정한 세계통일을 추구할 수 있다는 주장을 펼치기 위해 유럽문명, 유럽중심주의를 비판하기 시작했다. "유럽이 세계이며 유럽 문화가 문화이고 유럽사가 곧 세계사 그 자체"라는 종래 인식을 강하게 비판하며, 근대적 원리로서 자유주의가 민족주의나 파시즘의 도전에 직면하여 한계를 노정하고 있음을 지적했다. 세계사의 새로운 이념으로 등장한 공산주의 역시 "만일 독일에서 공산당이 성공했다면 세계의 통일적 이념이 되었을 것이나 자유주의 및 파시즘과 대립 투쟁하는 상태이므로 세 이념을 넘어 세계를 적극적으로 통일하는 사상을 만드는 과제"가 주어지는 것이다.[78] 그동안 유럽(서양)중심주의 속에서 동양은 "서양과 달리 공통의 종교도, 공통의 정치 형태도, 공통의 문화도 갖지 않은 거의 내면적 통일이 없는 세계"로 규정돼왔다.[79]

그러나 그는 동양의 통일은 "일본이 수행할 것인가, 지나가 수행할 것인가 알 수 없지만 이제 세계사적 단계"에 와 있으며 이런 점에서 중일전쟁이 새롭게 해석되어야 한다고 주장했다.

미키에 의하면 중일전쟁은 일본의 중국 침략이라는 현실인 동시에 서양 제국주의의 구속으로부터 중국을 해방시켜 동양의 통일을 이루는 세계사적 의미를 갖는 사건이기도 했다. 즉, 전쟁은 무력을 통한 침략으로 시작됐지만 그러한 현실에서 새로운 문화적 통일의 가능성을 추구하는 기회가 되기도 하는 것이다. 그는 기왕의 세계사란 유럽사에 불과하므로 그 보편성은 부분적일 수밖에 없다고 전제한 후, 진정한 세계사는 동양과 서양 양자의 변증법적 초월을 통해 가능하다고 주장했다. 이를 위해서는 동서양을 구분하는 이분법 체계 즉, 서양과 대비되는 동양 독자의 이념적·문화적 특질을 찾아 동양 통일의 근거를 찾는 작업이 필요했다.[80] 미키는 여기서 공동체 개념을 동원한다. 서양사회의 특성은 게젤샤프트인 반면 동양사회는 게마인샤프트라는 것이다. 그는 이를 각각의 휴머니즘 즉, 서양의 휴머니즘은 개인주의에 기반한 이익사회적인 성격의 것으로, 동양적 휴머니즘은 공동사회의 인륜적 기반이 강조되는 것으로 구분하고 있다.[81] 서양은 그리스문화, 기독교문화, 근대과학 등을 공통 기반으로 하여 통일적으로 발달해왔다. 반면 동양은 이에 상응하는 통일성을 찾기는 어렵지만 사상적 공통성이 아닌 생활양식의 공통성 즉, 지연地緣으로 연결되고 황색인종이면서 관개농업, 도작(쌀농사) 위주의 생활에서 나오는 공동체적 특질을 발견할 수 있다고 보았다. 이런 점에서 미키는 앞서 기술한 문화주의의 영향을 받았다.[82] 오래전 농본주의 등의 가치가 과거의 공동체적 기원으로 전회하여 연대와 협동의 가치에 기반한 사회를 이상향으로 삼는 담론체계를 만들어냈다면 미키의 공헌은 공동체를 일본을 넘어 동아의 수준으로 확장하면서 보편성을 부여하고자 한 데 있다. 동아의 구성원들이 이익과 감정을 공유하는 공동체를 만들기 위해서는 서로가 동의하는 문화적 요소가 발견되어야 한다. 이런 점에서 그는 일본의 특수성만을 강조하는 종래의 일본문화론에 중대한 한계가 있음을 지적하면서 중국정신과 결합하여 양자를 초월하는 새로운 문화가 창조되어야 한다고 주장했다.

> 중국과 관계없이 향후 일본의 성립은 불가능하다. 일본 고유의 것을 중국인에게 강요하는 것은 완전히 무의미하며 불가능하다. 중국과 일본의 진정한 결합 없이는 동양이란 성립되지 않는다. 따라서 세계사적 의미에서 중일 제휴 혹은 일만지(일본–만주–중국) 일체라는 것은 이제까지 실현되지 못했던 동양의 통일을 지나사변[=중일전쟁]을 통해 실현하는 것이 된다.[83]

미키는 일본 문화 속에 새로운 보편을 창조할 만한 요소가 담겨

져 있다고 지적한다. 그에 따르면 일본 문화의 우수성은 외국 문화의 영향을 흡수하고 결합하는 능력, 즉 "形이 없는 주체적 문화"로서 이는 구미의 기술을 흡수하고 고도화하여 급속한 성장을 이루고 군사력을 갖추게 된 데서 증명된다. "일본 문화가 외부에 진출하려면, 여타 민족의 승인을 얻기 위해서는 일본 문화가 形이 없는 것을 넘어서 形이 있는 객관적이고 새로운 문화로 발전해야 한다." 이러한 귀결로 제시한 구상이 동아의 게마인샤프트론 혹은 동아협동체론이다.

> 게젤샤프트와 대조되는 게마인샤프트적 성격을 갖는 조직으로서 이는 민족적 전체가 아니라 민족을 초월한 전체이다. 따라서 동아협동체 결합의 원리는 민족주의적 전체주의자가 말하는 단순히 비합리적인 것이 아니다. 또한 단순한 게젤샤프트적 합리성에 의해 고려되는 것도 아니다. 동아협동체는 민족을 초월한 전체로서 그 결합의 기초는 피와 같은 비합리적 요소가 아니라 동양 문화의 전통과 같은 것이다. (…) 민족은 생물학적 개념이 아니라 본질적으로 역사적 개념이다. 민족은 역사적으로 생성되고 역사적으로 발전한다. 전체주의가 민족적 전체로부터 동아협동체라는 민족을 초월한 전체로 발전하는 경우, 합리성의 요구는 점차 확대되고 따라서 전체가 단순히 폐쇄적이지 않고 개방적으로 변해가게 된다. 동아협동체란 전체는 개방적으로 여러 민족들을 포함해야 하며 여러 민족이 각각의 개성과 독자성을 잃지 않고 자

기의 발달을 성취해야 한다. 요컨대 협동체란 게젤샤프트보다는 게마인샤프트이고 따라서 근대적 자유주의의 원리가 아닌 전체주의의 원리를 따르는 것이다.[84]

미키는 동아에서 게마인샤프트의 사상 원리로 협동주의를 내놓았다. 그는 중국의 민족주의인 삼민주의와 일본의 민족주의로서 일본 문화의 독자성과 우수성을 강조하는 일본주의를 동시에 비판하면서 이를 넘어서는 협동주의를 주장했다. 협동주의는 중일 양국 민족주의의 변증법적 종합인 동시에 서양과 동양의 종합을 지도하는 이념인 것이다.[85] 미키는 협동주의를 통해 자본주의와 봉건제를 초월하는 새로운 게마인샤프트 창조를 주장했다. 이는 구미의 기술과 동양적 휴머니즘을 융합한 것으로서 개인이 자신의 이익보다 전체의 복지를 우선하는 아시아적 사회 편성 양식이라 할 수 있다.

동시에 협동체는 국내 개혁의 지도 개념이기도 하다. 미키는 "일본의 지도하에 성립되는 동아협동체 속에 일본 자신도 포함되므로 일본도 협동체의 원리에 따라야 하며 그 민족주의적 제한도 인정되어야 한다"고 설명하며 동아협동체를 통해 일본의 국내 개혁을 정조준하고 있다. 자유주의와 사회주의를 대체하는 즉, 자본주의의 폐해와 계급투쟁을 넘어 일본인의 생활에 광범위하게 침투한 관료주의에 저항하는 개념이다. 이 경우 개인의 자발성과 창조력은 인정하되 전체 입장에서의 계획성을 강조한다. 자유주의를 넘어서 "공동체적 중민정衆民政"을 주장함으로써 유럽 파시즘 국가에서 보이는 협동체 국가를 수용하는 것이다.

또한 동아협동체는 당시 국제 질서의 대세였던 지역경제 블록화를 전제로 하고 있다. 미국, 영국, 독일, 소련 등이 자급자족적 지역을 만들어가는 현실 속에서 제국주의 열강으로부터 해방되어 동양이 스스로 운명을 결정할 수 있는 지역공간을 건설하려는 시도였다. 하지만 이는 단순히 경제적 차원을 넘어 정치적·문화적 공동체이기도 했다. 쇼와연구회의 핵심 인물인 로야마 마사미치蠟山政道는 "일본적인 것", "중국적인 것", 그리고 "동양적인 것"을 보다 고차원적으로 통일하는 문화 개념으로서 즉, 문화공동체로서 동아협동체를 규정한 바 있다.

한편 이러한 시도는 직접적으로는 중국 문제 즉, 단기간에 중국을 무력으로 굴복시킬 전망이 희박한 상황을 탈피해 중국을 일본 중심의 공간에 편입시키려는 노력이기도 했다. 즉, 중국의 민족적 통일을 방해하지 않으면서 일본 중심의 신체제에 편입하도록 일본민족주의와 중국민족주의를 융화하는 방법을 찾으려고 했다. 따라서 미키는 중일전쟁의 세계사적 의미를 구미 자본주의(영리주의)와 근대주의(자유주의, 개인주의, 합리주의)로부터 일본과 아시아를 구출하는 것으로 보고 전쟁을 통해 아시아의 단합과 통일을 기하며, 중국의 근대화를 돕는 동시에 근대 자본주의의 폐해로부터 벗어나 새로운 문화로 나아가도록 공진共振하자고 제안한다.

쇼와연구회는 이러한 미키의 협동체론을 내걸고 '동양의 부흥'을 향한 일중 양국의 협동, 신질서 건설에 대한 여러 나라의 협력을 강조하면서 일본의 대중정책을 쇄신할 것을 요구했다. 이런 연구회의 입장은 1938년 11월 3일 그 유명한 고노에 수상의 연설, 이른바 '제2차 고노에성명' 혹은 '동아신질서성명'으로 이어진다. 고노에의 이 선언은 전쟁에는 보편성을 가진 도의적 목적이 필요하며 중일전쟁의 목적을 "동아의 영원한 안정을 확보할 신질서의 건설에 있다"고 정의했다. 또한 신질서를 통해 세계사의 신단계를 창조할 것을 선언하며 중국 측에 "동아 신질서 건설의 임무를 분담하자"고 제안하고 있다. 국민당 정부가 근본적 개혁을 실현한다면 일본은 국민당 정부가 중국 재건에 참여하는 것을 거부하지 않겠다는 약속이다. 이는 고노에 내각이 1938년에 발표한 제1차 고노에성명을 완전히 뒤집은 것으로서 고노에는 중일전쟁의 의미와 해결책에 대해 미키와 인식을 같이한 것이다. 이 연설문의 작성자인 나카야마 유우中山優는 1개월 전 쇼와연구회 지나사변대책위원회가 제시한 지침을 참고한 것으로 알려져 있다. 미키가 주장하듯이 고노에 제안 즉, 제2차 고노에성명의 핵심은 국민당 정부를 지역공동체에 통합하는 정책으로 중국민족주의를 다루어가겠다는 점이다.[86]

이 같은 동아협동체론은 중일전쟁 시기에 일본이 시도한 유일한 사상적 창조 노력이라 할 수 있다. 국가가 직면하고 있는 여러 모순을 해결하기 위해 미키를 비롯한 일본의 최고 지식인과 관료가 모여 내놓은 성과이자, 전통적 요소와 근대적 요소를 통합하여 국제적으로 호소하는 보편적 메시지이기도 했다. 결국 그 성패는 이 메시지를 받는 대상에게 얼마나 호소력을 갖느냐에 달려 있었다. 쇼와연구회의 핵심 멤버인 오자키 호츠미尾崎秀実는 "동아협동체론을 발생시킨 가장 깊은 원인은 중국 문제를 재인식하게 된 점"이며 동아협동체의 성패는 중국의 자발적인 참여에 달려 있다고 보았다. 중국이 끈질기게 저항하는 근저에는 항일통일전선에서 보듯이 강렬한 민족주의가 자리하고 있는데 동아협동체가 이 문제를 정면에서 풀어 나가지 못하면 결국 신비주의적 결정론으로 끝날 것이라 단언했다.[87] 오자키 등 쇼와연구회의 주요 인물들은 중일전쟁의 근본적인 해결을 위해서는 일본 스스로의 내부 혁신 즉, 동아협동체를 주도하는 일본의 협동체국가 건설에 있다는 결론을 내렸다. 오자키는 중국 내에서 동아협동체를 진정으로 고려하는 이들은 일본의 '국민 재편성' 문제의 진척에 특별한 주의를 기울이고 있음을 상기하면서 일본 국내의 개혁이 실행되고, 중국 국민으로부터 협동체론에 대한 이해와 지지가 있어야 한다고 주장한 바 있다.

조선의 동아협동체 수용

일본이 주장한 동아협동체론은 식민지 조선에 빠른 속도로 유통됐다. 일본의 동아협동체는 1930년대에 사회주의자였다가 전향한 인사들의 주도로 이루어졌는데, 흥미롭게도 조선에서도 1938년을 기점으로 전향한 지식인들을 중심으로 동아협동체론이 적극적으로 수용됐다. 이들에게 동아협동체의 수용 문제는 세 가지 핵심적인 쟁점이 고려사항이었다. 첫째 사항은 중일전쟁의 추이 및 파시즘 국가들과의 동맹 등 국제 정세에 대한 전망, 둘째는 일본이 민족주의와 자본주의, 자유주의를 넘는 상당한 혁신성을 가진 협동체론을 과연 실천할 수 있을 것인지에 대한 판단 여부였다. 마지막 셋째 사항은 바로 동아협동체와 식민지 조선의 민족 문제가 어떻게 관련되는지에 대한 판단이었다.

이윽고 1938년 11월 동아협동체가 일본 정부의 공식 담론으로 등장하자마자 식민지 조선에서는 불과 한 달 남짓으로 동아협동체의 수용을 두고 여러 엇갈리는 목소리가 쏟아져 나왔다. 윤치호尹致昊와 같은 열렬한 반공주의자나 민족주의그룹은 협동체론이 자본주의체제와 민족주의 극복이라는 혁신적 내용을 담은 일본 내 좌파세력의 주장이라는 점에서 사상적으로 의심을 품고 있었다. 비근한 예로《삼천리》1939년 1월 특집호의 특별 좌담회에서 다수의 논자들이 동아협동체론의 혁신성에 대해 유보적 입장을 취한 까닭이 여기에 있다고 할 수 있다.

또한 이광수李光洙와 현영섭玄永燮 등 황도皇道를 생활 원리로 삼고 이체동심異體同心 혹은 철저일체론徹底一體論을 주장했던 당시 주류 지식인들은 양 민족의 자립과 협동을 추구하는 정책에 비판적이었다. 반면 이 특집호에서 당시 필명이 높았던 김명식金明植, 인정식印貞植, 차재정車載貞 등의 지식인들은 동아협동체론을 전면적으로 지지하고 그 개념과 이론을 주도적으로 수용했다. 흥미로운 점은 미키 기요시가 그러했듯이 이들 또한 전향자였다는 점이다. 홍종욱[88]에 따르면 조선에서의 전향은 단순히 일제 공권력의 탄압과 이에 대한 사회주의자의 굴복으로 보기보다는 중일전쟁을 전후한 국제 정세 변화에 대한 인식이라는 정치적·사회적 맥락에서 이해할 수 있다. 일본의 국제적인 지위 상승, 자본주의에 대한 비판, 소련식 사회주의에 대한 회의라는 세계사적 흐름 속에서 등장했다는 것이다.

1930년대 초 만주사변을 겪으면서 일본에서 대량의 전향이 이루어졌음에도 불구하고 조선에서는 이와 유사한 현상이 일어나지 않았던 이유는 '민족'이라는 장벽에 있었다. 이 시기 일본의 사회주의자들이 '계급'이라는 가치에서 '(일본) 민족'이라는 가치로 전향했다면 조선의 사회주의자들은 '민족' 때문에- 즉, 민족을 버려야 하기 때문에 -전향하지 못했다.[89]

그러나 중일전쟁이 발발하면서 상황은 미묘하게 바뀌었다. 사회주의자들은 1930년대 식민지 조선을 둘러싼 기본적 대립을 국제적으로 세력을 확대하는 파시즘과 소련을 중심으로 한 사회주의 진영의 양자 대결로 보고, 조선 민중은 일본과 소련 간 세력 균형의 변화 여하에 따라 새로운 기회를 얻을 수 있다고 보았다. 특히 1935년 코민테른이 반파시즘 인민전선 popular front 을 들고 나선 가운데, 이탈리아의 에티오피아 침공을 둘러싸고 영국과 이탈리아 사이에 대립 전선이, 독일의 오스트리아 합병을 둘러싸고 영국·프랑스와 독일 사이의 갈등 구조가 형성되자, 이들은 일본이 독일과 이탈리아 편에 서서 도발할 경우 국제적인 반파시스트 전쟁이 전개되고, 일본이 파멸의 길을 걷게 될 것이란 희망 섞인 전망을 하게 되었다.[90]

사회주의자들은 일본과 소련 사이의 개전을 기대하면서 소련의 지원하에 조선 혁명을 일으켜 일본을 몰아낸다는 희망을 품었지만, 막상 중일전쟁 발발 이후 일본이 승승장구하며 대부분의 해안 지역을 장악하고 소련이 일본에게 평화외교를 전개하자 절망에 빠지게 된다. 소련은 중국과 반파시즘 인민전선을 형성하며 중국 정부를 지원하긴 했지만, 당시 일국사회주의론 아래에서 경제개발계획을 완수하는 데 국력을 경주하는 한편, 유럽에서 독일의 위협에 직면하고 있었기 때문에 일본과 전면전을 벌이기에는 곤란한 상황에 처했다. 사실 이오시프 스탈린Joseph Stalin은 수차례에 걸친 장제스의 참전 요청을 일관되게 거절한 바 있다.[91] 영국도 국민당 정부를 지원하긴 했지만 그렇다고 적극적으로 일본의 침략을 저지하며 전쟁을 불사하는 행보를 취하지는 않았다.

1939년 독소불가침조약 체결은 그나마 남아 있던 반파시스트 인민전선 전술에 대한 기대를 완전히 접게 만든 사건이었다. 카프 즉, 조선프롤레타리아예술가동맹(Korea Artista Proleta Federatio, KAPF) 출신인 평론가 백철白鐵은 "시대적 우연의 수리受理"라는 표현을 쓰며 "지금 동양의 현실은 우연[중일전쟁]에 의해 만들어진 거대한 사실"이므로 선악을 떠나 이를 현실로 받아들일 수밖에 없다는 "사실의 수리"를 피력한 바 있다.[92] 중일전쟁이라는 세계사적 사실 즉, 이제 더 이상 일본의 성장을 막을 세력이 없는 현실에서 결국 일제가 제시하는 정책과 구상 속에서 최소한의 희망과 활로를 모색하는 것이

유일하고도 현실적 대안임을 인정하자는 의미였다.

1938년 10월 일본군이 중국의 우한武漢과 광둥廣東을 점령하고 국민정부가 대륙의 서남부와 서북부 내륙으로 쫓겨 가는 신세가 되자 조선의 전향자들은 '사실의 수리'와 함께 일제히 동아협동체를 내걸게 된다. 앞서 기술하였듯이 제국의 중심부 지식인들이 전선의 교착과 전쟁의 장기화에 따른 위기의식의 발로로서 동아협동체론을 내놓으며 신질서를 건설하려고 했던 때에 조선의 사회주의자들은 오히려 전쟁이 결정적인 분수령을 넘은 것으로 오판하며 신질서 건설에 나서고자 했다. 전쟁의 전개에 대해 결정적인 인식의 오류가 발생한 것이다. 앞서 언급한 《삼천리》의 1939년 1월 〈동아협동체와 조선〉이라는 제목의 특집호에서 이미 전향한 필자들은 중일전쟁의 정세가 결정적으로 전환되었다고 판단했으며, 그 첫 주자인 김명식은 일본의 승리를 낙관했다.

> [일본은] 이미 군사적으로 승리하고 또 정치적으로 支那의 면목을 一變케 하야 경제적 基礎工作이 전개됨과 함께 문화적으로 신생활의 협동이 실현되고 있으니 이것은 어느 상대방에서 질겨하지 아니하야도 또는 어느 제삼국에서 음으로 양으로 저지하야도 제국의 旣定方針과 같이 실현될 것은 부언할 필요가 없다.[93]

김명식은 식민지 초기 조선 사회주의운동에 적지 않은 발자취를 남긴 좌파 지식인이지만 1938년에 전향한 이후로 역사에서 잊힌 인물이다. 1890년생으로 한성고보를 졸업하고 와세다대학 정경학부에서 수학 중에 신아동맹단에 가입, 핵심 단원으로 활동했다. 귀국 후에는 동아일보 논설반원으로서 《신생활》을 발간하고 사회혁명당 창립 멤버 등으로 활동했다.

김명식은 1920년대 레닌 등의 사회주의이론을 소개하면서 식민지 조선 사회경제 성격 논쟁을 주도했다. 1922년에는 필화사건으로 조선 최초로 사회주의 재판을 받고 복역하다가 가혹한 고문에 따른 형집행정지로 출옥했다. 석방 이후에는 오사카로 건너가 병 치료를 하면서 노동운동 지도 활동을 한 이유로 재차 검거돼 복역을 하고 석방됐다. 1930년대 초반에는 민족의 전통에 대한 관심으로 단군을 연구하면서 당시 조선사 연구자들의 국수주의적 경향을 비판한 바 있고, 1934년 이후에는 국제 정세에 관한 논평을 썼다. 1936년 말에 오사카에서 귀국한 뒤에는 약 1년 동안 잠적하며 모색기를 거치다가 1938년 말 동아협동체의 등장과 함께 전향하고 논단에 재등장한 것이다.

김명식이 동아협동체론을 적극적으로 설파한 이유는 일차적으로 '연방'에 대한 기대 때문이었다. 일본이 식민지가 아닌 협동체를 건설한다는 성명에서 그는 연방제 도입이 유력하다고 전망했다. 중국과 일본의 관계를 협동체 개념으로 설정한다면 이를 내선內鮮, 즉 일본과 조선 간에도 적용할 수 있으며, 타자성他者性을 존중하는 공동체의 건설은 구체적으로 연방의 형태가 될 것이라 본 것이다. 그런 이유로 그는 조선이 협동체에 적극적으로 참여함으로써 주체성을 회복할 수 있다고 믿었다.

또한 김명식은 "신동아의 연방 문제는 인류사에 있어서 신기원"이므로 "이제 우리는 신동아협동체의 건설에 대하야 특별한 관심과 열의를 가지고 그에 적극적으로 참여하여 신운명의 제1보를 개척"하자고 주장했다. 이를 위해서는 "건설의식建設意識"이 요구되는데, 그는 중일 사이에 끼어 있는 조선이 중개자 역할을 할 것을 제안했다. 조선이 "일지량민족간日支兩民族間에서 조화調和 역역役"을 수행하고, "이 임무를 다함에 있어서 양 민족의 오해를 사는 일이 (…) 해소되지 않으면 신동아 건설에 기여함이 있지 못할 것이니 그리되면 다음 신동아 연방 문제가 생긴다 하여도 우리의 처지는 호전되지 아니할 것이다"라고 역설한다.[94]

김명식은 또한 미키 기요시가 주창한 민족 개념 즉, 민족이란 혈연으로 주어지는 것이 아니라 구성되는 것이라는 의식, 따라서 민족적 배타의식과 같은 "근대국가적 민족사상"으로부터 탈피하는 새로운 민족 개념에 기대를 걸었다. 그는 조선이 제시할 구체적 방향으로 "정치적으로 데모구라시, 경제적으로 고렉띄브, 사회적으로 휴매니즘"으로 구성되는 "이상주의"를 제안하고, 세계성을 갖는 신건설을 내걸면서 동서양의 구분보다는 초지역적 시대의식의 수립을 내세우고 있다.[95] 또한 자본주의와 공산주의를 모두 반대하고 그 대안으로 통제경제를 확립하는 것을 지지했다. 그리고 이를 통해 '공정가격'을 '과학'적이고 '윤리'적인 것으로 평가하여 실시하고, 토지의 국가 관리 등을 통해 "일만지日滿支 블록" 전체의 통제경제 강화 틀 속에서 경제 이득을 꾀하고 독립성을 확보하는 노력을 경주해야 한다고 주장하고 있다.

두 번째 기고자인 인정식 역시 사회주의자로서 검거와 투옥을 반복하다 1938년 10월 우한과 광둥이 함락되는 시점에 출옥한 직후 전향을 공식적으로 선언했다. 그 역시 국제 정세가 일본에게 유리하게 돌아가고 있다는 인식에 기초하여 동아협동체를 수용하고 있다.

> 日本帝國을 經濟上, 政治上 唯一絕對의 盟主로 하는 東亞의 再編成 過程이 실로 놀랄 만한 空前의 大規模와 未曾有의 速度로 進行되어 (…) 새로운 大勢를 逆轉하는 것은 絕對 不可能[하며] 武漢의 함락은 抗日運動에 대한 최후의 결정적 타격이어서 [전쟁은] 확실히 새로운 단계에 進入하고 있다 (…) 從來의 長期戰爭에서 今後의 長期建設에로의 履行하고 있다.[96]

여기서 그는 일본의 혁신세력 즉, 쇼와연구회의 작업을 높이 평가하며, "동아협동체의 원리가 민족 문제-식민지 문제 해결에 대해 새로운 광명을 던지고 있다"고 평가한 후, 세 가지 건설 과제를 언급했다. 첫째, 경제적으로 "동아 각 민족의 공존共存 공영共榮을 기조로 하는 일만지日滿支 '뿌럭(블록)' 경제의 확립", 둘째 정치적으로는 "동아협동체 혹은 동아연방체의 결성", 셋째 문화적으로 유럽 문명과 차별적인 "동아민족 공통의 문화 확보"를 제시하며 이를 "공전空前의 위대한 사명을 수행"하는 "역사적인 성전聖戰"이라고 미화했다.[97]

인정식은 동아협동체의 실현과 당시 총독부가 추진해온 내선일체內鮮一體를 양립해야 하는 현실에 주목했다. 그는 "일본제국의 신민으로서의 충실한 임무를 다할 때만 조선 민중에게 생존과 번영과 행복을 약속"하는 것이며 "여기에 조선인의 운명에 관한 문제에 있어서의 넘을 수 없는 한계가 있는 것"이라 말하며 결국 "내선일체 이외의 일절의 노선이 한갓 미망에 불과"하다고 강조했다.[98]

그는 동아협동체가 조선의 자주를 확보해주는 방안이 아님을 분명히 하는 반면, 일본제국 혹은 동아협동체 속에서 조선이 차지하고 있는 대륙 병참기지로서의 위치를 활용하는 데 주목하고 있다. 중일전쟁을 통해 전선이 확대되면 병참의 역할이 내지 즉, 일본뿐만 아니라 조선으로도 확대될 것이므로 이 기회를 잘 살리면 일본제국 내에서 조선의 위상이 높아질 것이라는 논리를 펴고 있다. 그는 일본이 대륙으로 나아가는 요충지로서 중공업, 특히 군수공업을 발전시킬 수 있다면 조선 사회의 내부적 모순을 완화하고 농촌의 과잉인구 문제를 해소하는 동시에 대륙으로 진출하는 기회를 얻을 것으로 전망했던 것이다. 따라서 조선인은 근대적으로 잘 조직된 산업예비군을 준비하고 "농공병진農工竝進"정책을 추진해야 하며, 정신적으로는 "내지인과 동등한 국민적 의무를 다하게 한 후 내지인과 동등한 정치적 자격을 부여"하게 된다는 사실을 명심하면서 내선일체를 확고히 해야 한다는 것이다.[99] 예컨대, 그는 국민적 의무로 만주국에서 지원병 제도를 도입하는 것을 환영하면서 조선이 징병제를 획득할 수 있기를 고대하고, 나아가 징병제의 전제인 내지연장주의, 내선일체의 구현 차원에서 의무교육을 실시해야 한다고 주장했다.[100]

당시 사회주의자들이 전향을 하는 데 반드시 통과해야 할 관문은 바로 내선일체였다. 특히 중일전쟁의 발발 이후 조선인을 일본의 전쟁에 직접 동원해야 할 필요성이 증대되면서 내선일체의 요구도 점차 강화되었고, 이에 따라 전향자들은 내선일체를 수용하는 명분을 만들어야 했다. 앞서 언급하였듯이 국제 정세의 예기치 않은 변화는 이들에게 새로운 명분을 가져다줬다. 중일전쟁을 통해 동아시아 질서가 재편되어 일본이 주장하는 지역공동체가 형성된다면 일본제국의 중심적 위치가 강화되는 한편 조선의 지위도 그 병참기지로서의 역할을 수행하면서 격상될 수 있다는 희망이 자리하고 있었다. 이런 맥락에서 내선일체 정책도 받아들일 수 있었던 것이다. 특히 김명식은 조선의 경제적 독자성을 강조하면서 "일만지 블록경제"가 구체화되는 속에서 조선의 존재가 무시되지 않도록 블록 속에서 독자적·특수적 지위를 확보하여 지역 블록 건설의 일원으로 참가 자격을 획득해야 한다고 주장한 바 있다.[101]

이처럼 이들 전향자들은 내선일체라는 국민적 의무를 충실히 이행하는 것이 신질서하에서 조선의 가능성을 기약하는 길이라 보았다. 이들의 내선일체론은 당시 조선총독부가 조선인을 일본의 전쟁에 직접 동원했던 논리로서 양 민족의 "동화론同化論"이라기보다는 동아협동체 틀 속에서 양 민족이 공존·공영하는 새로운 관계를 의미하는 이른바 "협화적協和的 내선일체론"으로 지칭된다.[102] 내선일체를 일본 민족과의 병립과 협동으로 이해한 것이다.

하지만 조선에서 동아협동체론의 전파와 유통은 제한적이고 또 짧았다. 전향 사회주의자들이 중심이 되어 수용했으나 1939년을 넘기면서 쇠퇴의 길을 걸었다. 이는 본토인 일본에서의 수명과 비례했다. 일본이 동남아와 남태평양으로 전선을 확대하면서 대동아공영권大東亞共榮圈이라는 개념을 내걸자 동아협동체는 설 자리를 잃고 사라질 운명에 처한 것이다. 물론 대동아공영권은 동아협동체가 내포하고 있던 논리를 확장하는 측면이 있기는 했지만 일본열도를 중심으로 동북아와 동남아가 동심원적 계열 구조를 갖는 이 구상은 당시 독일에서 유행하던 지정학 논리(지정학적 운명공동체론)에 근거한 것이었다. 동아(일-만-지)가 공유하는 문화적 가치를 근거로 공동체를 구성하겠다는 기존의 협동체 논리는 구미의 제국주의적 압제로부터 해방을 위한 권역을 건설하겠다는, 일만지 삼국의 물적 구조만으로 부족한 현실을 극복한다는 대동아 논리로 전환됐다.[103]

이렇듯 전향 사회주의자의 결정적인 실패는 국제 정세의 오판에 있었다. 앞서 지적하였듯이 동아협동체론은 중일전쟁에서 전선이 교착 상태에 빠지고 일본의 승리가 불투명한 시점에 중국을 품으면서 수렁에서 빠져나오기 위한 전략의 성격을 띠고 있었다. 그럼에도 불구하고 조선의 지식인들은 일본의 승리가 임박한 것으로 크게 오판하고 있었다. 이는 전향 사회주의자뿐만 아니라 민족진영도 마찬가지였다. 예컨대 최린崔麟은 2차 고노에성명을 보고 장제스 정권이 완전히 지방정권으로 전락했다고 단언했고, 최현배催鉉培나 이광수는 고노에 3원칙을 일본이 승전국으로서 패전국 중국에 요구한 것으로 받아들이는 등 일본 제국주의가 감당하기 어려운 대전쟁의 길로 말려들어 가고 있는 상황을 오인했다.[104]

동아협동체론은 중일전쟁의 근거를 제공하고 중국 국민당 정부를 회유하기 위한 수단이었기 때문에 중일교섭이 여의치 않을 때에는 폐기될 수밖에 없었다. 오자키 호츠미는 동아협동체론이 갖는 두 가지 현실적 약점을 지적했다. 첫째는 중국 문제를 관념적으로 파악하고 구체성을 결여한 점, 둘째는 자본주의체제 혁신을 추진할 세력의 결성이 용이하지 않을 것이란 점이다.[105] 실제로 당시 정치의 중심에 서게 된 일본 육군은 중국과의 '화평공작' 실효성에 의문을 표시하고 독일, 이탈리아와의 삼국군사동맹 문제에 집중하며 군사외교 방향으로 선회했다. 개혁의 주체 세력을 조직화하는 일 역시 기성 정당과 구舊 재벌을 중심으로 한 현상유지파의 반발과 고노에 내각의 퇴진으로 급격한 퇴조를 보였다.

1939년 1월 조선에서 《신동아》 특집호가 나오고 협동체 수용론이 이야기되던 바로 그 순간, 정작 일본에서는 고노에 내각이 총사퇴하고 동아협동체가 쇠퇴하는 사태가 벌어지고 있었다. 조선의 전향자들은 동아협동체 구상 이면에 깔려 있는 일본의 전략적 고민을 파악하지 못하고, 일본의 국내 정치 상황이 변해가는 양상과 동아협동체의 전파 성공 여부를 가르는 관건인 혁신 추진의 주역들이 퇴장하는 사태의 의미를 충분히 분석하지 못한 채, 조선에 가져다 줄 이해득실만을 좁게 판단하고 있었다. 결국 조선의 지식인들은 중국과 일본 사정에 대해 한 치 앞을 내다보지 못한 셈이 됐다. 보다 중대한 오판은 이들이 동아협동체를 아전인수 격으로 수용한 데 있다. 이들은 동아협동체론이 민족 간 협동의 가능성을 모색하는 계기가 될 수 있다는 점에 주목했다. 협동체 논리를 조선 민족에게 적용하여 민족적 협동의 단위가 만들어짐으로써 일본과 새로운 관계를 수립할 수 있다는 희망이 그것이다. 전향자들이 내선일체론을 수용할 수 있었던 것은 이런 맥락이었다.

동아협동체는 자주적 이익과 문화를 갖는 동아 여러 민족 간의 공존과 공영을 주창했지만 정작 일본이 과연 조선을 단위/주체로 인정해줄 것인지가 문제였다. 미키 기요시는 결코 조선을 협동체 내부의 주체로 상정하지 않았다. 이 점은 쇼와연구회 내에서 동아협동체 개념이 중국민족주의의 거센 저항과 마주하는 과정에서 탄생한 것임을 상기하면 명확해진다. 일본과 싸우지 않는 조선의 동아협동체론이 갖는 한계는 이처럼 명백할 수밖에 없다. 요컨대, 조선의 지식인들은 중국이 끈질기게 버티고 영국이 지원하는 상황, 소련이 동진하면서 구조적 압력을 점증해가는 상황, 더 나아가 미국과의 최종전 가능성이 부상하는 상황 속에서 전향의 길로 들어섰다. 동아협동체가 이들에게 전향의 명분이 됐지만 정작 현실은 기대와 너무도 달랐다.

돌이켜보면 1938년은 김명식과 같은 사회주의자들이 버텨나갈 희망을 발견하는 시간이었다. 그러나 김명식은 〈일미국교의 타진〉에서 소련이 개입하지 않고 영불미 공조가 불발되는 것에 비추어 영미협조와 미일 간 충돌의 가능성을 낮게 보는 등 국제 정치적 상황을 오판해 스스로 파멸의 길을 걷고 말았다.

태평양 대 동아,
두 개념의 충돌과 전쟁

일본은 일본-만주-중국 삼국 간의 동아 신질서를 완강히 거부한 중국과 중일전쟁을 개시하였으나 곧 전선이 교착 상태에 빠지자 동남아시아로 '남진南進'을 택했다. 이 지역은 일본에서는 남양南洋 혹은 남방南方으로 불렸으나 전후 미국의 세계전략 속에서 동남아시아로 호명되면서 일본도 이에 따르게 되었다는 사연이 있다.[106] 이처럼 일본이 남쪽으로 침략하면서 나온 개념이 바로 대동아大東亞였다.

대동아공영권 구상이 일본의 국책國責으로 등장한 것은 1940년 7월 일본 각의에서 결정된 〈기본국책요강〉부터다. 국책요강이 "황국의 국책은 팔굉八紘을 일자一宇로 삼는 조국의 대정신에 기초하여 세계 평화의 확립을 가져오는 것을 근본으로 하여 우선 황국을 핵

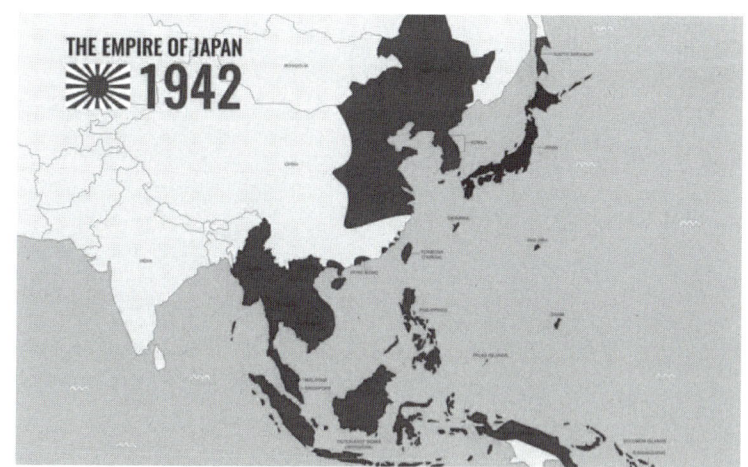

그림 4　1942년 당시 일본이 지배한 지역을 나타낸 지도

출처: Shutterstock

심으로 일만지의 강고한 결합을 근간으로 한 대동아의 신질서를 건설"한다고 밝히고 한 달 후인 1940년 8월 마쓰오카 요스케松岡洋右 당시 외무대신의 성명에 의해 대동아공영권이라는 용어가 공식적으로 회자되기 시작한다.[107]

> 현재 정책은 황도皇道의 위대한 정신에 기초하여 일본, 만주국 및 중국을 결합하는 대동아공영권을 수립하는 것이다. (…) 대동아공영권 속에는 불령佛領인도지나, 난령蘭領동인도 등을 포함하는 것은 당연하다. (…) 대동아전쟁은 세계 질서의 전환전轉換戰[이며] 근대 세계 내부의 하나의 세계가 아닌 근대 세계를 초출超出하고자 하는 하나의 획기적인 전쟁이다.

이 공간은 대동아라 불리는 홋카이도, 일본, 만주, 중국, 인도차이나반도, 남양제도 모두를 포함하는 광대한 영역을 포괄한다. 구체적으로 "대동아정략지도대강大東亞政略指導大綱"은 "제국(일본)을 중심으로 한 日-滿-華의 동아 신질서"와 이를 지탱하기 위한 "자원국"인 동남아시아 여러 지역, 그리고 그 외연에 "보급국"인 호주 등을 대동아공영권으로 구성했다. 이는 일본을 중심으로 한 동심원의 위계적 확장 형태를 띠었다.

이 위계적 지역 구상에는 공간적 통일성을 부여할 개념적 근거가 요구됐다. 왜냐하면 경제적 주종관계, 기왕의 문화·문명·인종 차원에서 이들을 하나의 지역으로 엮기는 사실상 불가능했기 때문이다. 다시 말해서 대동아를 하나의 지역으로 인식할 방법 즉, 대동아공영권의 과학적 근거가 필요했다. 먼저 일본은 이 가상공간을 관통하는 '공통의 역사 경험'을 강조했다. 즉, 공간의 구성원들은 서양 제국주의의 침략이라는 '구질서'의 피해자임을 공통분모로 부각시키려 했던 것이다. 그런 이유로 1930년대부터 이른바 'ABCD 포위망'과 이에 대응한 아시아의 '자존자위自存自衛'라는 수사修辭가 동원되기 시작했다. 그러나 공간 구성원들이 공통의 안보 위협 인식을 갖는 것은 아니었으므로 보다 정교한 지역성의 논리가 뒷받침되어야 했다.

이에 교토학파는 공영권의 구성 원리로 "도의道義"를 제시했다.

고야마 이와오高山岩男는 근대 국제 질서를 초극하는 도의적 질서가 세계사적 필연이며 이를 실천하는 것이 대동아공영권이라 주장했다. 그는 공영권의 '영榮'이란 이익을 우선시하는 영미식 가치관에 입각한 'prosperity'가 아니라 '도의적 영예榮譽'임을 강조하면서 그 '도의적 생명력'이 왕성한 일본이 지도적 지위를 가져야 한다는 논리를 전개했다.[108] '공영'이 곧 '도의적 영예를 함께하는 것'을 뜻한다는 주장은 교토학파의 공론이기도 했다.[109]

그러나 노의가 시역의 필연적 이념이이야 한다는 것과 대동아라는 특정 공간이 도의를 공유하는 세계라는 것은 전혀 다른 이야기다. 후자의 측면에 주목해 도입되고 활용된 지식체계가 바로 지정학地政學이었다. 지정학은 국가가 그 생명력을 유지하기 위해서는 생활공간/생존권lebensraum을 확보하는 것이 필연적이라는, 이른바 국가와 지리적 공간 간의 상호관계를 규명하는 지식체계이다. 이런 점에서 지정학은 지리적 공간의 확대(제국주의적 확장)를 생활공간/생존권의 확보로 정당화하는 논리를 제공하게 되었다.

에자와 조오지江澤讓爾 등 당시 일본의 지정학자들은 대동아공영권 건설의 과학적 근거를 제시하려 했다. 이들에게 대동아가 갖는 생활공간 혹은, 대동아라는 공간 결합의 유대는 태평양을 끼고 있는 지형의 유사성, 기후의 통일성, 미작米作, 공생관계 등과 같은 공통의 특질이라는 것이다.[110] 지형과 기후가 주는 공통적인 특징이 상상되고, 창조되고, 이로부터 나오는 미작과 교통에 의해서 공통의 민족감정, 공통된 유형의 문화가 나온다. 이런 점에서 이들 지역의 민족이 대동아라는 생활공간을 공유하는 것은 필연적 운명이라는 논리를 제시했다.

여기서 일본의 위치는 독특하다. 로야마 마사미치에 따르면 일본은 '태평양 주변의 나라'이자 '아시아 주변의 나라'라는 '고유한' 역사적 조건 때문에 서구 제국주의와의 투쟁과 아시아 여러 민족들과의 협력이라는 이중의 과제에 직면해 있으며 이 현상은 일본의 '지정학적 필연'이라는 것이다. 대동아공영권의 역사적 출발점은 바로 거기서 찾을 수 있다는 것이다. 이 대동아는 종래의 '대륙적 영역'을 넘어 '해양적 영역'으로까지 확대되어 있으며 이 두 영역을 포괄하는 자가 바로 '야마토민족'이라는 것이다. 일본 민족의 지도적 역할은 이렇게 숙명적으로 주어지고 있다.

일본에게 문제는 동아와 대동아 개념에 입각한 지정학적 필연인 지역 질서의 구축 시도가 미국의 지역 질서와 정면으로 충돌했다는 점이다. 태평양 개념에 입각한 미국 주도 지역 질서 혹은 워싱턴체제와 아시아적 가치와 문화에 기반한 일본 주도 지역 질서 간의 경쟁이 전개됐고, 이러한 질서경쟁은 결국 실제 전쟁으로 이어졌다. 1941년 미일전쟁은 1931년 만주사변, 1937년 중일전쟁, 1940년 인도차이나 침략(남진) 등 일본이 행한 일련의 군사적 도전의 결과,

지정학적 경쟁과 갈등의 결과란 측면이 있는 동시에 질서경쟁과 갈등의 결과이기도 하다. 저명한 외교사가인 아키라 이리에Akira Iriye 교수는 미일전쟁(1941-1945)의 원인을 미국의 자유주의 이념을 기초로 한 국제 질서와 일본의 문화적 전통을 기초로 한 국제 질서 간의 충돌로 보았다. 그는 월슨주의에 기초한 이른바 워싱턴체제에 대한 일본의 이념적·문화적 도전이 1930년대 냉전을 거쳐 1941년 열전으로 전화되었다고 본다.[111] 태평양 대 (대)동아 개념전쟁이 실제 전쟁으로 비화된 것이다.

그림 5 　아키라 이리에가 집필한 《Power and Culture》 표지(1981년 출간)

제2장

태평양에서
아시아-태평양으로

전후 질서의 확립과
태평양 개념의 진화

　제2차 세계대전으로 전 세계가 전화에 휩싸여 있었던지라 6년 동안 지역을 둘러싼 개념전쟁은 잠시 소강상태에 접어들었다. 그러다가 1945년 종전과 함께 새로운 지역 질서를 형성하고자 지역 개념을 둘러싼 전략적 시도가 재연됐다. 일본제국의 패망으로 그들이 밀었던 '동아'와 '대동아'라는 지역어는 즉각 정치적 동력을 상실했고, 곧이어 냉전이라는 총성 없는 새로운 전쟁이 시작되면서 미소 간 대결, 이념대결의 규정성이 강하게 작동하는 환경이 전개됐고, 지역 개념의 혼란이 일어났다. 일본은 전쟁 동안 이어진 수많은 타국 침략행위와 패전으로 새로운 지역 개념 전파의 후보로서 정당성을 완전히 상실했고, 중국은 공산화를 통한 내부 개조에 여념이 없었다.

질서 건축의 주역은 역시 미국이었다. 전후 초기 미국은 지정학적 개념으로서 '동북아' 용어를 사용하였으나 한반도가 분단되고 중화인민공화국이 대륙을 장악하여 공산진영과 자유진영의 대립 구도가 형성되고 동북아시아가 날카롭게 분단되자 새로운 지역어를 필요로 하였다. 자유진영이 일본, 한국(남한), 타이완, 홍콩, 남베트남, 인도네시아 등 섬처럼 여러 곳에 흩어져 있었던지라 미국으로서는 이들을 엮을 새로운 지역 개념을 찾아야 했다. 미국이 동북아 이전에 사용했던 태평양은 기본적으로 경제적·다자주의적 국제 협조 개념이었던터라 지정학적으로 분단된 지리적 영역을 지칭하기에는 마땅치 않았다. 나아가 태평양 개념의 한계는 역내 선진국의 정체성과 이익은 대변하지만 아시아 대륙의 수많은 개발도상국(이하 '개도국'과 혼용)을 포괄하지 못한다는 점이 문제였다.

이 속에서 미국은 일본 및 동아시아 신생국들을 자유라는 가치 공간에 편입시키려 했지만 종종 이러한 행보는 '민주'와 '인권'보다는 '반공'을 우선시하는 결과로 나타나기도 했다. 외교적 목표로서 자유의 실현은 미국의 어떠한 경제적 이득 혹은 지정학적 이익이 걸려 있는지에 따라 결과가 차이 났을 뿐만 아니라, 개별 국가들이 자유라는 가치를 어떻게 관념하고 있는지 역시 관건이었기 때문이다. 외부로부터의 즉, 공산독재로부터의 자유(혹은 국제적 자유)를 중시하는 한 민주와 인권 같은 국내적 자유는 가치의 등급에서 후순위로 밀리게 되는 게 현실이었다.

전후 태평양의 재부상은 개념의 재정의에 따라 이루어졌고, 북대서양조약기구 결성이 상당한 영향을 미쳤다. 1949년 들면서 유럽에서 반공을 기치로 집단안보체제가 성립되자 호주와 뉴질랜드는 자국 근해에 미군이 주둔하는 것을 포함한 미국과의 양자 안보협력을 추진하면서 과거 적국이었던 일본의 영향력이 부활하는 것을 제어하는 측면에서 미국을 끌어들인 집단안보체제를 원했다. 같은 시기 필리핀의 카를로스 로물로Carlos Peña Romulo 외교장관은 이른바 태평양조약Pacific Pact을 제안했다. NATO의 목적이 소련의 위협에 대항하여 미국을 끌어들이는 한편 과거의 적국 독일을 지역체제 속에 편입시켜 부상을 억제하는 것이었다면, 태평양조약은 소련뿐만 아니라 공산화된 중국을 견제하고 일본을 억제하는 태평양 연안 국가들의 집단안보체제라 할 수 있다.[1]

당시 주한미군의 철수가 진행되는 것이 우려되었던 한국의 이승만李承晩 정부는 NATO처럼 하나의 회원국이 무력 공격을 받을 경우 다른 회원국들이 침략국을 격퇴하기 위해 자동적으로 개입한다는 집단방어조항이 설치되면 미국의 자동적 군사 개입을 보장받기 때문에 태평양조약에 대단히 적극적이었다. 미국을 필두로 필리핀, 중화민국(타이완), 한국, 호주, 인도를 포괄하는 태평양조약에 대해 이승만은 한국, 중화민국 장제스 정부, 필리핀 키리노 정부 삼자를 기축으로 하여 남태평양과 캐나다, 중남미에 이르는 광대한 태평양 연안을 지역공간으로 삼되 반일反日과 반공反共에 미온적인 인도를 여기서 제외하는 구상을 제시했다.[2]

그러나 여타 정부들은 이승만과 장제스의 과도한 군사적 반공 노선에 경계심을 가졌고, 정작 구상을 현실로 옮기는 데 핵심적인 역할을 하는 미국은 집단안보체제에 회의적인 입장이었다. 미국은 중국의 공산화라는 거대한 상황 변화에 따라 아시아전략을 전반적으로 재검토하고 있었기에 중국을 자극하는 조치에 조심스러운 입장이었다. 특히 태평양 연안 국가들에 대한 군사적 약속에 회의적이었던 딘 애치슨 Dean Gooderham Acheson 국무장관은 오히려 경제 지원을 중심으로 역내 국가 특히 동남아 국가의 자조 능력 향상을 기하자는 영국의 제안에 귀를 기울였다.[3]

하지만 1950년에 들어 미국의 입장은 변화하게 되는데 그 중심에는 일본 문제가 자리하고 있었다.[4] 미국은 이른바 역코스 reverse course로 일본을 아시아 내 공산세력 저지의 교두보로 삼고자 유럽 국가들이 독일을 다자안보의 틀 속에 편입한 것처럼 일본도 재무장시키는 한편 국제적인 통제하에 두려는 전략을 선택했다. 즉, 다자안보체제는 일본에게는 소련과 중국의 침략으로부터 안전을 보장해주고 여타 국에게는 일본의 재무장에 따른 위협으로부터 안전을 보장해주는 기제로 등장한 것이다. 이처럼 새로운 구상을 추진한 존 덜

레스John Foster Dulles는 집단안보체제가 UN 헌장 제51조에 따라 허용되므로 '국제 분쟁 해결의 수단으로 무력을 사용하지 아니한다'는 일본의 평화헌법 제9조와도 정합整合한다는 해석을 내리고 일본 정부를 설득했다. 이윽고 한국전쟁이 발발하고 중국이 개입하는 등 안보 상황이 급변하자 미국은 이 같은 다자체제를 추진하는 데 속도를 냈다.

다만, 미국의 구상과 기존 태평양협정 안 사이에는 결정적인 차이가 있었다. 한국, 타이완, 필리핀, 호주 등은 공산 중국뿐만 아니라 일본의 부활을 견제하고자 일본의 참여를 제외하려고 한 반면 미국은 공산주의 확산의 방벽으로서 일본을 집단안보체제의 전략적 중추 국가로 설정했다. 이러한 일본 중심적 접근의 장애물은 공교롭게도 일본의 요시다 시게루吉田茂 수상이었다. 그는 덜레스-요시다 회담에서 자국에 적대적인 태평양 협정국들과의 협력에 회의적이라는 것과 평화헌법과의 정합성 문제, 군비 증강(재무장)에 대한 국내의 정치적 반대, 그리고 중국 적대시 정책에 대한 미온적인 입장 등으로 거부 입장을 분명히 밝혔다.[5] 한편, 영국은 자국이 참여 대상이 아니란 점에 반발해 강력한 반대 입장을 표명하였으며, 한국과 타이완은 일본의 참가에 반대했다.[6]

결국 미국은 지역전략의 핵심인 일본의 반대, 역내 국가 간의 불신과 반목 등으로 포괄적이고 복합적인 다자안보체제 구축에 실패했다.[7] 그 결과 양자 안보동맹, 미군기지 제공, 미국과의 경제적 연계 강화를 골간으로 하는 샌프란시스코체제가 출범했다. 1951년 9월 호주, 뉴질랜드, 미국 삼국 간 태평양안전보장조약 조인과 동시에 미국과 일본, 미국과 필리핀 간 안전보장조약이 각각 체결됐고, 1953년 10월에는 한미상호방위조약, 1954년 중소우호협력상호원조조약이 체결되어 지역안보체제는 양자동맹네트워크(부채살네트워크)로 형성됐다.

국제 정치학자 존 아이켄베리G. John Ikenberry에 따르면 미국은 자유라는 가치를 공산주의와 대별되는 개념으로 내걸고 국제 질서를 건축하는 데 있어서 한편으로는 일본과 한국 등 주요 역내 국가와 양자동맹네트워크를 통해 현실주의적 안보 질서를 추구하는 한편, 경제적으로는 이들에 대해 시장 개방과 결속을 통한 자유주의적 질서를 동시에 추구했다.[8] 따라서 한국과 필리핀 등이 추구한 태평양협정 안은 미국의 안보적 현실 및 전략과 거리가 있었다. 미국의 냉전전략에서 중심적 역할을 부여받은 일본 역시 피해국인 주변국과 집단안보체제를 모색할 만큼 안보 이익을 공유하지 못했다. 태평양이 서방진영을 안보적으로 묶어주는 관계의 네트워크가 되기에는 더 많은 시간이 필요했던 것이다.

비록 미국은 포기했지만 다자안보네트워크를 구축하려는 노력은 흥미롭게도 한국이 이어갔다. 이승만 대통령은 1953년 한미동맹

결성 이후에도 다자적 반공동맹을 형성하려는 노력을 경주했다. 아시아 반공국가로서 한국의 중요성과 가치를 높이려는 의도로 이승만은 필리핀, 중화민국 등 기존 국가들뿐만 아니라 다수 동남아 국가를 반공통일전선에 가입시키고자 설득했다. 또한 태평양공동방위체를 제창했으며 1959년까지 다섯 차례의 반공연맹 회의 개최를 주도했다. 그러나 이승만은 미국뿐 아니라 동남아 국가들의 외면을 극복하지 못했으며, 민간기구로 결성한 아시아민족반공연맹도 정부 간 기구로 발전하지 못했다. 가장 큰 이유는 이승만이 반공동맹의 중심에 일본 대신 한국을 위치시키려 했기 때문이다. 앞서 언급하였듯이 미국은 일본을 중심으로 지역을 관리하는 전략을 견지해왔고, 이승만을 정치적으로 불신하고 있었다.[9] 이승만의 태평양 구상은 강렬한 민족주의에 기반한 국가 건설을 위해 냉전적 대결 구도를 최대한 활용해 미국의 군사적 관여를 확보하고 반공체제를 강화해 지역외교에서 한국의 지위를 높이려는 시도로서, 이종원 와세다대 교수의 표현에 따르면 "냉전형 지역주의"라 부를 수 있다. 그리고 이러한 관념은 박정희朴正熙 정부로 이어진다.

경제 개념으로서 태평양의 재부상

태평양 용어가 안보 개념으로서 동력을 갖지 못한 까닭은 미국의 지지가 없었던 것이 가장 크지만 어쨌든 태평양은 그 생명력을 이어가게 된다. 그것은 전쟁 이전 미국이 주도했던 경제적 의미로서 태평양 개념을 복원하는 흐름이었는데 이때 일본이 중심적인 역할을 맡았다. 패전 후 평화헌법의 제정으로 군대를 가질 수 없고, 국제사회에서 군사적 역할 또한 하는 게 어려워진 일본으로서는 안보는 미국에 위임하는 대신 경제 발전에 전력을 기울여 경제국가로서 정체성을 추구하는 이른바 요시다독트린을 채택했다.

이런 국가전략의 일환으로 일본은 1952년 유엔아시아극동경제위원회(UN Economic Commission for Asia and the Far East, 이하

'ECAFE'와 혼용)[10]에 가입하여 경제 분야에서 지역 차원의 대외활동을 개시했다. ECAFE는 1947년 UN이 전후 아시아 경제 복구를 위해 만든 기구로서 경제 재건과 개발을 위한 경험과 내용을 교환하는 자리를 제공했다. 미국은 일본이 지역협력체에서 주도적인 역할을 수행하여 자국의 부담을 덜어주고, 다른 한편으로 중국을 봉쇄하는 전략에 중심적인 역할을 담당하기를 기대했다.[11] 그러나 이 시기 일본은 경제 재건에 전력하고 있었으므로 지역 협력에 공을 들이기 어려운 상황이었다.

그런 와중에도 일본은 유럽에서 유럽경제공동체(European Economic Community, 이하 'EEC'와 혼용)가 진전되자 지역 경제 협력에 적극성을 보이기 시작했다. 한창 유럽 국가들과 무역 경쟁을 벌이고 있던 터라 견제 심리가 작동한 것이다. 그리고 급속한 전후 경제 재건과 경제 성장을 이룩한 결과, 일본은 1964년 선진국클럽이라 여겨지는 OECD에 가입할 수 있었다. 그리고 그제야 일본은 지역경제 협력의 중심에 나설 여력이 생겼다.

그러나 유럽에서 지역주의의 추세가 현실화되고 세계 무역이 유럽과 대서양 중심으로 재편되면서 일본은 자국이 고립될 가능성을 우려했다. 이에 일본은 미국을 적극적으로 포섭한다는 차원에서 태평양 공간을 경제 협력의 공간으로 개념화하고자 했다. 미국의 태평양 공간전략에 대항하여 동아와 대동아를 내걸며 대전쟁을 치른 일본이 이젠 태평양을 지지하고 나선 것이다.[12] 이런 맥락에서 1960년대 들어 일부 경제인, 관료, 학자, 정치인 들이 주도하여 태평양을 경제적 협력 공간으로 개념화하는 시도를 전개했다.[13]

일본은 당시 세계 경제의 핵심적 의제로 떠오른 격차 문제 즉, 남북 문제를 둘러싸고 동서 진영 간 격렬한 논쟁이 전개되는 상황을 활용했다. 태평양이라는 지역공간을 경제 협력의 장으로 설정하고 선진국(북)으로서 개도국(남)의 발전에 기여하는 경제공동체를 건설하여 유럽을 비롯한 기타 국가들과의 경쟁상 우위를 점한다는 담론을 만들어내기 시작한 것이다. 여기서 태평양은 미국, 캐나다, 호주, 뉴질랜드, 일본 등 5개 선진공업국(P5)이 주축이 되어 동남아시아 저개발국의 발전을 이끄는 지역으로 정의되었다. 즉, 5개국 간 협력체제의 구축과 이를 통한 동남아시아 저개발국과의 수직적 연계가 새로운 태평양 구상의 기본 골격이었다.

이러한 전략을 주도한 고지마 키요시小島淸 히토츠바시대학교 교수는 1965년 P5 간 무역 증대와 구조조정, 동남아에 대한 공동 개발협력 정책 추진 등을 위한 태평양자유무역지대(Pacific Free Trade Area, PAFTA) 구상을 제시했다. 나아가 이를 실현하기 위한 국가 간 정책 협조 기구로서 유럽공동체(European Community, 이하 'EC'와 혼용)를 모델로 한 태평양무역개발협력기구(Pacific Trade and Development, 이하 'PAFTAD'와 혼용), 그 전 단계로 5개국 간 정책 협조의 장으로서 태평양무역개발기구(Organization of Pacific Trade and development, 이하 'OPTAD'와 혼용)를 제안했다. 또한 1967년 아세안이 설립된 그해 미국, 캐나다, 뉴질랜드 등 선진 5개국 간 비즈니스조직인 태평양연안경제위원회(Pacific Basin Economic Council, 이하 'PBEC'와 혼용) 창립을 주도했다.

이러한 구상의 이면에는 당시 일본이 품고 있던 강렬한 선진국 지향 의식이 자리하고 있었다.[14] 일본의 정관계 지도자와 학계는 자국이 선진국으로 도약하기 위해서는 수출 진흥 이외에 다른 길이 없으며 대對선진국 특히 대미 수출 증대가 필수 불가결한 과제라 보았다. 이런 점에서 대체로 태평양은 자국이 속해 있으면서 선진국으로 도약하는 길을 여는 공간이라는 인식을 갖고 있었다. 일본이 명실상부한 선진국 대열에 진입하기 위해서는 태평양 연안 선진국 간 무역 자유화를 통해 수출시장을 확대하고 동남아 개도국으로부터 필요한 물품을 원활하게 수입할 수 있는 지역전략이 필요했다. 이때 동남아는 주요 동반자라기보다는 경제 개발 협력의 대상이었고, 1차 산업이나 경공업 제품의 공급 지역이라는 인식이 깔려 있었다. 당시 한국은 수교조차 맺기 전이라 이러한 지역 구상에서 완전히 배제되어 있었다.

이러한 일본의 제안에 찬동하며 공조에 나선 국가는 호주였다. 호주는 해양국가로서 태평양 연안 국가들과의 무역이 절대다수를 차지하고 있어 일본과 정체성과 이익을 공유하는 관계였다. 특히 영국이 EEC에 접근해나감에 따라 호주는 영연방으로부터 자립하려는 동기가 강해지고 있었다. 이에 자연스럽게 호주와 일본은 동반자로서 태평양 지역 협력을 위한 다양한 협조 관계를 구축해갔는데, 일호경제합동위원회를 매개로 하여 양국은 항공기술, 위성, 해저케이블, 텔레비전 등 과학기술의 비약적 발달로 태평양 내 거리가 축소되고 있다는 점, 두 나라 모두 민주주의 국가라는 점, 무역량이 증대하고 있다는 점을 부각하며 태평양 협력을 강조하고 나섰다.[15]

미국은 베트남전이 격화되는 가운데 공산주의의 침투 위협으로부터 동남아 개발도상국들을 방어하기 위해 서방 선진국의 경제 지원이 필요한 상태였으므로 일본과 호주의 태평양 구상을 지원하는 입장이었다. 한일관계 복원을 위한 미국의 노력도 이런 일환이었다. 따라서 이 시기 태평양 개념은 냉전이라는 동서 대립과 격차 문제에 따른 남북 대립이 교차하는 와중에 서태평양에 위치한 서방진영 선진국들이 결속하여 저개발국을 지원하는 공간으로 인식됐다. 그 구체적 수단은 무역과 투자, 원조 등이었다. 일본과 호주는 역내 남북 문제를 해결하기 위한 대화의 장으로 태평양을 재정의하고자 했다. 나아가, P5를 중심에 놓고 아시아와 라틴아메리카를 주변으로 위치시키는 "확대 태평양extended Pacific"이라는 개념을 동원하였는데 이는 태평양을 선진국과 후진국의 이중구조로 파악하고 이들 간에 수직적 경제관계를 획정하는 공간의식을 담는 것이었다.[16] 문제는 미국의 입장이었다. 미국이 어떤 태도를 취하느냐에 따라 그 결과는 달라질 수밖에 없었다.

그러나 이 구상이 안고 있는 가장 큰 문제는 태평양 선진국과 아시아 후진국을 연결하는 논리가 취약했다는 데 있다. 첫째, 태평양 개념이 선진국의 정체성을 가진 데서 오는 한계다. 부유한 국가들의 집합이라는 정체성이 강조되면서 아시아 국가에 대한 오리엔탈리즘 즉, 아시아가 정체停滯된 지역이라는 정체성을 부각함으로써 여기에 해당하는 국가들의 소외감과 반발을 초래했다. '태평양은 선진국, 아시아는 후진국'이라는 이분법적 사고가 내장된 태평양 개념에 함께하자고 초대받은 일부 동남아 국가들은 반기를 들었다. 둘째, 실질적 차원에서 개도국은 일본과 같은 선진국이 추구해온 발전 국가적 정체성과 중상주의적 발전전략을 추진한다는 점에서 선진 5개국의 자유무역 추진 전략을 수용하기 어려웠다. 끝으로 선진국 내에서도 분열이 일어났다. 미국 정부는 공산주의세력의 확산을 방지한다는 차원에서 개발원조의 중요성을 강하게 인식하고 있었지만, 재계는 태평양 지역에 대한 상업적 이해관계가 크지 않아 일본과 호주 중심의 협력 노력에 동참하지 않았다. 캐나다 역시 상업적 이익이 크지 않은 탓에 결국 동참하지 않았다. 태평양이 경제공간으로 정의되었음에도 불구하고 미국과 캐나다를 설득할 만한 경제적 동기가 충분히 발견되지 않은 것이다. 요컨대 태평양이 경제 개념으로 온전히 성립하려면 한편으로는 태평양에 연한 아시아 국가들을 보다 적극적으로 품으면서 다른 한편으로 미국과 캐나다 등 태평양에 연한 미주 국가들의 경제적 이익을 동시에 담는 구상과 전략이 마련되어야 했다.

아시아-태평양 개념의 등장

아시아-태평양이라는 지역어를 사용한 최초의 정부 간 공식기구는 한국의 박정희 대통령이 주도한 아시아-태평양각료협의회(Asian and Pacific Council, 이하 'ASPAC'과 혼용)였다. 아시아-태평양이사회, 아시아-태평양각료회의라고도 부른다. 1964년 9월 박정희 대통령은 베트남전이 격화되고 인도네시아에서 공산세력이 부상하는 지역 안보 상황 속에서 아시아에서 공산주의의 확산을 봉쇄하기 위해 국가 간 연대와 결속을 위한 기구를 설립하자고 제안했다. 이듬해 3월 한국, 태국, 타이완, 필리핀, 일본, 말레이시아, 호주, 뉴질랜드의 8개국 대사급 대표들이 참석한 가운데 서울에서 첫 예비회담이 개최되었고, 1966년 6월 14일에는 ASPAC이 정식 출범하고 서울에서 1차 회

사진 1 | 1966년 서울에서 개최된 아시아-태평양각료협의회 1차 회의

의가 열렸다. 이후 1972년까지 매년 1회씩 각료회의를 개최했다.

박정희는 1966년 제1차 회의 치사를 통해 "평화, 자유, 균형된 번영의 위대한 아시아-태평양 공동사회를 건설"해 나가자고 주창했고, 공동선언에서 "아시아-태평양 지역의 제 국민의 평화, 자유, 번영이라는 대의와 외부 위협에 직면한 상황에서 제 국가 내 통일과 주권의 유지의 결의를 재확인하고 (…) 공동의 목적을 달성하기 위해 결속과 협력을 강화해가지 않으면 안 된다는 점에 합의했다"며 한국과 남베트남에 대한 지지를 호소했다. 같은 해 9월에 열린 아시아국회의원연맹(Asia Parliamentary Union, APU) 제2차 총회 치사에서는 "자유의 아시아, 공영의 아시아"를 건설하자고 강조했다. 자유와 공영은 곧 반공과 자본주의적 경제 발전을 의미했다.[17] 여기서 핵심 개

넘은 바로 반공으로서 이는 공산 중국과 북베트남, 북한을 봉쇄하려는 목적을 분명히 한 것이다.

박정희의 구상은 과거 이승만이 추진한 반공 다자연대 구상을 그대로 이어받아 실천한 것으로서 이승만이 태평양이라는 지역어를 사용했다면 박정희는 아시아-태평양을 내걸었다. 박정희가 어떤 이유로 아시아-태평양이라는 용어를 선택했는지는 밝혀지지 않고 있다. 다만 1960년대 중반 들어 태평양이 경제 선진국들의 집합이라는 정체성을 갖는 개념적 변화가 일어나는 가운데 개발도상국 상태였던 한국이 이를 전면에 내걸기는 어려웠을 것이다. 오히려 ASPAC에서 아시아-태평양의 개념은 안보 개념으로서 서방동맹적인 요소를 갖는 것으로 선진국과 개도국의 연합이라는 성격을 띠지는 않았다.

이 같은 박정희의 일시적 성공은 아시아-태평양이라는 지역 협력의 기치보다는 미국의 지원을 확보한 데 있다. 베트남전의 늪에 빠져 있던 미국은 한국의 베트남 파병을 계기로 박정희의 구상을 승인해줬다. 자국의 베트남전 수행에 도움이 된다고 보았기 때문이다.[18] 1965년 미국이 원했던 한일국교정상화를 한국 정부가 강행하여 일본과 안보적 협력을 가능하게 만든 공도 있었다. 미국의 측면 지원과 함께 한국은 다자협의체에서 자국이 선도적 역할을 수행함으로써 미국의 동맹국으로서 지위를 공고히 하려 했다. 일본이 지역 수준에서 경제적 공헌을 한다면 한국은 군사적 공헌을 적극적으로 수행한다는 명분을 내걸었다. 이승만 정부와 마찬가지로 미국과의 결속binding을 강화하려는 목적이 있었기 때문이다.[19]

한국은 ASPAC 추진 과정에서 집합적 이익을 정의하고 실천하려는 지역주의의식을 갖지 않았으며 미국이 동맹을 방기abandonment할 가능성에 대한 위험 분산hedging 즉, 외교 다변화 수단으로도 고려하지 않았다.[20] 당시 한국의 전략적 목표는 오직 미국과의 동맹 강화였고 이때 아시아-태평양이라는 개념은 미국으로 하여금 공간적 정체성을 공유하여 지역 개입을 공고히 하도록 유도하는 수단에 불과했다.

결국 반공이념을 매개로 미국과의 결속에 사활을 건 일부 국가들을 제외한 주요국들은 이 기구에 미온적일 수밖에 없었다. 관건은 중국 문제였다. 지역 단위의 협력을 논할 경우 공산화된 중국을 제외하거나 봉쇄를 목표로 하는 지역 구상은 성립되기 어려웠기 때문이다. 한국과 필리핀 등 반공국가로서 노선이 확실한 국가들과 달리 장기적 시점에서 중국에 진출하기를 희망하며 상대적으로 반공색이 옅은 국가들은 베트남전이 절정에 다다른 시기에도 중국과 대결구도를 만드는 것을 기피했다. 전형적으로 일본과 호주가 여기에 속했다. 인도네시아와 말레이시아같이 친서방적 외교 자세를 보이면서도 비동맹주의 입장을 견지하는 국가들 역시 중국을 배제하는 지역

협력 정책에 참여하기 주저했다.[21] 특히 1969년 중소 국경 분쟁 이래 1971년 닉슨 쇼크와 미중 데탕트, 중국의 UN 가입으로 냉전 구도가 복잡한 양상을 띠게 되자 각국은 중국과 관계를 개선하기 위한 움직임에 속도를 냈다. 결국 미국의 베트남 철군과 함께 ASPAC은 막을 내렸다. 미국이 생각하는 ASPAC의 존재 근거가 사라졌기 때문이다.[22]

한편 경제적 개념으로 아시아-태평양을 모색하는 움직임도 병행하여 나타났다. 제2차 PAFTAD에서 등장한 '아시아-태평양 지역'이라는 집합체는 태평양의 선진 5개국이 경제적 영역을 확장해야 하는 현실적 필요에 따른 것이었다. 즉, 태평양이 서방 선진국의 집합체라는 정체성을 띰으로써 역내 다수의 개도국들이 배제되는 한계를 넘기 위해 아시아적 요소를 결합하는 조어로 아태가 사용된 것이다.

이런 점에서 박정희의 ASPAC은 대단히 유용한 선례가 되었다. ASPAC이 궤도에 올랐던 1966년 무렵 일본의 미키 다케오三木武夫 외무상은 '아시아-태평양 구상'을 천명했다. 미키는 기존의 태평양 구상이 선진국적인 정체성에 기반하여 역내 다수 개도국을 배제하는 한계를 노정한 점에 주목하여 여기에 아시아적인 정체성을 부가한 아시아-태평양 개념을 내걸었다. 또한 그는 아시아적 문제의 필요성을 인식해 아시아의 빈곤 해소를 전면에 내걸고 이를 아시아-

태평양이라는 넓은 공간 속에서 풀어나갈 필요가 있다고 역설했다. 물론 이러한 미키의 비전 역시 경제선진국 P5의 협력과 태평양권 저개발국 지원이라는 이중구조로 파악했다는 점에서 본질적으로 기왕의 태평양 담론과 큰 차이가 없다. 다만 아시아-태평양 지역을 운명공동체로 규정하고 이러한 의식을 촉진해야 한다는 당위론을 강조하면서 일본이 태평양적 정체성과 아시아적 정체성을 공유하고 있는 국가로서 지역 협력을 이끄는 리더십을 발휘해야 한다는 역할론을 제시한 점은 특기할 만하다.[23]

요컨대, 미키의 아태 개념은 태평양 선진국이 아시아 개도국의 경제 개발을 지원하여 궁극적으로 냉전의 지정학적 요구를 충족하려는 데 그 목적이 있었다. 즉, 아시아의 반공연대 강화를 꾀하는 한편, 선진국 간 경제적 윈-윈 협력을 강화하여 수출을 신장하려는 목표를 담은 전략 개념으로서 이때 미국과의 협조가 핵심이었다. 아시아와의 연대를 주도하려는 시도는 대동아공영권의 부활 시도라는 의심을 받을 수밖에 없는 것이 일본의 숙명이었으므로 어떤 형태의 지역 구상도 필수적으로 미국과의 연대가 수반되어야 했다. 그러나 미국은 베트남 철군을 단행하는 등 동아시아 및 동남아시아에 대한 전략적 관심과 비중을 조정하면서 기존의 동맹 구조를 넘는 새로운 지역 질서를 모색하려는 동인動因을 찾지 못했고, 따라서 아시아-태평양 개념에 대한 관심도 낮았다. 무엇보다도 일본 역시 아태 개념을 확산하는 데 적극성이 결여되어 있었다. 제국주의 식민지 역사의 원죄로 인해 아시아의 기치를 내거는 데 따른 부담도 있었지만 보다 근본적으로는 여전히 일본이 아시아의 일원보다는 선진국의 일원이라는 정체성에 경도되어 있었기 때문이다.

아시아-태평양 개념의 전파

1970년대 후반에 들어 일본은 호주와 함께 태평양이 선진국적인 정체성을 갖는 지역 개념을 복원하고자 했다. PBEC, PAFTAD 등 민간 조직과 함께 OPTAD, 태평양경제협력회의(Pacific Economic Cooperation Council, 이하 'PECC'와 혼용) 등 태평양 지역 협력의 제도적 노력을 경주했는데, 모두 주안점은 미국의 참여 여부에 있었다.

1979년 미 하원에 제출한 호주 피터 드라이스데일Peter Drysdale과 미국 휴 패트릭Hugh Patrick의 보고서는 먼저 미국 경제력의 상대적인 쇠퇴, 일본의 경제대국화, 동아시아 신흥공업국(Newly Industrializing Countries, 이하 'NICs'와 혼용)의 약진 등으로 이른바 태평양경제가 대서양경제와 함께 세계 경제의 중심축으로 부상하고 있다는 점을 지적했다. 이어서 서태평양을 중심으로 경제적 상호 의존이 진전되고 있는 사실, 특히 미국의 교역이 비약적으로 증가하는 추세, 그리고 미국과 이 지역 간에 여러 무역 마찰이 전개되고 있어 이를 관리 및 조정할 메커니즘이 필요해지고 있는 현실 등을 지적하면서, 미국이 본격적으로 참여하는 지역제도의 틀을 건축해야 한다고 강조하고 있다.[24]

이는 1960년대의 태평양론과는 차이가 있다. 태평양 선진국이 아시아 개도국에 원조를 제공하여 공영의 길을 걷게 하자는 1960년대 담론과 달리 1970년대 후반에 부활한 태평양론은 이보다는 선진국의 문제에 집중했다. 즉, 선진국 간 경제적 상호 의존과 무역 마찰, 그리고 자원의 안정적 수급을 관리 및 해결하기 위한 정책 협조 담론이었다.[25] 따라서 아시아–태평양보다는 태평양이라는 지역어가 어울렸으며 이를 주도한 국가 역시 일본이었다. 1978년 수상에 오른 오히라 마사요시大平正芳는 범태평양Pan-Pacific 주요국회의를 제안하고 환태평양연대 구상을 주창했다. 5개국 선진경제권, 한국과 타이완 등을 포함하는 동아시아와 동남아, 남태평양 도서국가 등 4개권을 연결하는 거대한 지역을 상정했다. 태평양이라는 개념하에 미일 협조체제를 중심으로 한 선진국 협조체제를 강화하는 한편 동남아 개도국에 대한 경제 지원을 넘어 문화, 교육 등 다양한 분야에서 협력을 통해 태평양공동체를 구축해 간다는 구상이었다.

1980년 발족한 PECC는 태평양 지역을 단위로 한 경제 협력을 추진해왔지만 선진국 간의 경제협력체라는 정체성을 넘지는 못했다. 결국 태평양 개념은 아시아 개도국을 단순히 수원국受援國이 아닌 지역 협력의 동등한 파트너로 이끌 유인을 발견해야 전파가 가능했던 것이다. 하여 1980년대 후반으로 접어들면서 본격적으로 부상한 아시아-태평양 개념은 아시아의 비중을 보다 적극적으로 표현하며 태평양을 대체하게 된다.

태평양 선진국과 아시아 개도국을 새롭게 포용하는 개념적 시도는 1980년대 시장의 변화와 함께 찾아왔다.[26] 첫째, 동아시아 일부 국가들의 눈부신 경제 발전으로 이른바 동아시아 NICs 혹은 동아시아의 네 마리 호랑이(한국, 홍콩, 싱가포르, 타이완)가 등장하게 되자 태평양 선진국과 아시아 개도국 간의 힘의 균형도 변화했다. 1980년대 일본, 호주, 미국 등 선진 5개국의 실질 GDP 성장률이 2-3퍼센트 정도이고 유럽 국가들의 경우 1.8퍼센트인 데 반해 NICs의 경우 6-8퍼센트라는 높은 성장률을 기록했다. 이에 따라 아시아를 단순히 개발 협력의 대상으로 보다가 경쟁 상대로 바라보게 되면서 수평적 협력에 기초한 제도적 공간을 구성하려는 의지가 등장하기 시작했다. 역시 그 대표는 미국이었다. 미국은 이른바 쌍둥이 적자 즉, 재정적자와 무역적자에 허덕이자 이를 해소하고자 미국에 막대한 무역흑자를 기록하고 있던 일본과 동아시아 신흥국들에게 공격적인 압박을 가했고, 이에 대한 아시아의 집합적 대응이 요청됐다. 특히 일본은 미일 양자 교섭에 의한 문제 해결을 넘어 무역 마찰까지 해결하는 윈-윈 협력을 모색하면서 아태 지역을 상정하게 되었다.

둘째, 지역 수준에서 초국적 생산네트워크 혹은 공급망이 결성되면서 국가 간 경제적 상호 의존이 확대, 심화의 길을 걷게 되었다.[27] 그 직접적인 계기는 미국의 압력에 의한 플라자합의[28]로서 그 결과 엔고 현상에 직면한 일본은 대미 수출을 축소하는 대신 대외 직접투자(Foreign Direct Investment, FDI)를 통해 생산 거점을 동아시아 신흥국과 동남아 개도국으로 이전하기 시작했다. 특히 조립기계 부문을 중심으로 일본과 동남아 국가 간 초국적 생산 공급망이 형성되고 여기서 생산된 완제품이 미국으로 수출되는 구조가 형성됐다. 미국, 일본, 신흥공업국, 동남아가 거대한 가치사슬supply chain로 연결되는 수직적·수평적 상호의존관계가 형성됐다. 따라서 아태 지역은 생산과 소비가 긴밀하게 연결된 상호 의존의 경제적 공간으로 자리 잡히게 된 것이다.

셋째, 경제적 지역주의의 확산이라는 국제적 환경이 대두되었다. 1987년 세계무역기구(World Trade Organization, 이하 'WTO'와 혼용) 우루과이라운드 교섭이 정체된 가운데, 유럽에서 단일 시장을 향한 의정서가 발효되고, 미-캐나다 FTA가 합의된 데 이어 브라질을 필두로 중남미 8개국이 공동시장 구축을 향한 아카풀코선언을 채택하는 등, 아시아 지역 외에서 지역 협력을 향한 움직임이 숨 가쁘게 진행되고 있었다. 따라서 일본과 동아시아 신흥공업국들은 아시아와 태평양을 엮는 지역 구상을 전개하지 않으면 곤란한 상황에 처하게 되었다.

이런 가운데 일본에서는 통산성(오늘날의 경제산업성)을 중심으로 아시아-태평양에서 선진국형과 개도국형 협력체제를 융합하려는 시도가 등장했다. 1988년 통산성은 '아시아-태평양경제개발협력' 구상을 제시하면서 아태 지역 다양성의 존중, 각국의 발전 단계를 고려한 협력 추진, 열린 협력관계 등의 원칙을 내걸었다. 그리고 이를 구체화하는 수단으로 통산성 내부에 '아시아-태평양무역개발연구회'를 설치하여 아태 지역을 단위로 한 제도적 협력을 모색하기 시작했다. 동아시아 신흥국들이 성장하면서 태평양에 대한 아시아의 경제력이 점차 신장되어나가는 와중에 이에 부흥하는 차원에서 각국이 자국의 경제적 수준에 걸맞은 내수 확대와 시장 개방 등을 통해 아태 지역 내 무역을 확대하고 균형의 선순환 구조를 이루는 게 일본의 구상이었다.[29]

여기서 아시아-태평양 개념은 역내 선진국(5개국), NIEs, 아세안 등 세 블록이 각각의 경제력에 조응하는 역할 분담을 수행한다는 내용을 담고 있다. 통산성은 일본을 중심으로 한 이른바 '기러기형 경제 발전 모델'을 거론했다. 이는 일본을 주축으로 신흥경제국과 아세안 국가들로 이어지는 경제권의 상호의존관계 심화를 중심에 두고, 이 지역과 상호의존관계가 심화되고 있는 호주 및 뉴질랜드 등 오세아니아권, 그리고 이 지역의 비약적 발전과 깊이 연계되어 있는 미국과 캐나다 등 북미권을 언급하고 있다. 이 개념은 기왕의 선진국 중심 태평양 국가들을 넘어 아시아 신흥국과 개도국을 연결하는 공간을 지칭한다고 할 수 있다.

> 미국이 쌍둥이 적자 삭감 등을 추진하는 것과 함께 과거처럼 아시아–태평양 지역이 미국 의존적 발전을 지속하는 것은 불가능하다. 따라서 협력의 시나리오는 미국 의존형 발전으로부터 경제력에 상응하는 역할 분담형 발전으로 이행하는 것이다.[30]

호주 역시 변화된 환경에 적극적으로 대응했다. 1983년 밥 호크 Bob Hawke 정권은 동아시아 신흥공업국과 동남아 개도국의 성장 동력에 주목하고 이들을 포괄하는 서태평양에 적극적으로 개입하고자 자국의 정체성을 아시아–태평양의 일원으로 명시적으로 정의했다. 당시 농산물과 원자재 수출 비중이 높았던 호주는 미국과 유럽이 수입 농산물에 특별조치를 부과하고 가공 원자재 수출에 차별적 조치를 취하자 곤란한 입장에 처해 있었다. 이를 극복하고자 호주는 주도적으로 나서 농산물 수출국 모임인 케언스그룹 Cairns Group 을 결

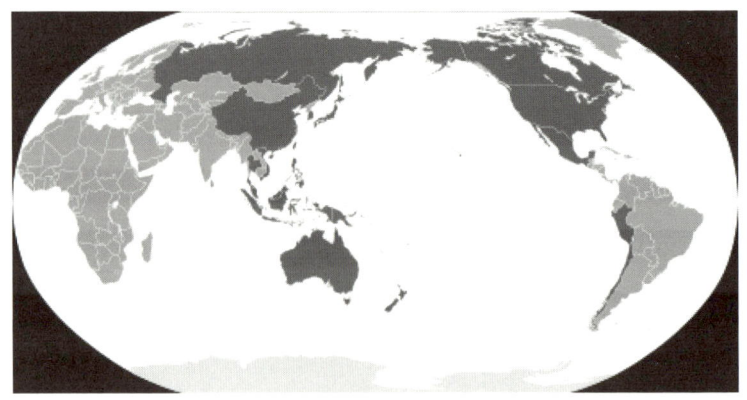

그림 6 | 아시아 태평양 지역 간의 경제 협력을 촉진하는 국제기구인 APEC 회원국들
출처:위키미디어

성하고 농상물 무역 자유화를 추진하였으나 유럽과 북미에서 지역주의가 진전되며 여의치 않은 상황이었다. 이에 호주는 아시아-태평양을 단위로 한 지역 협력으로 전략 궤도를 수정했는데, 이는 아시아 국가들과의 공동 보조에 의한 무역 질서의 재구성이 필요하다는 점이 강조된 것이다. 요컨대 호크는 미국보다는 동아시아 국가들과의 협조에 중점을 두었고 이런 차원에서 중국과의 관계 강화 필요성을 강조했다.[31]

일본은 경제대국으로 부상함에 따라 지역 단위 협력을 주도할 물리적 능력을 갖추었고, 당시 WTO 우루과이라운드 교섭의 지체, 유럽공동체 통합, 북미자유무역협정 교섭 진전 등 지역주의가 강화되는 추세 속에서 자국의 경제적 이익을 지키고자 아시아-태평양이

라는 지역 개념을 통해 주도적 지위를 확보하려는 의지를 가지고 있었다. 호주 역시 변화하는 국제 환경에 조응하여 유럽적 정체성에서 거리를 두는 한편, 경제적으로 부상하는 동아시아 지역에 개입함으로써 농산물과 원자재 등 1차산업 수출에 의존하는 개도국적 이익 구조를 지킬 수 있는 지역 협력체제를 모색했다. 일본 같은 대국보다는 중견국으로서의 정체성에 아시아-태평양의 속성을 가미하려는 시도라 할 수 있다. 이처럼 일본 호주 양국은 경제적 차원에서의 지역 정체성을 강조하면서 종래의 선진국 태평양과 개도국 아시아 간의 수직적 통합이라는 속성을 넘어 양자 간에 대등한 관계를 이루는 아시아-태평양 개념을 만들어냈다.

미국의 패권과
아시아-태평양 개념의 관계

이제 관건은 미국의 향배였다. 탈냉전과 함께 미국은 신자유주의적 세계화의 가치와 규범을 전파하려 했고, 구체적으로 시장경제와 민주주의로의 전환이라는 구체적인 비전을 재현하는 용어로서 '워싱턴 컨센서스Washington consensus'를 내걸었다. 본래 1989년 존 윌리엄슨John Williamson이 창안한 이 개념은 세계은행, 국제통화기금(International Monetary Fund, 이하 'IMF'와 혼용), 미 재무부 등 워싱턴에 소재한 기구들이 중남미 국가들에게 제공한 정책 제안의 최소공통분모로서 자유화 경제 개혁 프로그램을 지칭했다.[32] 애당초 윌리엄슨이 특정한 공간(중남미)과 시간(1990년대 초)에 적용되는 정책 어젠다로 제시한 워싱턴 컨센서스는 신자유주의 혹은 시장근본주의 market fundamentalism라는 보다 포괄적인 경제 이념과 동일시되거나 더 나아가 미국이 제3세계 국가들에게 제공하는 일종의 매니페스토 정책 policy manifesto인 동시에 그들이 걸어가야 할 미래를 제시하는 이념 프로그램으로 확장되어 사용되었다.

미국이 원하는 이념과 가치를 전파하는 실례로서 조지 부시 George H. W. Bush 대통령은 "열린 국경, 열린 무역, 열린 마음"을 강조했고, 이어 빌 클린턴 Bill Clinton은 시장민주주의 공동체를 주창했다. 또한 미국은 이를 위해 신자유주의적 세계화의 모델로서 자국 정치경제 모델인 워싱턴 컨센서스를 적극적으로 전파했다. 미국의 정책은 상품, 서비스, 자본의 자유로운 이동이 모두에게 상호 이득이 된다는 자유시장 이념에 기초하고 있었다. 예컨대, 기업은 주주가치를 극대화하도록 경영해야 하고, 주식시장은 기업 지배의 수단으로 기능하며, 정부는 명백한 시장 실패의 사례를 제외하고는 개입하지 말아야 한다는 관념으로서 미국은 이를 전 세계 모두가 공유해야 할 보편적 가치로 전파하고자 했다. 그리고 세계은행과 국제통화기금 등의 국제기구를 주요 수단으로 삼았다.

세계은행은 이러한 미국의 이념을 전파하는 데 특별히 유용한 기구였다. 왜냐하면 미국이 세계은행을 군건히 장악하고 있는 데다가 개발도상국에 커다란 영향을 끼칠 수 있는 기구였기 때문이다. 이에 관해서 로버트 웨이드 Robert Wade가 제공하는 일화는 미국이 세계은행을 워싱턴 컨센서스의 첨병으로서 얼마나 철저히 관리 및 통제하고 있는지를 보여준다.[33] 그에 따르면 세계은행의 수석 이코노미스트이자 노벨경제학상 수상자인 조지프 스티글리츠Joseph Stiglitz는 신자유주의적 개혁 프로그램을 비판하면서 시장 기능의 조절, 더 많은 국가의 역할, 사회적 고려를 담은 새로운 포괄적 개발체계(Comprehensive Development Framework: CDF)를 모색하였으나 신자유주의자인 로렌스 서머스Lawrence Summers 등 미 재무부의 압력에 좌절할 수밖에 없었다는 것이다. 결국 스티글리츠는 세계은행을 떠나고 재무부는 세계은행을 효과적으로 통제하게 되었다.

이외에도 미국은 유럽(EC)이 시장 통합을 완성할 것이라 공언하고 유럽의정서에 조인한 것에 대한 대응으로 1988년 캐나다와 양자 FTA를 체결하고 이어서 북미자유무역협정을 체결했다. 다른 한편으로 미국은 세계 경제에서 비중이 증대되고 있는 동아시아 신흥공업국들에 대한 특혜관세제도 적용을 폐지하고 일본과 호주 등 주요 선진국들에게 양자 FTA 추진 의사를 전달했다.

이런 움직임의 이면에는 자국 경제의 회복 즉, 이른바 쌍둥이 적자(재정적자와 무역적자)를 교정하기 위해 막대한 대미 무역흑자를 내는 일본 및 신흥 경제권과 경제적 재균형을 기하려는 의도가 자리하고 있었다. 조지 슐츠George P. Shultz 미 국무장관은 1988년 8월 자카르타에서 태평양판 OECD인 '환태평양포럼'의 설립을 제안했다.

이 지역의 경제적 활력을 활용하기 위해 전략적 개입이 필요하다는 판단하에 이루어진 행위였으나 지극히 미국과 태평양 중심 사고에 기초한 제안이어서 거의 관심을 끌지 못했다.[34] 하지만 이어서 같은 해 12월 빌 브래들리Bill Bradley 상원의원이 주창한 'PAC-8', 제임스 베이커James Baker 장관의 '환태평양경제조사그룹' 등 태평양 지역을 단위로 한 여러 구상들을 내놓기 시작했다. 이는 미국이 무역적자를 교정하고 자국 경제를 재활성하기 위해서는 태평양 서안 국가들과의 정책적 협조와 조정이 절실하다는 사실을 인지하게 된 결과라 할 수 있다.[35]

보다 거시적 차원에서 미국이 아태 개념을 적극적으로 수용하게 된 까닭은 자국의 지구전략과 관련이 있다. 냉전 구도가 해체되고 신자유주의 이념에 기반한 세계화가 진전되면서 미국은 정치적으로는 자유민주주의, 경제적으로는 시장자본주의의 가치를 바탕으로 국제 질서를 건축하려는 지구전략을 본격화했다. 미국이 신자유주의적 세계화 이념과 가치를 전 세계에 전파하는 데 있어서 그 첨병은 세계은행과 국제통화기금 등 국제기구였고 지역적으로는 아태 개념에 기초한 아시아-태평양경제협력체(Asia-Pacific Economic Cooperation, 이하 'APEC'과 혼용)를 적극적으로 활용했다.

아태 개념은 아시아와 태평양의 결합 즉, 아시아 개도국과 태평양 선진국이 직면한 지역적 과제인 남북문제(개도국-선진국 격차의 축소 문제)에 대응하는 측면이 있으나 APEC이라는 제도에서 보듯이 관세 및 무역에 관한 일반 협정(General Agreement on Tariffs and Trade, 이하 'GATT'와 혼용)과 WTO가 세운 규칙과의 정합성을 중시하고 무역/투자의 자유화, 제도 개혁 등 세계화를 지역 단위에서 추구한다는 점을 강조하고 있다. APEC이 천명한 '열린 지역주의' 원칙이 바로 이러한 개념을 표현한 것이며 이는 세계화의 지역적 표현이라 할 수 있다.[36]

미국은 태평양 국가들을 동류국가 like-minded countries 즉, 시장경제를 공유하는 국가군으로 정의하고 이들 국가들의 경제 구조 개혁과 무역장벽 제거를 요구하고자 했다. 이러한 배경하에서 미국은 일본과 호주가 주창하는 APEC을 수용할 수 있었다. 끝으로 미국의 입장에서 태평양 협력에 미온적이었던 아세안의 협력이 중요했다.

그간 아세안은 PECC의 활동이 선진국 중심으로 이뤄졌다는 인식하에 태평양 협력 혹은 나아가 태평양공동체의 설립이 결국 대국에 의한 소국의 지배를 영속화하기 위한 시도일지 모른다는 의구심을 토로해왔다. 이들은 첫째, 미국과 일본에 의한 경제적 지배를 강화할 수 있다는 점, 둘째 광역의 공동체 설정으로 인해 아세안의 일체성이 훼손될 수 있다는 점, 셋째, 태평양공동체가 내거는 시장경제적 정체성이 제3세계의 한 부분을 담당하고 있는 아세안의 중립성을 훼손할 수 있다는 점을 들며 반대 입장을 표명해왔다.[37] 또한 일본과 호주가 추진하는 아태 협력의 중심이 아세안 확대 외교각료 회의이어야 한다고 주장했지만 APEC이 구체화되면서 반대의 강도는 현저히 약화됐다.

특히 싱가포르, 필리핀, 태국 등이 APEC 추진에 동조하면서 아세안 내부 균열이 일어났다. 본래 아세안의 출범은 동남아 국가들의 정치적 안정과 국민 통합을 위한 공동 노력의 결과였으나 1980년대에 접어들어 각국 내정이 안정화되고 상호 안보체제가 수립되면서 본래의 정치적 목적은 상당 부분 이루어졌다. 또한 1980년대 중반 이래 주요국들이 본격적으로 대외 지향형 산업화 노선을 채택하고 급속한 성장을 이룩하면서 경제적 측면에서 자신감을 획득했기 때문에 아시아-태평양이라는 광역 협력에 나설 수 있는 분위기가 마련됐다.

정리하자면, 아시아-태평양 개념은 냉전이 해체되고 다국적기업을 첨병으로 초국적 공급망을 구축하는 세계화가 진전되면서 이런 흐름을 주도하는 세력에 의해 성립되고 전파됐다. 일본과 호주가 개념 형성에 기여하였지만 결정적 행위자는 역시 미국이었다. 미국은 경제적으로 상품, 서비스, 자본의 자유로운 이동이 모두에게 이득이 된다는 자유시장 이념과 가치를, 그리고 그 상부구조로서 자유민주주의 가치를 전 세계에 전파한다는 지구전략을 지역적 영역에서 실천하는 아시아-태평양 개념을 적극 활용했다. 그 핵심 기구인 APEC

을 통해서 WTO 등 국제기구와의 정합성을 강조하고 '열린 지역주의' 원칙을 제시하며 역내 국가들의 광범위한 경제 자유화를 추진했다. 아시아-태평양의 중심 개념은 신자유주의적 세계화인 것이다.

제3장

동아시아의 재구성

동아시아라는 개념의 재현

 그렇다면 아시아-태평양과 경합했던 지역어는 무엇일까. 바로 동아시아다. 우리에게 대단히 익숙한 이 동아시아라는 용어는 아시아, 동양, 태평양, 아시아-태평양 등 이제까지 존재해 온 용어들과 마찬가지로 토착어가 아니라 'East Asia'의 번역어다. 아시아가 유럽의 발명이었듯이 동아시아 역시 '아시아'에 '동East'을 붙인 유럽의 조어다. 20세기 초 유행했던 '동아東亞'가 '동아시아'로 재탄생했다고 볼 수 있을 텐데, 그렇다면 이 번역어에 어떤 개념을 부여한 것일까. 과거 동아가 구미 국제 질서에 대한 문화적 반기로 등장한 개념이라면 동아시아는 어떤 사회적·정치적 배경에서 등장한 것일까. 또한 아시아-태평양이라는 개념이 이미 존재함에도 불구하고 동아시아를 쓰

그림 7 1990년대 이후 부활한 '동아시아' 지역의 지도

고자 한 이유는 무엇인가.

동아시아로 구분된 지역공간은 대체로 한국, 중국, 일본 삼국을 지칭하는 경우가 많다. 과거 동아가 지리적으로 일본, 조선, 만주, 중국을 지칭했던 탓이다. 이 공간은 일본제국에 의해 정의되고 구획됐다. 서양과 대별되는 유교적 전통에 기반한 이른바 동문·동종의 문화권, 서양의 패도覇道와 구별되는 동양의 왕도王道, 서양의 자유주의·개인주의·합리주의에 대비되는 집단주의와 협동주의 등의 대항적 개념이 담겼다. 식민지 한국은 이를 대체로 수용했지만 중국은

동아 혹은 동아시아라는 개념 범주를 사용하지 않았다. 예외적으로 쑨원孫文은 이른바 '대아시아주의'를 내걸면서 서양의 패도에 저항하는 중국 전통의 왕도를 강조한 바가 있긴 하지만 중국이 일본의 침략적이고 패권적인 대아시아주의 혹은 동아협동체에 대항해왔던 것처럼 중국 현대사에서 동아라는 실체는 발붙일 곳이 없었다.

동아라는 용어는 시간이 흘러 1990년대에 동아시아로 부활하게 되는데, 이때의 동아시아는 전쟁 이전에 동아가 지칭했던 동북아시아(한-중-일) 지역뿐만 아니라 동남아시아 지역을 포함한 지리적 경역을 표상하는 언어란 점에서 차이가 있다. 말레이시아와 싱가포르 등 동남아 국가들이 동아시아 개념의 재부상에 기여한 까닭이었다. 2장에서 보았듯이 아태가 미국이 중심이 되어 경제적 세계화 즉, 국경을 넘는 경제적 상호 의존의 확산과 심화를 지역적 영역에서 추진하는 개념으로 동원된 것이라면, 동아시아는 이러한 세계적 추세에 대해 지역 내부로부터 반응하는 성격을 띠는 개념이었다. 세계화의 진전과 함께 지역화regionalization가 유럽과 북미에서 이루어지자 동아시아를 단위로 한 국가 간 협력이 필요하다는 인식의 산물이라는 것이다.[1] 나아가 아태가 표방하는 신자유주의적 세계화에 대한 반발과 조정의 공간으로도 인식됐다. 미국 단극체제 속에서 신자유주의 세계화의 파고에 대해 일종의 가드레일 혹은 안전망safetynet을 설치하는 공간으로 동아시아 개념이 전파된 것이다.

문제는 동아시아라는 공간에서 패권국 미국의 위상을 어떻게 부여하는가였다. 한창 부상하는 중국은 한중일과 아세안으로 한정한 동아시아를 선호했던 반면, 중국의 도전을 견제하려는 일본은 동아시아 공간의 정체성 요소로서 보편적 가치(자유, 민주, 법치, 인권, 시장경제 등)를 강조하며 호주, 뉴질랜드, 인도를 여기에 가입시켜 외연을 넓히고자 했다. 중국이 동아시아에서 미국의 지위를 하향 조정하려고 했던 반면, 일본은 용어의 개념적 경계를 확장하고 문턱을 낮추어 미국이 개입할 여지를 용이하게 한 것이다. 이렇듯 중국과 일본의 주도권 경쟁은 2007-2008년 세계금융위기를 전기轉機로 미중 간 주도권 경쟁으로 비화됐고, 9·11 테러 이후 지구적 규모의 대테러전을 전개하며 동아시아 주도권 경쟁에서 멀어졌던 미국은 아태 개념을 강화하며 본격적으로 다시 관여하기 시작했다.

기적의 동아시아,
위기의 동아시아

동아시아라는 지역어는 일본을 필두로 한국, 타이완, 홍콩, 싱가포르 등 네 마리 용으로 불리는 산업화 성공신화로 인해 본격적으로 회자됐다. 일본은 1950년대부터 지속적으로 OECD 국가 성장률의 2배를 기록하면서 경제 기적을 이룩했고, 1970-1980년대 한국과 타이완 등이 신흥공업국으로 불리며 수출주도형 산업화로 눈부신 성장을 거두었다. 세계은행의 1993년 리포트는 이러한 성과를 "동아시아의 기적"으로 불렀다.[2] 이들은 단순히 경제 성장을 이루었다는 공통점을 넘어 특정한 제도적 특질을 공유하고 있다고 인식됐다. 동아시아의 탁월한 경제 성장은 시장 친화적 경제정책, 거시경제에 입각한 안정적인 관리와 인적자원 투자, 그리고 국가의 선택적 시장 개

그림 8 | 동아시아의 기적을 분석한 세계은행 보고서 표지 (2007년 발간)

입(산업정책)의 결과란 것이다.

여러 연구 결과들은 동아시아 국가들의 산업정책이 특정한 제도적 기반 위에서 작동했다는 점을 강조하고 있다. 버클리대 교수 찰머스 존슨Chalmers Johnson이 주창한 이른바 '발전국가 모델developmental state model'은 강력하고 응집력 있는 국가기구, 결속력이 강한 친성장적 사회경제연합, 미국으로부터의 광범위한 경제적·안보적 지원, 개방적 무역 및 금융 환경 등 지속적인 외부 지원으로 산업정책이 성공적으로 작동하였다는 것이다.[3] 과거 '동아' 질서 속에서 정치권력이 집중된 국가기구는 일본에서 배양되어 식민지로 전파되었고, 전후 한국과 타이완의 발전국가developmental state 형성의 기초가 되었다.[4]

브루스 커밍스Bruce Cumings 시카고대 교수는 수출주도형 동아시아 경제 모델의 형성을 패권 개념과 제품주기이론product cycle theory을 사용하여 설명했다.[5] 20세기 초반 일본은 지역 패권세력으로 부상하면서 산업, 금융, 교통의 네트워크를 통해 한국(조선), 타이완, 북중국(만주) 등을 주변부로 편입시켰고, 이렇게 구축된 인프라를 통해 20세기 후반 한국과 타이완 등의 국가에 대외 투자와 기술 이전을 매개로 자국의 사양산업(제품)을 이전하여 주변부의 산업화를 촉진했다는 주장이다. 선두 주자인 일본이 맨 앞에 서고 한국, 타이완, 홍콩, 싱가포르 등의 후발 주자들이 그 뒤를 따라가면서 하나의 기러기 편대flying geese를 구성해 수출주도형 성장을 이룩했다는 것이다.

나아가 펨펠T. J. Pempel 버클리대 교수는 말레이시아, 인도네시아, 태국 등 동남아 국가들을 유사−발전 레짐quasi-developmental regime이라고 부르면서 엄청난 경제적 성공을 이룬 이들도 앞서 나아간 일본, 한국, 타이완과 유사한 제도적 특징을 가지고 있다고 분석했다.[6] 경쟁적 권위주의라 불리는 집중된 정치체제 속에서 정치엘리트들은 수출주도형 성장전략을 추진하기 위해 국가기구에 지속적이고 강력한 지배력을 미쳤다는 것이다. 다만 동남아의 경우, 사회경제적 변환을 추진하는 데 필요한 국가기구의 응집력, 역량, 신념이 일본 등 선발 동아시아국들과 비교해 상대적으로 떨어지고, 사회경제적 조건 역시 좀 더 분열적이지만 국가는 수출주도형 성장 노선에 도전할 만한 사회경제세력(노조, 농민 등)을 제압하는 정치적 능력을 보유하고 있다는 것이다.

이렇듯 서구 지성계와 세계은행이 경제적 성공을 이룩한 지역으로 동아시아에 의미를 부여하자 역내 행위자들은 스스로의 경제적 성공에 자부심을 갖고 국제사회에서 존재감을 확보하며 동아시아에 공간적 일체감을 느끼기 시작했다. 이러한 자기 정체성 구성 과정은 타자他者 즉, 북미와 유럽이 각각 지역주의 제도화를 추진하는 것에 대한 대항 의식으로 촉진됐다. 그 선구적인 시도는 말레이시아의 마하티르Mahathir bin Mohamad 수상이 제안한 동아시아경제그룹(East Asia Economic Group, 이하 'EAEG'와 혼용)이었다.[7] 마하티르는 1990년 12월 당시 미국과 유럽 국가들이 농업무역에 보호주의적 태도로 일관하여 GATT의 우루과이라운드를 난항에 빠뜨리는 한편 각각 NAFTA와 EU라는 무역블록을 결성하는 움직임을 가시화하자 이를 비판하며 동아시아를 단위로 하는 국가 간의 결속을 통해 구미 국가들의 지역주의 움직임에 대응해야 한다고 주장했다. 그는 당시 아세안 가입 6개국과 한국, 중국, 일본, 홍콩, 타이완 등을 포함한 국가군을 제안했으며, 이는 상당한 반향을 일으켰다. 1989년 APEC의 출범과 함께 전면에 부상한 아시아-태평양 개념에 도전하는 형국이었기 때문이며 아시아-태평양을 보완하는 차원이 아니라 대체한다는 인상이 강했기 때문이다. 나아가 이 구상은 동아시아 개념의 제시를 넘어 동아시아를 단위로 한 지역주의 즉, 국가 수준의 협력에 의한 협의체를 구성하고 공동 행동을 추진하는 배타성을 지녔다.

당연하게도 미국은 이를 비판하기 시작했다. 동아시아라는 공간은 문자 그대로 아시아의 동쪽에 위치한 행위자 혹은 국가의 집합이기 때문에, 미국은 이러한 움직임이 자국을 배제하는 배타적 경제권을 형성하려는 시도라 인식했다. 마이클 아마코스트Michael Armacost 주일 미국대사는 EAEG가 APEC 활동을 저해한다며 반대 의사를 명확히 했다. 이처럼 미국의 반대가 명백해지자 마하티르는 다음 해인 1991년 아세안경제장관회의에서 EAEG가 배타적인 무역블록이라는 인상을 불식하기 위해 이를 동아시아경제협의체(East Asian Economic Caucus, 이하 'EAEC'와 혼용)로 이름을 바꾸고 이 조직이 자유무역에 반하는 무역블록이 아니라고 강조했다. 그러나 미국의 제임스 베이커 국무장관은 "EAEC는 태평양에 선을 그어 미일을 분단하는 구상으로서 절대 용인할 수 없다"고 강경한 자세를 견지했다.[8]

이때 일본의 향배가 대단히 중요했다. 마하티르가 보기에 새로운 협의체가 아세안을 넘어 동아시아 범위로 확대되기 위해서는 세계 제2의 경제대국인 일본의 지지가 핵심이었기 때문이다. 하지만 당시 APEC이 출범한 지 얼마 안 되었던 시기여서 일본은 이 같은 새로운 대안에 관심을 두기 어려웠다. 또한 일본은 당시 발발한 걸프전쟁에서 미국으로부터 군사적 지원을 포함해 적극적인 기여를 해달라는 요청을 받아 곤란한 상황이었고, 자동차 시장 등에서 미국의 시장개방 압력으로 긴장 상태에 있었기 때문에 EAEC 문제로 미일관계가 악화하는 것을 원치 않았다.[9] 결국, 일본은 미국 및 호주와 함께 아태 개념을 지키는 쪽으로 노선을 분명히 했고, 싱가포르를 제외한 여타 동남아 국가들도 EAEC에 참여하기를 주저했다. 인도네시아 역시 수하르토Haji Mohammad Soeharto와 마하티르 두 지도자 간의 오랜 경쟁구도 속에서 반대 의사를 표했다. 미국의 동맹국인 한국 역시 마하티르의 제안 당시에는 동아시아로의 시장 확대란 측면에서 관심을 보였으나 미국의 반대 의사가 분명해지자 소극적 자세로 전환했다.

반면 중국은 EAEC에 대해 "명확하고 일관된 지지"를 선언했으나 미국은 APEC 주도 전략을 보다 구체화했다. 1993년 미 클린턴 대통령은 APEC을 장관급회의에서 정상회의로 격상했고 싱가포르 사무국 설립을 주도했다. 동아시아 개념의 등장으로 인해 오히려 미국이 아태 개념에 근거해 APEC에 적극적으로 관여하게 된 것이다. 미국은 무역 및 투자의 자유화 즉, 신자유주의적 세계화를 추진하기 위해 APEC의 제도화를 주도하고, '신태평양공동체' 구상을 발표하여 이 지역에 자유무역권을 창설할 것을 제안했다. 마하티르의 동아시아경제그룹 구상과 경쟁하는 의미를 갖는다고 볼 수 있었다.

그럼에도 불구하고 동아시아 개념은 아세안과 유럽의 만남 속에서 새로운 동력을 찾을 수 있었다. 동아시아 국가들의 폭발적 경제 성장을 목도하면서 EU는 '신아시아전략'을 제안하고 아세안과의 협력을 모색하며 아시아유럽정상회의(Asia-Europe Meeting, 이하

'ASEM'과 혼용)를 제안했다. 싱가포르의 고촉통吳作棟 수상이 중심이 된 아세안 역시 유럽과의 연계에 관심을 보였다. 아세안은 한국, 일본, 중국 삼국을 아세안 국가에 더한다는 의미로서 이들 삼국을 '플러스' 국가로 부르며 ASEM 참가국으로 상정했다. 아세안과 연계의 틀을 마련하려고 한 것인데 이는 EAEC의 구성원과 중복되는 측면도 있었다. 1994년 7월 방콕 아세안장관급회의에서 '아세안 6+3'(말레이시아, 싱가포르, 인도네시아, 태국, 필리핀, 브루나이+ 한국, 중국, 일본)가 결성되었고, 1995년 방콕 아세안정상회의에서 고촉통 수상은 한중일 3개국을 아세안정상회의에 초대하자고 제안했다. 마침내 1996년 자카르타 아세안장관급회의에서 아세안 10개국과 한중일을 합친 '아세안+3'란 비공식 정상회담이 성립됐다. 그리고 ASEM 회의에는 EU에 조응하는 동아시아 국가군으로 '6+3'이 참가했다. 이로써 동남아시아와 동북아시아가 합쳐진 동아시아 지역 개념이 본격적으로 성립됐으며, 이는 일본과 한국이 이 개념을 공식적으로 수용한 시점이기도 하다.[10]

아세안이 ASEM을 통해 동아시아라는 공간에 관심을 재고한 데에는 아태 개념을 바탕으로 하는 APEC에 대한 불만이 자리하고 있었다. 개도국 중심의 아세안은 APEC에서 미국 등 역내 선진국이 주도하는 자유화와 시장 개방을 경계했다. 이들은 미국과 호주가 개발협력 등을 통해 역내 남북 격차를 축소하고자 하는 개도국의 입장을 무시하고 자유화라는 이름의 신자유주의적 세계화를 강요하고 있다고 비판하며, 급속한 자유화 추진에 반대 태도를 분명히 했다. 한국과 일본도 농산물 자유화 추진에는 반대하며 이 점에서 미국과 노선 차이를 보였다. 그 결과, 1995년 오사카 APEC에서 채택된 〈오사카 행동계획〉에서는 아태 지역 내 선진국이 주장해온 무역과 투자 자유화 추진이라는 목표를 설정하는 한편 아세안의 입장을 일부 반영하여 "포괄성"과 "동시 개시, 지속적 프로세스 및 서로 다른 일정표", "유연성"을 명기하였다.

또한 1997년 몬트리올 APEC에서 채택된 〈분야별 자발적 조기 무역자유화(Early Voluntary Sectoral Liberalization, 이하 'EVSL'과 혼용)〉에서 미국의 입장이 좌절된 것 또한 자유화 추진에 대한 분열의 사례였다. EVSL은 우선적으로 자유화를 추진할 분야로서 9개 분야를 선정하고 APEC 가맹국이 자주적 판단으로 6개 분야 관세 철폐를 추진한다는 합의였다. 애당초 미국은 9개 분야를 일괄 패키지로 하여 추진하자는 안을 주장하였으나 동아시아 국가들이 반발하여 결과적으로 타협할 수밖에 없었다. 미국이 주도하는 APEC에 대한 아세안과 한국, 일본의 견제가 현실로 나타났고, 미국 측에서는 구속력 있는 성과가 나오지 못한 데 따른 실망과 비판이 분출했다.[11]

이후 동아시아 개념이 전면에 부상하여 지역주의를 추동推動한 사건은 1997년 동아시아 외환위기였다. 태국에서 시작되어 인도네

사진 2 | 1997년 동아시아 외환위기 당시 IMF의 한국 구제금융 지원 기사(1997.12.4)

출처: 중앙일보

시아를 거쳐 한국에 이른 외환위기의 연쇄 반응 속에서 '동아시아의 기적'이라는 성공신화는 여지없이 깨져버렸지만, 타격을 입은 국가들은 역으로 동아시아라는 지역공간에서 위기를 극복하기 위해 공동의 노력을 기울이는 계기를 마련했다.[12]

태국은 바트화를 달러화와 연동해 환율 안정을 통해 수출 촉진 전략을 추진했다. 하지만 해외 단기자본이 유입된 가운데 환율이 하락하자 외환 당국이 바트화의 가치를 유지하기 위해 시장에 개입하는 일을 반복했고 외환준비고가 바닥을 드러내면서 바트화가 급락해 외환위기가 발생했다. 그리고 이와 거의 동일한 메커니즘이 인도네시아 루피아화와 한국의 원화에 반복되면서 동아시아 경제는 일시에 거대한 충격을 입었다. 일본 역시 대형은행인 홋카이도타쿠쇼쿠은행北海道拓殖銀行이 파산하는 등 위기를 겪었다.

한국, 인도네시아, 태국 구제금융에 나선 IMF와 그 배후의 미국은 한때 경제기적의 원천이라 불렸던 동아시아적 정치경제제도를 정실자본주의crony capitalism로 비하하고 미국식 신자유주의 제도를 세계 표준global standard으로 격상하여 이들 국가에게 제도 수렴을 요구했다. IMF의 구제금융 패키지에 경제의 구조조정(무역 및 자본시장 자유화, 노동시장 개혁 등)을 조건부로 삽입한 것도 이런 이유였다. APEC 역시 가맹국들이 위기에 처했음에도 불구하고 자유화 명분을 반복하며 IMF 주도의 대응 및 거시경제정책 개혁 모델을 지지했다.[13]

반면, 한중일과 아세안 국가들은 태국에서 발발한 위기가 역내로 급속히 확산되는 상황을 겪으면서 동남아와 동북아 사이에 깊은 경제적 상호의존관계가 맺어져 있음을 실감했다. 일종의 '연대감'이 형성되어 태국 바트화가 위기에 처하자 IMF가 40억 달러를 공여하는 것과 별도로 일본은 40억 달러 지원을 약속했고 여타 국가들도 지원을 표명했다.

나아가 일본은 IMF의 동아시아판인 아시아통화기금(Asian Monetary Fund, 이하 'AMF'와 혼용) 구상을 제안했다. 일본 대장성의 사카키바라 에이스케榊原英資 등은 일본, 한국, 중국, 호주 등 10개국을 중심으로 1천억 달러 규모의 기금을 설립한다는 구상을 주도했다. 이에 미국은 AMF와 IMF의 기능이 중복되는 데다가 일본을 중심으로 한 통화경제권이 형성되어 IMF의 지배력이 약화될 것이라는 우려에 AMF 설립을 강하게 반대했다. 또한 아시아 국가들만으로 금융 지원 틀을 구성할 경우 일종의 도덕적 해이가 나타날 것이라는 우려도 존재했다. 즉, 신자유주의적 세계화 혹은 워싱턴 컨센서스와 이질적인 동아시아 모델에 대한 불신의 표현이었다. 이처럼 AMF 구상을 둘러싼 논란은 지역공간의 정체성과 가치, 규범을 둘러싼 주도권 쟁탈전의 양상을 띠었다고 할 수 있다.[14] 미국의 강한 반대에 직면한 동아시아 국가들은 결국 IMF의 주도성을 인정하고 AMF에 대한 지지를 철회했다.[15] 다만 이때 미국이 위기에 처한 국가들을 지원하는 데 미온적인 태도를 보여 역내 국가들의 불만을 불러일으켰고, IMF 구조개혁 패키지의 적절성에 대한 반발까지 일어나면서 공통의 위기 경험을 공유하고 상호 협력을 강화하자는 아시아 국가 간의 연대감이 오히려 커졌다.[16]

결과적으로 외환위기는 동아시아를 단위로 한 국가 간 협력 틀로서 아세안+3의 부상을 가져왔다. 외환위기가 극에 달했던 1997년 12월 제1차 APT정상회담이 개최된 이래 정상급, 장관급, 고위사무급 회의 등 다양한 수준에서 위기 이후 경제 회복을 위한 집합적 협력 프로젝트들이 전개됐다.[17] 이는 사실상 마하티르가 주창한 EAEG정상회의가 실현된 것과 다름없었다. 달리 말하면 아시아-태평양 공간이 퇴조하고 동아시아 공간이 전면 부상했다고 할 수 있을 것이다.

이후 동아시아에서는 APEC 대신 미국이 배제된 APT가 중심 기제로 등장했다. 또한 동아시아 공간에서의 실질적 협력은 주로 통화 금융 분야에서 이루어졌다. 1998년 제2차 APT정상회담에서 오부치 게이조小淵恵三 일본 총리는 300억 엔 규모의 차관을 공여하는 '신미야자마 구상'을 내놓았고, 중국의 후진타오胡錦濤 부주석은 아세안과 한중일 삼국 간 재무차관 및 중앙은행 부총재 레벨의 대화와 APT 정상회담을 정례화하자는 제안을 하며 의욕을 보였다. 한국의 김대중金大中 대통령은 동아시아의 중장기 비전을 제시하는 동아시아비전그룹(East Asia Vision Group, EAVG)을 설치하자고 제안했다.

이어서 2000년 5월 APT 재무장관회의에서는 치앙마이 구상(Chiang Mai Initiative, CMI) 발족이 합의됐다. 이는 동아시아 국가들 사이에서 단기 외화자금을 융통할 수 있게 하기 위한 협력이었다. 이는 아시아 13개 국가 간 양자 통화스와프[18] 집합체로서 자체적인 통화 공급 규모가 작고, 한중일 등 외화를 준비할 수 있는 여유가 있는 국가들만 대출해줄 수 있는 게 현실이었지만 역내 통화의 안정을 기할 수 있는 제도 틀을 마련했다고 평가할 수 있다. 이를 두고 미국이 치앙마이 구상이 또 다른 AMF라며 거부할 수도 있었으나, 외환위기를 겪으면서 상황은 많이 변했다. 미국은 외환위기 대처에 소극적이었다는 아시아 국가들의 비판뿐만 아니라 자국 내의 비판도 받고 있는 상황이었다. APEC 역시 제대로 기능하지 못했다는 비판에서 자유롭지 않았던지라 결국 미국은 APT를 중심으로 한 동아시아 국가 간 금융 협력의 진전을 용인할 수밖에 없었다.[19] 사실 미국도 100개 이상의 양자 스와프협정을 체결하고 있었고, IMF는 한국에 대한 대규모 구제금융으로 체력을 소진했기 때문에 차후 다른 나라의 외환위기가 발생할 경우 단독 대처가 불가능한 상황이었다. 결국 미국은 치앙마이 구상이 IMF를 보완할 수 있는 기제라고 간주하여 수용했고, 나아가 APT가 지역 협력의 중심축으로 기능하는 것도 용인하는 자세를 취했다. 전후 최초로 미국이 배제된 지역기구, 미국의 비중이 축소된 전략공간이 미국의 용인하에 등장한 것이다.

문화적 공간으로서의 동아시아

동아시아 외환위기는 미국과 동아시아 국가 사이에 자본주의를 구성하는 가치와 규범의 갈등을 노정했다. 미국은 발전국가 모델을 위기의 주범으로 간주했고, 당시 앨런 그린스펀Alan Greenspan 미 연방준비제도이사회(Federal Reserve Board of Governors, FRB) 의장은 "아시아의 외환시장 위기는 동아시아 경제행위가 미국 모델로 수렴하는 쪽으로 영향을 미칠 것"이라 주장한 바 있다.[20] 실제로 한국은 IMF 구제금융 수용의 대가로 강도 높은 워싱턴 컨센서스 처방전을 강요받아 고금리, 긴축정책을 넘어 금융시장 구조조정, 자본거래자유화,[21] 무역자유화,[22] 기업 지배구조 개혁, 노동시장 개혁 등 전방위 신자유주의 개혁을 이행했다. 자유화, 민영화, 시장 개방 등 신자유주의적 가치와 규범은 한국 사회 전반에 걸친 개혁 담론의 기준이 되기도 했지만 다른 한편으론 논쟁의 소지가 되기도 했다.

사실 한국을 비롯한 동아시아 국가들이 외환위기에 처한 원인 중 하나는 1990년대 초반 신자유주의적 세계화 추진의 일환으로 금융자유화를 적극적으로 추진했는데 이러한 개방에 내부적으로 적응하지 못했던 데 있다. 즉, 여러 부문에 걸쳐 비대칭적이고 불균등한 자유화가 진행되는 가운데 관리·감독체제가 미비되어 있었다. 사실 한국은 더 많은 국제자본이 필요해서가 아니라 국제적 압력 즉, 워싱턴 컨센서스의 전파에 의해 금융자유화를 추진했고 이를 적절히 관리·감독하지 못한 결과로 외환위기에 처한 측면이 있다. 그렇다면 위기는 신자유주의적 개혁이 미진해서라기보다는 신자유주의적 세계화가 초래하는 위험 요소를 적절히 통제하지 못한 결과라 할 수 있다. 로버트 웨이드와 제프리 개릿Geoffrey Garrett의 연구는 이러한 해석을 뒷받침한다. 시장주의적 세계화가 진전될수록 사회민주주의적 정책에 대한 선호가 증가하고, 한 국가가 그러한 정책을 통해 세계화가 초래하는 위험 요소, 즉, 불안정성과 불평등에 적절히 대응할수록 경제적 성과는 향상된다는 것이다.[23]

신자유주의적 세계화 속에서 벌어지는 현실의 변화를 살펴보면 개별 국가의 기존 자본주의는 결코 미국 모델로 수렴되지만은 않고 강력한 경로 의존성의 작동에 의해 그들만의 자본주의가 갖는 요소들이 지속되면서 서로 다른 배합의 복합 모델로 진화했다. 피터 홀Peter Hall과 데이비드 소스키스David Soskice 교수는 자본주의체제를 자유시장경제liberal market economy와 조정시장경제coordinated market economy로 분류했는데, 일본과 동아시아 국가들은 후자에 속했다.[24] 이들 국가들이 금융위기 이후 택한 구조개혁론은 영미식으로 전면적인 전환을 꾀하는 수렴convergence 옵션보다는 시장 원리의 확대를 추구하되 기존의 제도와 관행을 부분적으로 유지하며 진화하는 복합화hybrid 옵션이었다. 일본의 경우는 시장 기능을 확대시키기 위한 개혁을 추진하는 동시에 시장의 질주가 초래하는 위험 요소를 관리하기 위해 전통적인 '일본적 경영'을 일부 유지하는 구조개혁을 추진했다.[25]

신자유주의적 세계화에 대한 보다 강한 불만은 신자유주의적 개혁이 영미의 경제적 이익을 대변한다는 주장으로 재현됐다.[26] IMF가 요구한 이행 조건들은 자국 금융기관에 가혹한 구조조정을 요구하는 반면 영미 금융기관은 구제하는 것을 넘어 이들의 상업적 활로를 열어줄 뿐만 아니라 미국 내 다국적기업의 시장 접근을 용이하게 해준다는 비판이다. 이를 두고 신식민지주의론이라는 주장도 나올 정도였다. 물론 이런 음모론이 동아시아 사회에 널리 퍼져 설득력을 얻게 된 것은 아니다. 다만 시장 기능의 강화에 대한 일정한 합의가 이루어졌음에도 불구하고 미국식 모델 즉 워싱턴 컨센서스를 수용하라는 압박에 저항하고 동아시아적 경제 관행과 규범, 가치, 제도의 경쟁력에 대한 믿음을 인정하고자 하는 움직임이 일어났다.

요컨대, 동아시아 외환위기는 신자유주의적 세계화와 워싱턴 컨센서스 모델의 승리로 귀결된 것이 아니라 오히려 신자유주의에 대한 반발을 일으켰고, 보다 넓은 차원에서 '글로벌 스탠더드(세계 표준)'에 대한 반발을 일으켰다. 이는 마치 문명의 보편성에 대한 반작용으로 문화kultur의 부상을 연상케 하는 현상이라 할 수 있다. 즉, 동아시아를 문화적 공간으로 정의하여 '글로벌 스탠더드'라는 영미 문화를 상대화한다는 뜻이다.

영미의 '글로벌 스탠더드론'에 대한 반발은 이미 1990년대 초 '아시아적 가치' 논쟁에서 나타났다.[27] 싱가포르의 리콴유李光耀 수상이나 중국 장쩌민江澤民 주석 등은 서구의 인권과 민주화 외교에 대항하여 아시아의 역사와 문화적 전통에 기반한 정치체제론을 강조하며, 문화의 차이를 무시하고 보편성(문명)으로 압력을 가하는 서구의 행태를 강력히 비판했다. 나아가 리콴유, 마하티르, 키쇼어 마부바니 Kishore Mahbubani 등은 서구문명과 대별되는 동아시아적 혹은 아시아적 문화공간을 이야기하면서 근대에 대한 아시아인의 공통 경험, 동아시아적 근대화의 담론을 제기하고 있다. 이는 서양 근대문명에 대항하는 토착적 문화 담론으로서 20세기 전반의 동아 개념과 일맥상통하는 측면이 있다.

사진 3 | 아시아적 가치 논쟁을 주제로 김대중 전 대통령이 《Foreign Affairs》에 기고한 평론 (1994)

출처: Foreign Affairs

　반면, 김대중 대통령은 〈문화는 숙명이 아니다〉라는 제목의 글에서 민주주의와 인권은 리콴유가 주장하듯 서구적 가치관의 산물이 아니라 고대 중국의 민본정치民本政治나 동학 등 아시아 전통사상 속에서도 발견되는 가치로서 서구중심주의적 문명론을 비판한 바 있다. 당시 새뮤얼 헌팅턴Samuel Huntington 하버드대 교수에 의해 유행했던 '문명충돌론'처럼 문명의 차이는 초월할 수 없다는 배타적 주장과 달리 김대중의 주장은 글로벌 스탠더드라는 보편성은 서구뿐만 아니라 동아시아에서도 발견하고 육성할 수 있다는 것이다. 이 주장에 따르면 동아시아는 민주주의와 인권과 같은 보편적 가치를 담는 문화적 공간이 된다.

이외에도 한국 내에서 동아시아 기획을 본격적으로 들고 나온 것은 창비(창작과비평) 그룹이다. 이들은 한반도 분단체제의 극복을 위한 방편으로 동아시아라는 공간을 모색했다. 한반도 문제는 근본적으로 미국 주도의 자본주의적 세계화에 규정되어 왔으므로 분단체제를 극복하기 위해선 서구 자본주의 세계화 혹은 신자유주의적 세계화로 대표되는 서구 문명을 대신하는 새로운 문명의 장을 열어야 하며 그 장이 곧 동아시아 공간이라는 것이다.[28]

백낙청은 서구 자본주의 문명에 대한 대안 문명을 동아시아에서 발견하고자 했으며 이를 통해 새로운 지구적 문명의 건설을 주장했다.[29] "서구적 근대의 진정한 대안"을 모색하고 "새로운 세계 형성 원리"로서 동아시아적 시각의 필요성을 강조하는 기술은 제1장에서 기술한 1938년 미키 기요시의 동아협동체론을 연상케 한다. 동아협동체론이 동아시아 지역에 수용되지 못한 까닭은 일본이 배타적 민족주의를 극복하지 못하고 서구 자본주의와 개인주의를 넘는 대안 질서를 제시하지 못해서였다. 흥미롭게도 창비 그룹 역시 배타적 민족주의(혹은 한반도 중심주의)를 극복하고자 하였으나, 실제로 민족과 지역을 함께 품을 수 있는 복합정체성, 신자유주의적 세계화의 대안, 이를 지지하는 동아시아 공통의 역사적 경험과 가치 등을 구체적이고 설득력 있게 제시하지는 못하고 있다.[30]

동아시아의 주도권을 장악하기 위한 중국의 노력

동아시아 개념이 재부상하게 된 중심에는 말레이시아와 싱가포르로 대표되는 아세안과 당시 제2의 경제대국 일본이 있었지만, 2000년대 들어 이 개념에 기반한 지역주의 제도를 적극적으로 주도한 세력은 바로 중국이다. 중국은 1990년대 아세안과 상하이협력기구(Shanghai Cooperation Organization, SCO), 아세안지역포럼(ASEAN Regional Forum, ARF) 등 지역 협력 기제에 적극 참여해왔다.

외환위기가 최악으로 치닫던 1997년, 중국은 국내적으로 부실 채권 문제와 경기 침체를 겪고 있었음에도 불구하고 주변국들의 경제 회복을 위해 위안화 평가절하 압력을 버티며 책임 있는 행동을 보여주고자 했다. 이른바 '책임 있는 대국'으로서의 정체성을 만들어

간 것이다. 이후 중국은 APT에 적극적으로 참여하는 등 동아시아 단위의 다자주의 틀 속에서 지도력을 발휘하고자 했다.[31] 아세안에 관여하는 데 중점을 두어 외환위기 여파를 겪는 동남아 국가들에 40억 달러 규모의 자금을 지원했고, 2001년 중국-아세안 FTA를 전격적으로 합의했으며, 2003년 동남아시아 우호협력조약 Treaty of Amity and Cooperation에 가입한 최초의 비아세안 국가가 됐다. 이렇듯 중국은 눈부신 속도로 아세안에 관여해나갔고, 그 결과 아세안 내부의 '중국위협론'은 감퇴했다. 이런 외교 행보는 이른바 "매력공세"라 불릴 만큼 성공적이었다.[32]

중국이 이처럼 동아시아 지역을 단위로 한 다자주의 외교에 노력을 경주한 데에는 크게 두 가지 이유가 있다. 첫째, 아세안과 한중일을 범위로 하는 동아시아 개념은 미국이 배제되기 때문에 중국의 영향력을 신장하는 데에 유리한 전략공간을 제공할 수 있었다. 동아시아 공간에서 자국이 중심이 된 국제 질서를 구축하는 게 가능하다고 본 것이다. 특히 아세안의 길 The ASEAN Way이 반권력정치 counter-realpolitik적 이념에 근거하여 내정 불간섭, 영토성의 존중, 국내 사회체제 선택의 권리, 다자기구의 중시 등을 강조하여 자국의 주장과 궤를 같이한다고 판단했고, 아세안이 운전대 driver's seat를 잡을 수 있는 동아시아 공간이 자국에게 유리하다고 보았다.[33]

둘째로는 세계화의 거대한 물결 속에서 중국은 APT 같은 지역다자주의를 통해 초국적 자본의 압력으로부터 안전망을 구축하여 금융 질서의 안정을 기하고자 했다. 세계화의 파고를 능동적으로 타면서 경제의 고속 성장을 이룩하는 한편 미국식 모델의 확산에 대한 방파제로서, 자국 정치경제 모델의 보호막으로서 동아시아 공간을 기획하고자 했다.[34]

중국이 동아시아 공간을 기획하는 중심 동력은 경이적인 경제성장 속도에 따라 증대한 경제적 영향력이었다. 2000년대를 거치며 중국은 세계 제1의 대내 외국 직접투자inward foreign investment 유입을 통해서 거대한 생산기지를 구축해 '세계의 공장'이 됐고, 생산네트워크 측면에서 동아시아 역내 통합의 중심으로 이동하고 있었다. 동아시아 국가들의 대중국 수출의 비중은 41퍼센트, 동아시아로의 투자 유입 중 중국이 차지하는 비중은 67퍼센트로서 가히 압도적이었다.[35] 예컨대, 1997년 금융위기 이후 한국이 위기를 탈출하고 재도약을 이루는 데 중국은 한국의 최대 수출시장으로서 결정적 역할을 담당했다. 2002년을 기점으로 완연한 회복세를 보인 일본에게도 중국 경제는 사활을 걸어야 하는 존재가 됐다. 2005년 일본의 최대 무역 상대국은 미국이 아닌 중국이었다. 이 시기 동아시아는 유럽 및 북미와 견줄 만한 세계 3대 경제권으로 부상했는데 이는 중국과의 동반 부상이라 할 수 있었다. 중국이 주변국에 미치는 경제적 영향력은 상승일로에 있었다.

이렇듯 동아시아에서 중국의 영향력이 날로 확대되는 현실은 미국에게 중대한 도전으로 인식되었다. 예컨대 〈2006년 4년 주기 국방검토 보고서Quadrennial Defense Review〉는 중국을 미국과 군사적으로 경쟁할 수 있는 최고의 가능성을 지닌 국가로 기술하였고, 〈2006년 국가안보전략National Security Strategy〉은 중국이 "과거 방식의 생각과 행동old ways of thinking and acting" – "불투명한 군사력 확장, 중상주의, 용납할 수 없는 방식으로 자원부국 정권 지원" – 을 지속하여 지역 안정을 저해할 것이란 우려를 표명했다.[36] 중국의 불투명한 국방예산 증액 비판을 넘어서 중국이 미군의 전력 투사를 위협하고 있다는 경계감을 강하게 표시하고 미군의 대응력 향상을 주문했다. 이에 따라 미국 내 강경론자들은 중국의 도전에 강력하게 대응해야 한다는 중국봉쇄론을 거론하기 시작했다.

반면 중국은 이른바 화평굴기和平掘起 혹은 평화적 부상론을 내걸었다. 중국은 2020년까지 2000년 GDP 기준 4배(약 4천억 달러)에 이르는 소강사회小康社會[37]를 실현하기 위해 경제중심주의 전략을 설정하고 그 대외 전략으로 평화적 부상론을 주창했다.[38] 과거 19세기 및 20세기 초 독일과 일본 같은 부상국의 전철을 밟지 않겠다는 의지의 표현이었다.

1996년 중국은 평화적 부상론의 기반이 되는 신안전보장관新安全保障觀을 제창하며 "냉전적 사고를 포기하고 평화적인 방식으로 국가 간 분쟁을 해결, 무력과 위협이 아닌 대화와 협상을 통해 상호 이해와 상호 신뢰를 촉진하여 양자 간, 다자 간 협조와 협력을 통해 평화와 안보를 추구한다"고 주장했다. 미국적 질서 즉, 군사동맹을 기초로 하고, 군비 증강을 수단으로 하는 기존의 전통적 안보 개념을 넘어서 상호 신뢰, 상호 이익, 평등, 협력이 중심이 되는 국제 질서를 추구하겠다는 관념이다.[39] 이와 함께, 이른바 '다극화' 세계가 평화와 안정을 보다 잘 제공할 수 있다는 점, 그리고 다자주의가 중국 외교의 주요 수단이라는 점을 강조했다.[40] 따라서 중국이 APT 중심의 동아시아 단위 협력을 중시하는 노선은 평화적 부상, 경제 성장 우선, 다극화, 다자주의라는 중국 외교의 중심 개념과 원칙의 지역적 표현이라 할 수 있다.

경제 면에서 중국은 APT를 중심으로 신자유주의적 세계화에 대한 안전망 구축에 적극적으로 나서는 한편, 나아가 미국의 신자유주의 모델과 경합하는 성장 모델, 이른바 베이징 컨센서스Beijing consensus를 생산했다. 영국인 작가 라모Joshua Cooper Ramo가 최초로 사용한 이 용어는 워싱턴 컨센서스의 한계, WTO 협상의 중단, 아르헨티나의 경제 붕괴 등의 사례에서 드러나듯이 기존 미국식 발전 모델이 한계에 다다른 가운데 대안으로 등장한 중국 모델을 지칭하는 것이다.[41] 베이징 컨센서스는 사실상 중국 정부의 공식 주장으로서 '중국 특색의 발전 모델' 혹은 '중국 모델'로 전파됐다.[42] 워싱턴 컨센서스가 단순히 제3세계 국가에 대한 경제정책 차원을 넘어 보다 넓은 맥락에서 국가발전전략을 제시하는 프로그램인 것처럼 베이징 컨센서스 역시 경제뿐만 아니라 사회, 정치, 국제 관계 전반에 걸친 개혁 프로그램을 담고 있다. 이는 다른 동아시아 국가들에게 "경제 발전 모델인 동시에 국제 질서 속에서 자립적 지위를 확보하는 방법, 자신의 삶의 방식과 정치적 선택을 보호하는 방법을 제시"하는 사회 발전 모델이기도 하다.[43]

이 모델은 다음과 같은 세 개념으로 요약할 수 있다. 첫째, 중국의 발전 모델은 혁신에 기초하고 둘째, 지속 가능성sustainability과 평등성equality을 우선시하며 셋째, 대외적으로 자결self-determination 혹은 독자성을 추구한다는 것이다. 이는 시장의 도입에 의한 충격요법shock therapy이 아니라 국가 주도하에서의 점진적이고 단계적인 경제개혁, 국내 균형 발전, 독립자주노선 등에 의한 사회 발전을 목표로 하는 전략이다. 특히 사회적 안정을 중시하는 한편 실시되는 개혁 프로그램은 후진타오 시대의 중국이 강조하는 조화사회和諧社會 즉, 도시와 농촌, 연해 지역과 내륙 지역, 경제와 사회, 인간과 자연, 국내와 국제 간 균형 발전을 추구하는 전략으로 나타났다.[44] 끝으로 중국은 동아시아 질서에 고유의 가치를 함께 담으려는 노력을 경주했다. 후진타오 주석의 핵심 브레인인 정비지엔鄭必堅의 표현에 따르면 중국의 경제적 부상은 문명적 부상 즉, 중화문명의 위대한 부상이며 이는 중국적 가치와 서구 보편적 가치를 융합한 새로운 문명의 창조 과정이라는 것이다.[45] 여기서 중화문명은 유교적 전통에 근거한 가치를 말하는데, 장쩌민 시기부터 사회주의 이념을 대신한 통치이념으로 활용되기 시작하여 후진타오 시기에는 보다 적극적으로 전개됐다. 덕치德治를 강조하고, 이인위본以人爲本과 친민親民 등 민본주의民本主義로부터 시작해 조화사회 건설과 사회주의 영욕관榮辱觀 등의 가치를 강조했다.

나아가 중국은 유교적 가치를 국제사회를 구성하는 가치 중의 하나로 승격하려 노력하고 있다. "이웃과 화목하게 지내고, 이웃을 부유하게 하고, 이웃을 안전하게 한다(睦隣, 富隣, 安隣)"는 외교 방침이나 '조화세계 건설'이라는 목표는 모두 유교사상에서 기반한 개념이다. 조화, 협력, 화합, 평화 등의 외교이념 또한 유교적 가치에서 도출됐다. 이른바 '대중화유가문화권大中華儒家文化圈'을 형성하자는 중국의 견해는 이러한 유교적 가치가 배태된 지역국제사회를 꿈꾸는 하나의 사례다.[46]

일본이 내세운
동아시아공동체의 개념

　　동아시아가 재부상하게 된 데에는 마하티르나 리콴유 같은 아세안 지도자들의 역할도 있었지만 실질적으로는 일본의 역할이 컸다. 일본은 치앙마이 구상 창설뿐만 아니라 동아시아 국가들의 경제 회복을 위해 약 300억 달러 규모의 자금을 지원하는 신미야자마 구상을 제안했고, 오부치 수상은 아세안+3 통해서 3년간 6천억 엔 규모의 엔차관을 특별 공여하는 등 다양한 지원책을 제시했다. 그러나 한때 세계 2위의 경제력을 보유하고 미국에 필적할 듯했던 일본은 상대적으로 쇠퇴 국면에 빠졌다. 1980년대 공전의 호황을 누리던 일본 경제에 거품(버블)이 쌓였고 1991년 그 거품이 붕괴되면서 금융시스템이 요동치며 장기 불황에 빠지는 이른바 '잃어버린 10년'을 겪었다.

특히 1997년 홋카이도타쿠쇼쿠은행이 도산 위기에 빠지면서 시작된 은행위기는 이후 4년 동안 매년 40조 엔가량의 부실 채권을 양산했고 매년 30조 엔 이상의 재정적자를 기록했다. 이는 OECD 국가 중 최악의 수준이었다. 다행히 민간 부문의 구조조정 노력으로 어느 정도 회복세를 맞았으나, 인구 감소와 사회적 활력 저하, 막대한 재정적자, 그리고 새로운 성장동력 부문의 부재라는 요인으로 인해 잠재성장률의 한계를 노정했다. 중국의 부상과 대조적인 모습을 보인 것이다.

이런 가운데 동아시아에서 중국의 영향력이 증대되자 일본은 그동안 누려왔던 영향력을 유지하기 위해 고심하게 된다. 이런 경각심은 앞서 언급하였듯이 2001년 11월 중국-아세안정상회담에서 10년 내 중국-아세안 FTA를 체결한다는 전격적인 합의에 의해 고조됐다. 그간 일본 경제의 뒷마당으로 여겨졌던 아세안 지역을 중국에 빼앗길 것이라는 우려 속에서 일본은 동아시아가 중국이 주도하는 공간이 되지 않게 하려는 노력을 경주했다. 이른바 대항적인 공간을 기획하려고 시도한 것인데 동아시아정상회의의 출범을 둘러싼 중국과의 외교경쟁이 대표적이었다.

EAS 구상은 APT가 금융위기 극복을 위한 공동 대응을 넘어서 동아시아를 단위로 한 공동체 구축 작업으로 시야를 넓히게 되면서 시작된다. 2000년 APT정상회의에서 김대중 대통령이 주창하여 설

사진 4 쿠알라룸푸르에서 개최된 제1차 동아시아정상회의 (2005)

치된 동아시아비전그룹은 동아시아 지역 협력의 미래상을 제시하는 보고서를 2002년 1월 제출한다. 〈동아시아 지역공동체를 향하여: 평화, 번영, 진보의 지역〉이라는 제목의 최종 보고서는 정치/안보, 금융, 경제, 환경, 사회/문화, 제도 구축 등의 분야에서 국가 간 협력을 추진하고 나아가 동아시아공동체an East Asian Community를 형성하자고 제안하며, 그 제도 틀로서 EAS와 동아시아FTA(이하 'EAFTA'와 혼용)를 제창했다. 또한 이 보고서의 제언을 검토하기 위한 기구로 동아시아연구그룹(East Asia Study Group, 이하 'EASG'와 혼용) 설치를 제안하고, 장기적 목표로서 APT를 EAS로 발전시키자고 제안했다.

이에 따라 설립된 EASG가 EAS 설치를 제안하는 보고서를 제출하자 말레이시아, 중국, 한국 등이 EAS를 개최하는 데 적극적으로 나서게 되었다. 2002년 4월 말레이시아 바다위Abdullah Ahmad Badawi 부수상과 중국의 후진타오 부수상 간의 회담에서 양국은 APT를 EAS로 개조하고 아세안과 한중일 삼국을 구성원으로 하는 게 적절하다고 선언했다. 이어 김대중 대통령과 마하티르 수상도 정상회담에서 동의를 표했다.

이러한 외교적 움직임 가운데 일본도 적극적인 행보를 시작했다. 고이즈미 준이치로小泉純一郎 수상은 2002년 1월 동남아 국가 순방 중 싱가포르에서 '일-아세안 포괄적 경제 연휴 구상'을 제안하면서 중국에 맞대응했다. 그가 제시한 동아시아공동체 구상은 "일본-아세안 관계를 기초로 하여 중국, 한국, 호주, 뉴질랜드 등을 이 공동체의 중심 구성원"으로 하면서, 이 공동체가 결코 배타적이지 않으며 이 지역에서 안보상 공헌과 경제적 상호의존관계 측면에서 미국의 역할이 "필수 불가결"함을 강조했다. 일본의 전략은 아세안을 중심축으로 끌어안으면서 여기에 호주와 뉴질랜드를 참여시키고, 한편으론 미일동맹체제와 동아시아공동체의 정합성을 강조해 미국을 배려하고 개입의 문을 열어놓는 것이었다. 다시 말해서 동아시아 공간에 일본 이외의 선진국(호주와 뉴질랜드)를 포함시켜 중국의 영향력을 상대화하고자 한 것이다.

그 밖에도 중국이 APT 10주년을 맞는 2006년에 베이징에서 APT정상회의의 개최와 동아시아안보공동체(East Asian Security

Community, EASC) 구상 및 EAS 창립회의 개최 등을 제안하면서 주도권을 장악하려하자 일본은 대중 견제 전략을 강화했다. 일본의 전략은 2004년 6월 EAS 출범을 준비하기 위해 열린 APT 고위급회의(Senior Officials' Meeting, SOM)에 〈논점보고서Issue Paper〉를 제시하면서 구체화됐다. 이 보고서에 담긴 핵심 제안은 크게 두 가지였다.

첫째, 기능적 접근을 명분으로 동아시아 영역의 확대를 꾀하는 것이다. 일본은 현재 역내의 현실적 여건 즉, 국가 간 경쟁, 민족주의의 건재함 등을 고려해 볼 때 포괄적이고도 높은 수준의 제도화는 어려우므로 FTA, 금융, 환경, 인간안보[47] 등 기능적 영역에서의 협력을 심화해 나감으로써 궁극적으로 고도화된 통합적 제도 틀을 마련한다는 접근 방식을 취했다.[48] 기능적 차원에서 볼 때 기존의 아세안과 동북아 삼국의 틀을 넘어 호주, 뉴질랜드, 인도를 포괄하는 확대된 영역을 지역의 범위로 설정해야 한다는 논리다. 예컨대, 경제협력의 측면에서 상호 의존이 심화되고 있는 세 국가를 추가해야 한다는 것이다.[49] 일본과 이들 세 국가 사이에 경제적 상호 의존의 정도가 심화되고 있는 추세임은 분명하다.[50]

둘째, 일본은 동아시아 공간을 공동체로 개념화하면서 기능적 협력을 넘어 공동체적 정체성을 지향했다. 전후 유럽이 부전不戰공동체와 민주주의라는 가치를 내건 것처럼 동아시아 지역은 자유, 민주주의, 인권, 법치, 시장경제라는 보편적 가치를 추구한다는 방향성

그림 9 동아시아정상회의에 참여한 국가군에는 인도, 호주, 뉴질랜드가 추가되었다.

출처: ASEAN

을 확립해야 한다는 것이다. 중국이 띄우는 공간 정체성이 동아시아 역사의 특수한 전통과 가치, 환경이라면 일본은 보편적이지만 사실상 서구적인 가치를 내걸었다. 그리고 이를 기초로 하여 호주, 뉴질랜드, 인도 등 지리적 측면에서 동아시아의 구성원으로 보기 어려운 국가들도 가치를 공유하는 구성원으로 참여시키는 포석을 놓았다.

요컨대, 일본은 '공동체'라는 용어를 사용함으로써 동아시아 지역을 가치와 이념을 공유하는 공간으로 개념화한 후, 자유, 민주, 인권, 법치, 시장경제라는 보편적 가치를 지역정체성을 구성하는 핵심 개념으로 삼아 여기에 중국을 편입시키고, 이를 벗어나는 독자적 행동을 할 경우 고비용을 부과하는 전략을 꾀했다. 특히 일본이 호주, 뉴질랜드, 인도를 동아시아공동체에 포함시키는 노력을 집요하게 경주한 이유는 이들이 위에서 언급한 보편적 가치와 이념을 공유하는 국가들이라는 점에서 이 세 나라의 존재가 중국을 보편가치로 결속하거나 압력을 가하는 데 유용할 것으로 판단했기 때문이다.[51]

동시에 이런 전략은 미국의 전략적 이해를 배려하는 의미도 가졌다. 사실 미국은 아무리 해도 동아시아 국가에 속할 수는 없다. 2006년도 미국의 〈국가안보전략보고서 National Security Strategy〉가 "미국은 동아시아에 대해 광범위한 이해관계를 지닌 태평양 국가 Pacific nation이다"라고 명기하고 있으므로[52] 동아시아공동체라는 이름의 지역에 미국이 정식 가입국이 되는 건 어려운 일이다. 다만 일본의 입장에서는 동아시아의 경제 및 안보에 사활적 존재인 미국의 이해와 배치되는 지역전략을 추구하는 일은 현실적이지 않으므로, 미국과 가치를 공유하는 동시에 군사동맹 관계인 호주와 뉴질랜드, 그리고 전략적 중요성이 증대되는 인도의 가입을 통해 미국의 전략적 수용성을 높이고자 한 것이다.

동아시아 공간을 둘러싼 중일 간 개념전쟁

이 같은 중국과 일본의 경쟁은 동아시아라는 공간을 아시아적 가치로 개념화하는 시도와 보편적 가치로 개념화하는 시도 사이의 경쟁 즉, 개념전쟁의 양상을 띠었다. 이때 이 두 개념의 전파 대상은 주로 아세안과 한국이었는데 이들의 수용도는 서로 달랐다.

EAEG를 제안한 이래 동아시아의 특수성을 강조해 온 말레이시아는 중국에 동조하여 APT를 EAS로 발전시키고자 한 반면, 아세안 내 최대국인 인도네시아는 EAS가 중국과 일본의 영향력 각축의 장이 될 것이라는 우려, 특히 중국이 주도권을 장악할 것이라는 우려로 인해 EAS 설치를 반대하고 APT의 존속을 주장했다. 그 이후 인도네시아는 2004년 11월 제10차 아세안정상회의와 제8차 APT정상회의에서 동아시아공동체 구축을 장기적 목표로 설정하는 것과 그 주요 수단으로 EAS를 설치하는 데 합의했다. 나아가 회원국 확대를 제안하는 일본의 손을 들어주었다. 호주, 뉴질랜드, 인도를 가입시키는 것이 EAS가 중일 경쟁의 장이 되는 것을 막고 아세안 주도성 및 자국의 영향력을 확보하는 길이라 판단한 까닭이다.[53] 싱가포르도 두 대국을 견제하기 위해서 보다 많은 국가들을 가입시키는 제안을 지지했다.[54] 결국 EAS 구성원이 아세안+6으로 결론이 났다.

이렇듯 동아시아 공간의 개념화를 매개로 한 중국과 일본의 각축은 두 개의 동아시아 즉, APT와 EAS가 병존하는 결과를 가져왔다. 애당초 동아시아공동체 구축을 위해 APT를 발전적으로 변환하여 EAS를 설치한다는 구도는 중일의 각축 속에서 APT와 별도로 EAS를 설립하는 쪽으로 귀착됐다. 중국의 영향력이 큰 APT를 그대로 EAS로 개편하는 안에 반대하는 일본, 인도네시아, 싱가포르 등이 EAS의 가입국 확대를 성취하자 원안에 찬성해왔던 중국, 말레이시아, 태국, 캄보디아는 APT로 회귀하여 APT의 주도성을 강조하고 나섰다. 이처럼 두 제도는 각각 동아시아공동체를 구축하는 데 중요한 역할을 담당한다고 선언했지만 '어떤 동아시아인가'라는 화두에 서로 다른 답을 가지고 있었다. 그리고 이 격차는 중국과 일본, 나아가 아세안과 한국, 호주, 뉴질랜드, 인도의 전략적 이해를 반영하는 것이었다. 이런 구도 속에서, 중국의 주도하에 APT는 아세안과 삼국으로 구성되는 동아시아FTA(East Asian FTA)를 제안한 반면 일본의 주도로 EAS는 아세안과 6개국 구성의 포괄적경제동반자협정 Comprehensive Economic Partnership for East Asia을 제안했다.[55] 공통적으로 동아시아라는 지리적 명칭을 쓰면서도 서로 다른 두 개의 경제권 구상이 병존하고 경쟁하는 현실은 의당 지속 가능하지 않았다. 그리고 이러한 동아시아 공간에서의 각축 이면에는 미국의 조용한 움직임이 작동하고 있었다.

아시아-태평양의 반격

 앞서 보았듯이 지리적으로 동아시아에 속하지 않았던 미국은 동아시아라는 지역 개념이 확산되는 것에 기본적으로 반대하는 입장이었다. EAEC나 AMF 구상에 직설적으로 반대 의사를 표명했고, APT에도 부정적인 태도를 보였다. 동아시아를 미국이 배제되고 아시아적 특수성이 강조되는 지역공간이라 판단했기 때문이다. 1997년 아시아 외환위기는 위기에 처한 국가들을 중심으로 워싱턴 컨센서스의 처방전을 받아야 했으므로 미국의 승리로 귀결됐다고도 볼 수 있으나, 역설적으로 이에 대한 반작용으로 동아시아 개념이 전면 부상했다.

 클린턴 정부 시기 적극 추진했던 APEC이 힘을 잃고 APT가 지역 질서를 주도하는 핵심 기제로 부상하자 미국은 직접적으로 개입하는 것을 삼갔다. 특히 2000년 조지 부시George W. Bush 정부가 들어서면서 미국은 APT가 주로 다루는 경제보다는 정치적 자유의 확산에 보다 정책적 관심을 기울였다. 비극적인 9·11 테러 사태를 기점으로 테러주의와 대량살상무기의 결합이 가져올 수 있는 최악의 가능성에 대비하고자 미국은 선제공격 개념을 도입하고, 군사적 변환을 강조하는 동시에 자유와 민주주의의 확산을 전략적 목표로 천명한 것이다.[56] 미국은 눈앞에 닥친 테러 위협에 대처하기 위하여 타국의 동의와 협력을 구하기보다는 직면한 안보 위협을 극복하는 데 일방주의적 태도를 취했다. 아프가니스탄을 공격해 탈레반 정권을 무너뜨리고, 이라크를 공격해 사담 후세인Saddam Hussein을 몰아내고 새로운 정권을 세웠으며, 이란, 북한 등 대량살상무기 생산 국가들에게 강경한 정책을 사용했다. 이 과정에서 미국은 '의지연합Coalition of Willing'을 외치면서 UN과 동맹국들의 동의를 경시하는 태도를 보여주었다.

이러한 부시 정권의 정책은 테러의 재발 방지, 확고한 본토 안보 시스템의 구축, 군사변환전략의 성공적 추진과 동맹전략의 점진적 변화, 반확산전략의 추진, 테러 지원 세력의 응징, 아프간과 이라크 내 민주화의 시작 등 일정한 성과를 거둔 반면 UN의 승인을 받지 않은 이라크 공격과 일방주의외교의 실패를 맛보았다. 또한 미국은 동맹국의 이탈, 세계적 시민사회의 반발, 선제공격전략으로 인한 국제법적 위법 논쟁, 미국의 소프트파워 약화, 이라크 내 반미 저항세력의 확산, 이라크전 개전 요인에 대한 정보 왜곡으로 신뢰의 실추를 맞기도 했다. 이러한 부시 1기 행정부의 실패는 미국의 군사력이 극대화됐음에도 불구하고, 미국이 목표로 한 반테러/반확산의 국가전략이 순조롭게 달성되지 않았다는 점에서 많은 고려 사항을 남겨놓았다.

부시 2기 행정부는 1기의 문제점을 극복하고자 이른바 '자유의 확산' 전략을 내놓았다. 미국은 여전히 압도적 군사력과 경제력을 기반으로 편재적 능력을 향해 나아가며 미국 본토 안보에 위협이 되는 적을 빠르고 확실하게 제압한다는 하드파워전략을 유지했다. 동시에 이념과 가치 즉, 자유와 민주주의의 이식이라는 소프트파워전략을 내걸었다. '자유의 확산' 전략은 테러리스트들이 양성되고 보충되는 소위 '불안정의 호Arc of Instability' 지역, 즉 정치적인 상황이 불안한 제3세계 국가들을 하루 빨리 민주화시켜야 이들 지역도 안정되고, 테러리스트들의 세력도 약화된다는 가정에 입각했다. 테러리스트들의 세력이 약화되면 자연히 미국과 동맹국의 본토 안보도 확보될 수 있으리라는 생각이었다.

2006년 〈국가안보전략보고서〉는 한편으로 폭정의 전초기지를 제압하여 민주, 정의, 인권의 가치를 확산하고 다른 한편으로 민주주의 공동체를 선도함으로서 여러 도전을 이겨내자는 목표를 명시했다.⁵⁷ 콘돌리자 라이스Condoleezza Rice 미 국무장관은 테러리스트와의 싸움이 비단 폭력을 통한 싸움뿐만이 아니라, 민심을 잡고 비전을 제시하는 가치관과 이념의 싸움이라는 점을 강조했다. 이른바 '자유의 결핍freedom deficit'이 테러리스트 집단 출현의 토양을 제공하므로 미국은 이 지역에 자유를 확산하기 위한 변환외교를 통해 본격적인 가치와 이념 싸움을 준비해야 한다는 이론을 내걸었다.⁵⁸ 다시 말해서 미국은 군사적·경제적·사상적 개입 등 다양한 수단을 통해 민주주의 국제사회를 건설하겠다는 것이다.

이런 까닭에 부시 정부는 아시아에 관여하는 일에 상대적으로 소홀했다. 부시 대통령은 재임 기간 동안 아시아 방문 일정을 축소하는 일이 많았고, 계획된 일정에 불참하는가 하면 APEC이라는 경제 협력의 장에서 회원국에게 대테러 전쟁에 적극적으로 참여해달라고 역설하여 불만을 사기도 했다. 라이스 국무장관 역시 재임 기간 아세안지역포럼에 2회 불참했다.⁵⁹ 이렇듯 부시 정부가 지역협의체나 지역조직에 큰 관심을 두지 않았던 또 다른 이유는 다자주의 제도의 효능에 대한 회의적인 태도, 즉 이들 조직이 실질적 성과를 도출하지 못하는 대화체talk shop에 불과하며 여러 협의체/조직 중 지배적인 지역제도로 발전할 가능성이 있는 후보가 없다는 인식 때문이었다.

이런 점에서 미국은 EAS 설립을 둘러싼 주요 세력 간의 외교전쟁에서 한 발 물러나 있었고, 2005년 EAS 출범 당시 일본이 옵저버로서 참가해달라는 요청을 했음에도 별다른 반응을 보이지 않았다. EAS는 경제 협력 중심의 APT와 기능적으로 차별성을 갖도록 "광범위한 전략적·정치적·경제적 문제들에 관하여 동아시아의 평화, 안정 및 경제적 번영의 촉진을 목적으로 하는 대화체"로 성격 규정을 함으로써 안보 문제에 관심을 가진 미국이 참여할 여지를 남겨 두었다.[60] 하지만 미국은 이러한 대화 기능이 정책에 직접적이고 구체적인 결과를 가져다준다고 보는 데 회의적이었다.

그러나 이러한 부시 정부의 지역 협력 경시 태도는 중국의 부상이 부각되면서 변화를 맞게 된다. 미국은 1997년 동아시아 외환위기를 수습하는 데 깊이 개입하면서 영향력을 증대했지만, 실물경제 차원에서는 중국의 경제적 비중이 급격히 상승했다. 특히 미국 동맹국들의 대중 무역 의존도가 대미 무역 의존도를 크게 상회하는 사태가 발생했다. 외환위기 이후 1999년에서 2009년까지 10년간 일본의 경우, 대미 의존도가 27.1퍼센트에서 13.7퍼센트로 하락한 반면 대중 의존도는 9.1퍼센트에서 20.5퍼센트로 급상승했다. 한국도 대미 의존도는 20.7퍼센트에서 9.6퍼센트로 하락, 대중 의존도는 8.6퍼센트에서 20.2퍼센트로 상승했으며, 호주의 경우 대미 의존도는 15.8퍼센트에서 8.1퍼센트로 하락, 대중 의존도는 5.7퍼센트에서 19.7퍼센트로 상승했다.

다른 한편 지역 내 무역네트워크의 확대와 심화 추세 속에서 미국이 소외되고 있다는 우려도 점증했다. 앞서 기술하였듯이 중국은 2001년 아세안과 FTA를 체결한 이후 2004년 APT 가맹 13개국 간 EAFTA를 주도했고, 일본은 이에 대항하여 EAS 16개국 간 동아시아 포괄적 경제 동반자 협정(Comprehensive Economic Partnership for East Asia, CEPEA)을 제안했으며, 한국도 칠레, 싱가포르, 일본, 아세안 등과 FTA 교섭을 진행하는 등, 동아시아 국가 사이에 차별적 자유무역협정이 급증했다. 이에 미국 기업들은 미국이 배제된 무역협정이 확대되어 미국 기업과 노동자들이 피해를 입을 것이라는 우려를 분출했다. 이어 미국이 아태 지역에서 전개되는 경제 통합 프로세스에 건설적으로 참여하지 않으면 경제적으로 불리한 입장에 서게 될 것이라는 하원의회의 증언까지 나오게 된다.[61] 이미 2000년대 중반 미국은 중국에게 태평양이 가로막혀 아시아 시장 진출에 곤란을 겪을 것이라는 현실적 도전을 걱정하고 있었고 그것이 한미 FTA에 적극적으로 나선 주요한 이유이기도 했다.[62] 나아가 미중 경제관계의 변화는 점차 미국의 전략적 우려를 자아냈다. 2000년대 당시 매년 2,500억 달러에 달하는 경상수지 적자와 1조 달러가 넘는 대중국 부채로 인해 미국이 중국에 취약성을 드러내고 있다는 점이었다.

이런 맥락에서 미국의 부시 정부는 동아시아 대신 아시아-태평양 개념을 재소환했다. 2006년 하노이에서 개최된 APEC 정상회의에서 미국은 아태 지역의 경제 통합을 향한 아태 FTA(FTAAP)를 제안했다. APEC 가입국이 참여하는 이 거대 FTA는 참가국 숫자만 21개국이고 국가 간 경제 발전의 차이를 고려할 때 사실상 실현 불가능한 제안이었다. 그럼에도 불구하고 미국이 이런 제안을 한 것은 중국 중심의 동아시아 통합 추세에 대한 견제구이자 미국이 통합 논의에서 주변으로 밀려나고 있다는 자국 기업의 불만을 달래는 방편이었다. 미국의 통상 당국도 정체된 WTO 도하라운드(다자간 무역 협상)의 재개를 위해 노력을 경주하는 한편, 한국과의 양자 FTA를 추진했다.

한편 미국은 2005년 APEC 참가국 중 싱가포르, 뉴질랜드, 칠레, 브루나이 4개 나라가 조인한 P4협정을 활용하고자 했다. 당시 콜롬비아 및 파나마와의 양자 FTA 협상이 중단되고, 한미 FTA는 의회 비준이 지연돼 재협상이 진행되는 가운데 미 무역협상대표부(Office of the United States Trade Representative, USTR)가 P4에 주목한 이유는 4개 소국小國과의 FTA가 시장 규모로는 미미하지만 고수준의 FTA이란 데 있었다. 미국은 중국이 주도하는 FTA가 낮은 수준의 자유화를 추구하고 있으므로 이와 대별되는 높은 수준의 FTA를 추구했다. 즉, 쌀과 낙농품 등 농산물시장을 포함하고 투자 및 서비스에서도 고수준의 자유화를 지향하는 한편, 위생 검역, 기술 장벽, 지적재산권, 경쟁정책, 전자상거래, 환경, 노동 규제 등 새로운 분야에서 다자 규칙의 제정을 지향했다.

부시 정부는 P4에 가입하고 이를 환태평양경제동반자협정(Trans-Pacific Partnership, 이하 'TPP'와 혼용)로 명명하며 회원국을 확대하는 이른바 유동합의living agreement를 추진할 것을 선언했고, 이어서 버락 오바마Barack Obama 정부는 TPP를 국가 경제정책의 핵심 축으로 삼았다. 2010년 1월 오바마 대통령은 연두교서 연설에서 자국 기업의 신흥 시장 진출과 수출 확대를 위한 국가 수출전략National Export Initiative을 발표하면서 향후 5년간 수출을 배가하고 200만 명의 고용을 창출한다는 야심찬 목표를 제시하고, 그 주요 수단으로 한미 FTA와 TPP를 지목했다. 또한 미 무역협상대표부는 의회에 제출한 보고서에서 FTA네트워크로 엮여가고 있는 아태 시장의 변화에 미국이 전면 개입full engagement하는 것만이 미국의 경쟁력을 유지할 수 있는 방법임을 적시하고, 주요 정책 수단으로 TPP의 의미를 강조했다.[63]

오바마 정부가 TPP 협상을 적극적으로 주도하기 시작한 2010년 즈음 TPP 협상국의 면면을 보면 호주를 제외하면 경제 소국들이었던지라 당장 TPP가 미국의 수출 및 일자리 창출에 기여할 여지는 적었다. 또 뉴질랜드와 브루나이 외 나머지 국가들과는 이미 양자 FTA를 맺어놓고 있었다. 따라서 세력 혹은 시장의 확장이 필요했고 태평양의 남쪽을 연결하여 동남아까지 다다른 TPP에 동북아(일본과 한국)를 연결하는 것이 관건이었다. TPP는 아태 공간의 다자 네트워크에 개별적으로 나라를 하나둘 편입시켜 세력을 확산하는, 일종의 연합 형성의 다자화라는 모습을 띠었다.[64]

TPP는 미국 경제의 부흥을 위한 전략적 수단인 동시에 미국의 아시아 개입 전략으로서 지역아키텍처의 한 축으로 부각됐다. 힐러리 클린턴Hillary Clinton 미 국무장관의 2010년 10월 '아시아-태평양에 대한 미국의 관여America's Engagement in the Asia-Pacific', 2011년 11년 '미국의 태평양 세기America's Pacific Century' 연설로 미국의 아시아 회귀 전략을 다음과 같이 정리할 수 있다.[65] 즉 (1) 양자동맹의 강화, (2) 중국 등 신흥국과의 파트너십 심화, (3) 지역다자제도에 적극 개입, (4) 무역과 투자의 확대, (5) 군사력 전진 배치, (6) 민주주의와 인권 신장이라는 6개 행동 원칙으로 구성된다. 힐러리는 지역 질서의 건축 측면에서 양자동맹과 파트너십뿐만 아니라 다자주의의 유용성을 강조하면서 경제 부문에서는 APEC을, 비경제 부문(핵 확산, 군축, 환경, 가치 등)에서는 EAS를 주 무대로 활동할 것이라 천명하고 APEC 부활의 핵심 수단으로 TPP를 강조했다. 이는 중국이 사실상 주도권을 행사하고 있는 아세안+3에 대항하는 것이다. TPP는 "아시아 지역의 도로 규칙을 제정하는 데 지도적 역할을 하는 통로"[66]이며 "경제적 재균형의 중심centerpiece of economic rebalancing이자 지역경제 통합의 플랫폼"[67]이라 규정되듯이 미국이 설계하는 지역아키텍처의 구성 요소로 한 축을 차지할 만큼 전략적 중요성을 가지는 정책 수단인 것이다.

동아시아 개념의 후퇴

힐러리 클린턴의 후임자인 존 케리 John Kerry 국무장관 역시 아시아-태평양 공간을 주 무대로 삼았다. 그는 널리 익숙한 '미국의 꿈 American Dream'의 연장선상에서 태평양 저편의 아시아 국가들과 함께 보편가치를 통해 안보, 경제, 환경, 사회 협력의 신시대를 열겠다는 비전의 '태평양의 꿈 Pacific Dream'을 제창했다.[68] 그는 아시아가 세계의 평화와 번영에 공헌하기 위한 원칙을 제시했다. 첫째, 동맹 네트워크를 중심으로 강력한 안보적 성장을 이룩하고 둘째, 개방적이고 투명하며 책임성을 갖는 공정한 시장체제의 성장을 기하며 셋째, 온실가스 감축을 중심으로 한 지속 가능한 성장을 수립하고 넷째, 민주주의, 법치, 보편적 인권 등에 기반한 정당한 성장을 추구하는 등 4개 성장의 원칙이었다. 이어서 대니얼 러셀Daniel Russel 국무부 차관보는 A.P 4.0이라는 새로운 지역 아키텍처를 제시한다. 아시아-태평양 공간을 대상으로 하여 TPP와 같은 규칙 기반의 개방적이고 진화하는 운영체계operating system를 갖춘 아키텍처 건축을 제시했다.[69]

미국은 보편가치를 띠우고 세련된 언어로 긍정적인 미래를 그리고 있었지만 워싱턴 컨센서스로 대표되는 신자유주의적 세계화 개념은 이미 1997년 외환위기 상황을 겪으면서 한계를 보였고, 2008년 리만 쇼크와 월 스트리트발 세계금융위기로 결정타를 맞았다. 금융 부문에서 세계화의 과잉이 체계적 위기를 초래했고, 특히 위기의 진앙이 신자유주의적 세계화의 모범국인 미국이었다는 점에서 미국 모델과 이를 바탕으로 한 국제 경제 질서의 탈정당화가 본격화된 것이다.[70] 이에 따라 아태라는 지역어 역시 쇠락의 길을 걷게 된다.

일본에서도 신자유주의적 세계화와 아태 개념에 대한 본격적 비판이 분출했다. 야당인 민주당은 집권 여당인 자민당이 추진한 신자유주의개혁 또는 미국식 세계화가 양극화二極化를 초래하는 등 일본 사회에 다양한 문제를 야기했다고 비판하며, 도농 격차, 빈부 격차를 완화하는 이른바 "생활정치" 공약을 내놓으며 2009년 중의원 선거에서 승리하며 정권을 획득했다. 이어 민주당의 하토야마 유키오

鳩山由紀夫 수상은 미국식 신자유주의를 전면적으로 비판하고 '우애友愛'를 키워드로 한 새로운 자본주의를 내걸었고, 대외적으로도 우애를 주요 개념으로 내세우면서 미국과 대등한 관계를 모색하는 동시에 국제 협력의 구조적 대안으로서 동아시아공동체를 실천하고, 특히 달러 기축통화체제의 쇠퇴를 계기로 동아시아 공동통화를 추진해야 한다고 주장했다.[71] 실제로 하토야마 수상은 2009년 싱가포르 APEC정상회의에 참석하여 동아시아공동체 구상을 제시하는 한편 APEC에 대해서는 언급하지 않는 등, 중국과 협력하여 동아시아공동체 구축에 역점을 두는 태도를 취했다.

그러나 민주당 정권은 2010년 9월 센카쿠(다오위다오) 영토 분쟁을 계기로 중국의 강압외교에 시달리며 미국과의 동맹 강화 노선으로 회귀했다. 동아시아공동체를 매력적으로 포장하고 전파하고자 하였으나 막상 동아시아 핵심 파트너인 중국과 대결 관계가 되자 이 구상의 현실적 한계를 절감한 것이다. 그 이면에는 무엇보다도 중일 간 국력의 역전이란 현상이 자리하고 있었다. 2000년대 양국 간 GDP의 격차는 지속적으로 좁혀졌고 2010년에 역전이 일어났다. 따라서 일본은 중국과 지역 질서의 주도를 둘러싼 경쟁을 지속하는 데 있어 하드파워의 열세에 직면했고 이를 만회하는 방법으로 미국과의 동맹 강화를 선택했다. 하토야마에 이어 수상에 오른 간 나오토菅直人는 힐러리 클린턴 장관의 아시아 회귀 전략을 환영하고, 센카쿠제도가 미일안보조약의 적용 대상임을 확인받고자 외교적 노력을 경주했으며, 아태 지역을 단위로 하는 TPP 교섭 참가를 검토한다고 선언하여 미국의 요청에 응한다는 태도를 보였다. 동아시아 개념을 둘러싼 중국과의 경쟁으로부터 동아시아 개념과 거리를 두는 행보를 보인 것이다. 요컨대, 민주당 정권은 동아시아공동체의 매력 공세를 투사하기에 국내외적으로 많은 취약성을 보이면서 3년 만에 아베 신조가 이끄는 자민당에 정권을 넘겨줘야 했다.

그렇다고 중국의 동아시아 개념도 대안이 되지는 못했다. 중국의 동아시아 비전은 동아시아적 특수성을 강조하고 있으나 베이징 컨센서스는 패권적 지위를 차지할 만큼의 매력은 부족했다. 중국 모델이 갖는 결함은 일차적으로 일당 지배 국가주의체제가 지역 질서를 주도한다는 점이다. 선진 민주주의 국가뿐 아니라 형식적으로라도 선거민주주의를 채택하고 있는 개발도상국들에게 매력적인 대안이 되지 못한다. 더 큰 결함은 중국의 비전이 제국적·패권적 발상을 담고 있다는 데 있다. 실제로 중국은 아시아 개도국들에게 경제적 기회를 제공하는 유용한 상대인 동시에 자국을 압도하는 강압적인 대국으로 비치고 있다. 중국이 내거는 비전의 내용과 실제 행동과의 괴리가 크기 때문이다.

제4장

인도-태평양의 등장과 경합

인도-태평양의 부상

　인도-태평양은 2010년대 들어 새롭게 등장한 지역이다. 인도양과 태평양의 연안을 연결하는 해양 공간을 지칭하는 이 용어는 지리적으로 아프리카 동부 연안부터 태평양 서부 연안까지 광대한 영역을 포괄한다. 기존의 아시아-태평양과 비교한다면 대륙적 정체성이 약화되고 인도와 동남아 일대 해양이 부각되는 공간이라 할 수 있다. 따라서 두 대양에 접해 있거나 여기에 상업적·전략적 이익이 깊이 걸려 있는 국가나 민간 행위자들은 이 용어가 힘을 얻으면 그 공간의 중심에 서게 되므로 관심과 열망을 표시하게 된다. 반면 대륙적 성격이 강한 곳에 위치한 행위자들은 부정적인 태도를 보일 것이고, 해양과 대륙적 정체성을 겸하는 반도 국가들은 모호한 입장에 놓일 것이다.

여느 새로운 개념들이 그렇듯이 이 개념도 등장과 함께 여러 비판적 의견이 개진됐다. 첫째, 인도-태평양이라는 개념이 두 대양을 너무 인위적으로 합쳐놓았다는 비판, 둘째, 지나치게 중국을 봉쇄하려는 미국의 계략이라는 비판, 셋째, 너무 광범위한 공간을 포괄해 피상적이며 지리적 공통성과 일관성이 없어 전략의 근간을 제공하는 지역으로 성립되기 어렵다는 비판, 넷째, 국가들 간에 인도-태평양이라는 지역을 지칭하는 개념이 상이하여 일관된 전략적 목표를 도출해내기 어렵다는 점 등이다.

그러나 이미 인도-태평양은 아시아-태평양을 대체하는 지배적 지역어로 부상했다. 현재 이 지역 개념 용어를 의도적으로 사용하지 않는 주요 국가는 중국, 러시아, 북한에 불과하다. 처음 그 모습을 드러낸 2010년대 초반과 대조적으로 10년여가 지난 현재 이 용어는 본격적으로 유통되고 있다. 그 연유는 지극히 전략적이다. 이 용어가 지역어로 급부상하게 된 것은 미국이 본격적으로 유통했기 때문이다.

2017년 12월 도널드 트럼프Donald Trump 정부는 국가안보전략을 발표하면서 인태를 주요 전략적 이익을 갖는 영역으로 명기한 이후 정부와 의회가 생산하는 모든 성명과 문서에 인태라는 지역어를 전면적으로 사용했다. 하와이 주둔 미군의 명칭도 태평양군에서 인

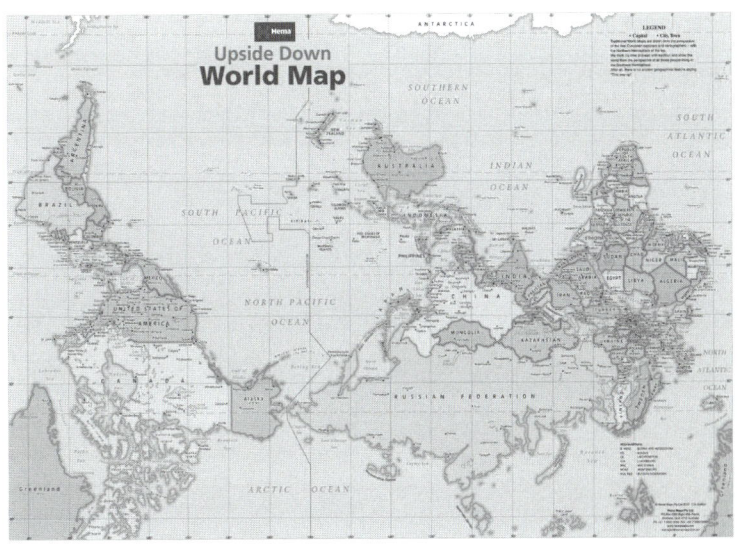

그림 10 전략 환경의 변화로 대두된 '인도-태평양' 지역을 거꾸로 보는 지도. 동남아, 호주, 인도가 전략적 요충지에 놓여 있다.

출처: Hema Maps

도-태평양군으로 변경됐다. 트럼프 정부가 이제까지 써온 아태 명칭을 버린 까닭은 이 용어가 변화하는 세상에 제대로 대응하지 못한다는 인식, 더 주요하게는 변화의 희망과 기대 지평을 열어주지 못한다는 인식에 있다. 그 변화의 중심은 중국의 전략적 지평선이 급속히 확대되는 데 있다. 중국을 다루기 위해 공간을 어떻게 구획해야 하는가. 인태는 이러한 전략적 고민의 개념적 표현이라 하겠다.

흥미롭게도 인태 개념은 미국이 아니라 기존 아태 개념의 확산을 주도한 국가들에 의해 제시됐다. 바로 일본과 호주였다. 해양국가로서 APEC 창설을 주도하며 아시아-태평양 시대를 열고자 했던 두 국가는 경제 개념에 근거한 아태를 대신하는 인태라는 새로운 전략 개념을 동원하고자 했다. 중국과 국경에서 분쟁 가능성을 높이고 있는 인도가 이 시도에 동참했으며, 결정적으로 미국도 인태 개념을 통해 공간을 지배하고자 찬성하고 나섰다. 이에 중국은 인태가 이들 4개국이 연대하여 자국을 봉쇄하는 일종의 아시아판 NATO 결성을 정당화하는 시도라고 반발하면서 기존의 아태 개념에 근거한 운명공동체를 주장하고 있다. 인태 대 아태 구도의 개념전쟁이 벌어지고 있는 것이다.

인도-태평양을 둘러싼 세력 배분 구조의 변화

　인도-태평양 개념이 등장한 배경에는 세 가지 커다란 전략 환경의 변화가 자리하고 있다. 첫째는 중국의 부상과 그에 대한 주변국의 불안감 확산, 둘째는 미국의 상대적 쇠퇴, 셋째는 대국 인도의 등장이다. 중국의 부상부터 살펴보자. 2000년대 중국과 일본이 지역 질서의 주도권을 확보하기 위해 경쟁하던 국면은 2008년 글로벌 금융위기를 기점으로 결정적인 변화를 맞이했다. 〈표 1〉은 세계은행 데이터를 써서 미쓰비시총합연구소三菱總合硏究所가 만든 그래프다. 중국은 2000년 당시 일본 GDP의 40퍼센트에 불과했으나 고도성장을 거듭하여 정확히 10년 만인 2010년 일본을 추월했다. 2007년 중국은 무려 14.2퍼센트의 경이로운 성장을 기록했고, 미국 GDP의

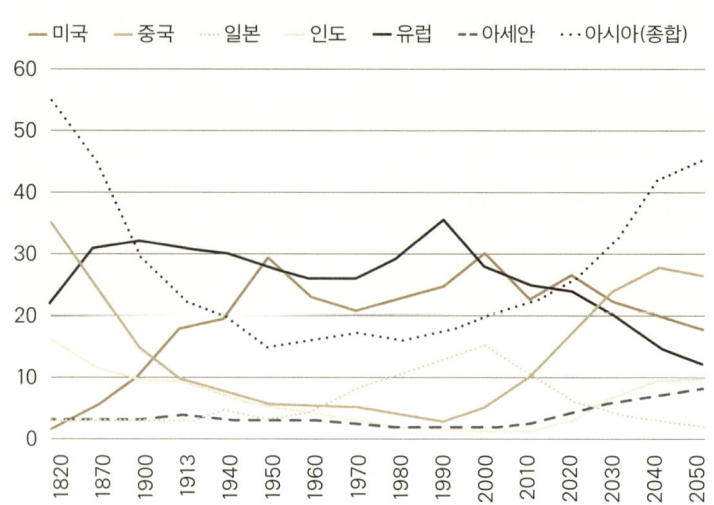

표1 아시아의 성장세가 두드러지는 세계 GDP 점유율의 추이와 예측 (단위: %)

40퍼센트에 이르렀다. 2008년 미국이 금융위기를 맞자 중국의 경제적 위상은 더욱 높아졌다.

이렇듯 덩치가 커짐에 따라 중국 외교의 기조 역시 변화하게 됐다. 이제까지 중국 외교 및 안보의 최우선 과제는 안정된 국제 환경을 확보하여 자국의 경제 성장을 지속해가는 것이었다. 이를 위해 이른바 중국의 부상은 평화적으로 이루어질 것이라는 '화평굴기和平崛起'와 능력을 숨기고 시기가 도래하기를 기다린다는 뜻의 '도광양회韜光養晦' 노선을 추구해왔다. 그러나 이는 과거의 일이 됐다. 2009년 이후 중국 정부는 이른바 대국외교大國外交 정책으로 전환하여 적극적으로 목소리를 높이는가 하면 국가의 생존이 걸린 핵심이익의 영역을 확장 정의하기 시작했다.[1] 영유권 분쟁 중인 남중국해와 동중국해를 핵심이익으로 간주하여 국제법에 의한 분쟁 해결 절차나 분쟁 당사국들과의 다자적 협의를 거부하고 일방적이고 강압적인 행보를 보이기 시작한 것이다. 남중국해에서 베트남과 필리핀과의 갈등, 항행의 자유를 둘러싼 미국과의 교착, 센카쿠열도에서 일본과의 대립 등을 거치면서 국제사회는 중국이 자국의 이익에 따라 기성 질서를 수정하려 한다는 인상을 강하게 받았다.[2]

2014년 들면서 시진핑 정부는 '중국 특색의 대국외교'를 내걸고 '아시아를 위한 아시아인에 의한 안보'라는 아시아 신안보관, 일대일로와 아시아인프라투자개발은행(Asian Infrastructure Investment Bank, 이하 'AIIB'와 혼용) 등 지역 질서 구상을 연이어 제창했다. 또한 UC 샌디에이고대학의 타이밍 청Taiming Cheung 교수의 표현을 따르면, 중국 정부는 국가안보, 기술 혁신, 경제 발전을 연결하는 이른바 "국가안보국가National Security State" 건설에 나서면서 군사적으로 '접근 저지/영역 거부(A2/AD)' 능력을 신장하는 한편 정밀타격 능력, 해양과 우주 공간, 사이버공간에서의 군사력 증강에 나서 미국과 군사력 균형의 변화를 꾀했다.[3]

특히 중국의 해양 진출은 중국의 수정주의적 경향을 더욱 적나라하게 드러냈다. 에너지 공급과 무역이 중국 경제의 생명선을 보장한다는 관점에서 해양으로의 진출을 적극적으로 시도하는 해양 실크로드 '일대일로一帶一路' 구상은 단순히 경제안보적 차원을 넘어서는 것이었다. 먼 거리에 있는 영토와 관련된 국익을 수호한다는 명분으로 해군의 현대화를 적극적으로 추진하면서 "세계적 전개 능력과 억지抑止"란 개념을 동원하여 항공모함, 공격형 원자력잠수함, 해병대 증강 등 자국의 원정 병력을 급속히 확대했다. 이러한 영향권 확대 시도는 아덴만에 진출하고, 지부티에 기지를 건설하고, 잠수함을 보내 인도양에 진출함으로써 자국의 권익을 확대하려는 행보로 이어졌다. 이와 함께 시진핑 정권은 개혁개방 시대의 정치체제에서 벗어나 보다 강화된 권위주의체제로 이행하는 가운데 공산당 지배체제의 정통성을 유지하기 위해 '중화민족의 위대한 부흥'을 뜻하는 중국몽中國夢의 가치를 내세웠고, 이러한 민족주의의 강조는 국제 분쟁의 위험성을 높였다.

둘째, 중국의 부상과 대조되어 나타난 현상은 미국의 상대적인 쇠퇴다. 2008년 세계금융위기는 미국 월 스트리트발 위기였던 만큼 월 스트리트로 상징되는 미국 모델 혹은 워싱턴 컨센서스의 위기는 곧 미국이 지탱해온 전후 자유주의 국제 경제 질서의 동요를 의미했다. 위기의 진앙인 미국은 스스로 기성 질서를 안정화하고 회복시킬 능력이 부재했으므로 세계 2위의 경제대국으로 부상하는 중국의 협조를 이끌어내야 하는 처지가 됐다. 중국을 포함한 G-20이 부상한 것은 기존 서방 중심의 G-7으로는 세계 경제를 관리할 수 없게 됐기 때문이고, 위기 극복 해법의 스포트라이트는 미국 GDP의 40퍼센트에 이른 세계 2위의 경제대국인 중국에 집중됐다.[4] 로버트 젤릭Robert B. Zoellick의 표현대로 중국은 이제 '책임 있는 이해관계자 responsible stakeholder'를 넘어서 지구 거버넌스의 양대 축 즉, G-2의 파트너로 그 지위가 격상된 것이다.[5]

2008년 세계적인 금융위기의 국면에서 출범한 오바마 정부는 경제 문제뿐만 아니라 기후 변화, 이란 핵 문제 등 지구적 사안을 처리하기 위해 미중 공동 거버넌스를 고려해야 했고, 이에 따라 미중 전략경제대화의 의제를 확대하고 차관급 전략대화도 신설하는 등 중국과의 파트너십을 중시했다. 2009년 오바마의 중국 방문 당시 양국은 공동성명을 통해 40개가 넘는 분야에서 협력할 것을 천명했고, 상호 핵심이익을 존중한다고 선언했다.

한편 오바마 정부의 대중 관여 정책은 아태 지역에서 본격적인 시험대에 올랐다. 미국 내에서는 경제적 번영은 중국에게 빼앗기고 아태 지역에서 경제적 영향력을 상실하고 미군 주둔에 따른 안보 제공처의 존재로만 남을 수 있다는 우려가 커졌다. 앞 장에서 본 것처럼 오바마 정부는 이른바 아시아-태평양 재균형rebalance 혹은 피봇pivot이라는 지역전략을 본격적으로 펼쳤다.[6]

미국이 제시한 지역 질서는 양자동맹네트워크 강화와 함께 파트너로서 중국에 관여하고, 관여의 수단으로 경제 부문에서는 APEC, 비경제 부문(핵 확산, 군축, 환경, 가치 등)에서는 EAS를 활용하는 것이다. 이런 가운데 미국은 역내의 경제적 주도권을 되찾아 오기 위해 환태평양경제동반자협정Trans-Pacific Partnership을 추진했다. 미국은 뉴질랜드, 싱가포르, 브루나이, 칠레 등 소국 간 P4 협정을 TPP로 확대하고 여기에 멕시코, 캐나다, 일본 등을 참여시켜 세계 경제의 40퍼센트를 차지하는 메가 FTA의 모습을 갖추는 성공을 거두었다. 특히 대형 무역협상에 주저해온 일본은 중국의 경제적 영향력이 확산되는 것을 견제할 필요성과 함께 2010년 여름 센카쿠제도에서 발생한 중국 어선의 영해 침범과 중국 정부의 희토류 수출 금지 조치, 일본 회사원 감금 등 일련의 사건을 겪으면서 미일 경제 협력을 통해 자국 안보에 대한 미국의 방위 의지를 확고히 하고자 했다.[7] 미국은 2015년 10월 TPP 교섭을 타결시켰고, 중국은 이를 미국이 주도하는 중국 봉쇄전략이라고 비판하면서 'anything-but-TPP' 전략을 펼치면서도 한편으로는 곤혹스럽게 TPP에 참가하는 것을 고려해야 했다.[8]

허나 문제는 미국 스스로에게 있었다. 미국 경제의 상대적인 부진 속에서 제조업의 쇠퇴와 중산층의 일자리 감소가 자유무역의 결과라는 여론이 확산됐고, 2016년 대선 과정에서 트럼프는 이 부분을 정확히 공략하여 집권에 성공했다. 트럼프 대통령의 TPP 탈퇴 선언은 한편으로 기성 아태 질서의 거부인 동시에 패권국으로서 미국의 위신을 결정적으로 실추시킨 상징적 사건이라 할 수 있다.

세 번째 변화는 인도의 등장이다. 인도는 14억의 인구 대국으로서 거대한 규모의 중산층을 갖고 있으며 특히 25세 이하 인구가 6억 명 이상인 세계 최대의 '청년대국'이다. 이 점에서 이미 고령화 추세에 접어든 중국과 대비되는 경제적 잠재력을 보유하고 있다. 세계 최대 규모의 민주주의 국가인 동시에 경제자유화로 연 7퍼센트대 고도성장을 이어가면서 인도는 2017년 구매력지수(purchasing power parity, PPP) 기준 세계 3위의 경제대국으로 발돋움했고, 명목 GDP 기준으로 프랑스를 뛰어넘었으며, 미래에는 미국, 중국과 더불어 3대 경제대국이 될 것으로 예상된다. 이와 함께, 인도는 개발도상국의 성장모델로 인식됐다. 또한 인도는 핵보유국이며 경제력의 상승 규모에 걸맞게 군사력을 증강하여 지역 내 군사대국으로 자리매김하고 있다. 인접 경쟁국인 파키스탄은 국내적으로 테러와 폭동, 경제 위기와 에너지 위기에 시달리고 있고, 인도는 중국과 국경 분쟁을 겪는 상황이지만 한창 부상하는 인도에게 이들은 심각한 존재론적 위협이 되지 못한다.

이런 가운데 인도는 'Look East'에서 'Act East'로 방향의 전환을 선언하면서 동남아, 호주, 일본과의 무역, 안보, 외교관계를 확대 강화하고, 중국의 인도양 진출에 대한 대응 활동을 본격화했다. 역으로 주요국들도 대국 인도를 향해 전략적으로 접근하기 시작했다. 일본의 아베 정부는 일찍부터 아시아 최대 민주주의 국가인 양국이 파트너십을 강화해야 한다는 입장을 견지했다.[9] 미국 역시 한반도, 동중국해와 남중국해 등 서태평양에 기울였던 전략적 관심을 인도양으로 확대하여 중국의 영향력을 제어하고자 했고 이런 차원에서 인도와의 협력이 중시됐다. 요컨대, 인도-태평양 개념의 부상은 인도의 부상과 궤를 같이하는 측면이 크다고 할 수 있다.

인도-태평양 개념으로 지정학적 변화를 꾀한 일본

　이러한 세력 배분 구조의 변화에 가장 먼저, 가장 민감하게 반응한 국가는 일본이다. 2000년대 미국이 테러와의 전쟁에 여념이 없는 동안 일본은 EAS 설립을 둘러싸고 중국과 개념전쟁을 치렀다. 동아시아공동체를 통해 동아시아 질서의 주도권이 중국으로 넘어가는 추세를 견제하고 좌절시키고자 악전고투했다. 일본은 동아시아라는 전략공간을 아세안 10개국과 한중일로만 한정할 경우 중국의 지배력을 제어하기 어렵다는 판단하에 인도, 호주, 뉴질랜드를 포함하는 확대된 공간 구상을 제시하여 중국의 위상을 낮추려 했다. 공간의 정체성을 구성하는 요소로 자유, 민주, 법치, 시장경제, 인권 등의 보편적 가치 개념을 동원한 이유도 이러한 가치를 공유하는 국가들을 편입시켜 동아시아라는 공간의 확대를 정당화하고자 한 데 있다.

그다음으로 이어지는 시도는 2006년 11월 아베 정부의 외무대신 아소 다로麻生太郎가 제시한 '자유와 번영의 호' 구상이었다. 일본은 동북아로부터 동남아, 중앙아시아, 코카서스, 튀르키예, 동유럽으로 연결되는 거대한 호arc를 구획하여 외교적 지평을 확대하고, 여기에 보편적 가치를 실현한다는 구상을 내놓았다. 스즈키 요시카즈鈴木美勝의 해석에 따르면 일본이 이제까지 볼 수 없었던 새로운 지리적 영역을 상상한 것은 당시 테러와의 전쟁을 치르고 있던 미국의 요청 때문이었다.[10] 미국은 테러조직을 양성하는 이른바 '불안정의 호arc of instability' 지역에 일본이 경제, 인프라, 교육 등의 영역에 대한 원조를 통해 미국을 돕기를 원했고, 일본은 미국과의 관계 강화라는 목표와 함께 스스로 보편가치를 외교의 기본으로 삼으려는 전략적 의지를 실현하는 차원에서 '자유와 번영의 호'란 이름의 국제협력정책을 추진했다는 것이다. 이 구상은 중국을 견제한다기보다는 테러조직의 확산을 막고 러시아를 견제하려는 전략적 성격이 더 컸음에도 불구하고 이를 통해 일본이 보편가치를 공유하는 미국, 호주, 인도와 전략적 협력을 강화하려는 의지가 표현됐고, 이는 호주와 인도를 끌어들인 동아시아 구상과 일맥상통했다.

한편 일본은 2006년 12월 인도와 전략적 글로벌 파트너십에 합의하여 해양안보 등 여러 영역에서 교류와 협력을 강화하고자 했고,

2007년 3월 호주와 '안전 보장 협력에 관한 일호 공동선언'을 발표하여 "민주주의 가치 및 인권, 자유, 법의 지배에 대한 헌신"과 "공통의 안보 이익"에 기초한 전략적 파트너십을 맺었다. 같은 해 5월에는 미, 일, 호주, 인도 4개국의 전략대화Quad(이하 '쿼드') 결성을 주도했다. 아베는 이를 '아시아 민주주의의 호Asian Arc of Democracy'로 명명하고, 동시에 4국 공동 군사훈련인 이른바 말라바르훈련Exercise Malabar에 참가했다.

특히 아베 정부는 인도와의 관계를 강화하는 데 역점을 두었다. 2007년 8월 인도 방문 당시 의회 연설에서 '두 해양의 합류Confluence of the two seas'라는 제목으로 '확대 아시아a broader Asia' 개념을 제안했다. 그는 인도양과 태평양이 자유와 번영의 바다로서 동적인 결합을 이루어야 한다는 지역 개념을 발신했다.

> 현재 [양국은] 역사적으로 지리적으로 (…) 두 개의 해양의 합류가 태어나고 있는 시점에 있다. 태평과 인도양은 이제 자유의 바다, 번영의 바다로서 하나의 역동적인 결합을 이루고 있다. 과거 지리적 경계를 넘는 '확대 아시아'가 명료한 형태로 나타나고 있다. 양국은 이를 넓고 열린, 투명한 바다로서 풍요롭게 키워나갈 능력과 책임이 있다.[11]

이렇듯 일본이 인도-태평양이라는 전략공간을 상상하는 것은 중국의 부상에 대응하기 위해 인도를 끌어안는 데에서 비롯된다. 중국과의 전략적 경쟁을 위해 인도양과 태평양을 연결하는 공간 지평의 확대를 꾀하고, 그 핵심 파트너로서 인도와의 전략적 동반자 관계를 구축하여, 보편적 가치를 공유하고 해양국가로서 해양수송로 안전에 사활적 이익을 공유한다는 정체성의 공유를 강조하는 전략이다. 아베 정부는 새로운 해양 전략공간으로서 인도-태평양을 개념화하고 인도와의 연계를 중심으로 하여 미국과 호주를 연결하는 네트워크 확대를 꾀한 것이다.

하지만 아베 정부에서 보여준 인도양과 태평양을 엮는 공간 상상력은 후임 정권으로 연결되지 못했다. 집권 1년 만에 하차한 아베 정권의 뒤를 이어 등장한 후쿠다 야스오福田康夫 정권은 아시아-태평양 개념으로 돌아가 '아시아-태평양 내해론'을 제시하면서, 유럽이 지중해를 내해로 하여 하나의 정치경제권을 형성했듯이 태평양을 내해로 삼아 아태 지역을 네트워크로 엮는 구상을 선보였다.[12] 그러나 후쿠다 역시 1년 만에 물러나야 했고 뒤이은 아소 정권은 1년 만에 민주당에 정권을 내주었다.

하토야마 정부는 일본이 미국과 대등한 관계를 모색하는 동시에 국제 협력의 구조적 대안으로 동아시아공동체를 실천해야 한다고 주장했다.[13] 그러나 이러한 민주당의 동아시아 구상은 2010년 9월 센카쿠해역에서 발생한 중국과의 분쟁을 계기로 급속히 내리막길을 건게 됐다. 해양강국론을 내걸고 공세적 노선으로 전환하며 해양 확장에 나선 중국은 남중국해에 인공섬을 조성하고 '구단선九段線'[14]에 기초하여 역사적으로 남중국해가 중국의 영해라는 주장을 강조함으로써 인도양에서의 영향력을 확대 및 강화하려는 시도를 본격화했다.

특히 중국은 센카쿠해역에서 위압적인 태도로 나오며 일본 사회에 안보적 충격을 가져다줬다. 일본이 센카쿠열도 주변에서 불법 조업을 하던 중국인 어부를 체포하자 중국 정부는 강력한 항의와 함께 자국민의 일본 관광을 금지하고 희토류 수출을 중지하는 등 경제 보복을 가했고, 이에 일본 정부는 어쩔 수 없이 중국인 어부들을 석방하는 굴욕을 겪었다. 때마침 이해에 중국의 GDP가 일본의 GDP를 추월하면서 일본인에게 또 다른 충격과 위협을 안겨줬다.[15] 이를 기점으로 동아시아공동체론은 급격히 후퇴했고, 중국위협론이 확산되면서 새로운 공간 개념을 필요로 하는 상황이 전개됐다.

2012년, 5년 만에 재집권한 아베 총리는 이러한 중국의 공세적 태세에 대응하여 인도-태평양 개념을 복원했다. 그는 미국, 호주, 인도, 일본 등 4개국이 인도양에서 서태평양에 이르는 해역의 안보를 추구하는 이른바 '다이아몬드 안보 협력' 구상을 밝혔다. 이 구상은 동중국해와 남중국해에서 중국의 해양 진출이 '항행의 자유'를 위협하고 있다는 경계감을 표출함과 동시에 4개국이 연대해 인도양에

서 서태평양에 이르는 공간의 해양 커먼즈를 수호하고 안보를 강화하자는 제안이었다.[16]

나아가 아베는 2013년 아세안 방문 당시 '일본 외교의 신新5원칙'을 제시하면서, "일본의 국익은 아시아 해역을 철저히 개방적이고 자유로우며 평화적인 공간으로 만들고 법의 지배가 관철되는 세계-인류의 공공재로 보존"하는 것이라 규정했다. 이로써 일본의 해양 정체성을 분명히 하고 보편적 가치에 기반한 해양안보 공간의 필요성을 강조한 뒤, "인도양에서 서태평양에 이르는 2개의 해양으로 (전략적) 중심을 이동"해 미일동맹과 함께 미국의 동맹국 및 파트너 국가들과의 네트워크를 구축해나가야 한다고 주장했다.[17] 이처럼 일본이 인도양과 태평양을 결합하고 인도-태평양 공간을 소환한 이유는 비록 중국을 직접 지목하지는 않았지만 중국의 공세적인 외교·안보 행보에 대항하기 위해서였다.

앞서 기술하였듯이 2013년 등장한 시진핑 정권은 대양해군화를 통해 해군력을 강화하고, 남중국해에서 무력으로 현상 변경을 시도하는 것과 더불어 일련의 지역 비전을 내놓으며 본격적으로 지역 질서 주도권 장악에 나섰다. 중국이 인프라 개발을 중심으로 경제적 관여를 강화하고 새로운 안보 개념으로 지역 내 안보 질서의 재구축을 시도하자, 아베 정부는 이에 대항하여 지정학적 지역 개념을 정립하고자 한 것이다.[18]

이때 아베의 지정학 지도에서 핵심적인 위치를 차지하고 있는 국가는 인도였다. 2015년 1월 기시다 후미오岸田文雄 외무대신은 인도를 방문해 자국의 외교전략을 제시하면서 공식적으로 인도-태평양 개념을 사용했다. 그의 연설은 2007년 아베 총리의 인도 연설을 업그레이드한 버전으로 인도-태평양의 평화와 번영을 위한 일본-인도 동반자 관계를 강조했다. 양국이 협력하여 인도양과 태평양을 연결하는 '가교'로 (1) 민주주의, 자유, 개방경제, 법치 등의 보편적 가치, (2) 일본-인도의 경제 및 기술 협력 심화와 남아시아-동남아시아 간 연결성 강화에 의한 활력 있는 경제, (3) 해양에서의 법치 존중 및 해양안보의 강화에 의한 '개방적이고 안정된 해양'을 이루어야 한다는 게 논지였다.[19]

이어 2016년 8월 아베 수상은 케냐 나이로비에서 개최된 아프리카개발회의(Tokyo International Conference on African Development, TICAD)의 기조연설에서 인도-태평양 공간의 성격을 인도양과 태평양 2개의 해양과 아프리카와 아시아 2개의 대륙을 각각 연결한다는 의미로 규정하며 아프리카(동부)를 관여시키려 했다. 그는 "일본이 태평양과 인도양, 아시아와 아프리카의 교제를 힘과 위압으로부터 무관하며 자유, 법의 지배, 시장경제를 중시하는 장으로 키워 이끌어 갈 책임"을 담당하여 "양 대륙을 잇는 해양을 평화롭고 규칙이 지배하는 해양"으로 만들기 위해 아프리카와 협력하겠다고 선언했다.[20]

2017년 일본은 외교청서에 이와 같은 담론을 "자유롭고 개방적인 인도·태평양(Free and Open Indo-Pacific, 이하 'FOIP'와 혼용)"으로 정리하고 이를 일본 외교의 신기축이라 선언했다. FOIP의 지정학은 (1) 중국의 확대되는 영향력을 견제하기 위해 (2) 해양안보를 중심으로 해양네트워크를 조성하고 (3) 보편적 가치를 지역 개념으로 설정하여 (4) 역내 국가들과 개발·무역·투자 등을 통한 연계성 connectivity 증진과 (5) 해양법 집행 능력의 구축, 인도적 지원, 재해구조 등 비전통 안보 협력을 추구하는 것이라고 정리할 수 있다.[21] 중국을 견제하고 배제하려는 의도를 명시화하지 않으면서도 보편적 가치를 강조하고 '개방과 법치의 해양'을 강조함으로써 중국을 견제하는 논리를 세우고 있다.

인도의 인도-태평양전략

일찍이 일본과 함께 인도-태평양을 지정학적 개념으로 인식한 국가는 인도다. 전통적으로 인도 외교는 군사동맹에는 참가하지 않고 자주 외교노선을 추구하는 비동맹 외교노선을 견지하고 있다. 인도는 세계 최대 규모의 민주주의 국가이자 경제적 부상국으로서 제3세계 혹은 지구 남반부Global South[22]의 맹주를 지향하는 만큼 개방성과 포용성을 외교의 주요한 가치로 삼아 모든 국가들과 우호관계를 구축하고자 한다. 구체적으로 인도양을 전략공간의 중심에 놓고 주변과의 연계를 확대하고 강화하여 자국의 영향력을 신장하고자 한다. 동쪽으로 태평양 지역에 관여하기 위해 동아시아정상회의와 아세안에 적극적으로 참가해왔으며, 서쪽으로는 인도양 서안(아프리카 연안)을 매개로 유럽과 아프리카를 끌어들이고 북쪽으로는 상하이협력기구와 국제남북회랑(International North-South Corridor, INSC) 등을 통해 중앙아시아와 유라시아로 연결하고 있다. 특히 중국 주도로 창설된 상하이협력기구에 2017년에 가입하여 적극적으로 활동하고 있는 점은 인도가 중앙아시아에서도 전략적 지위를 확보하려는 의도를 표출하는 것이라 할 것이다.

특히 벵골만 지역은 인도의 주요 전략적 관심사이다. 벵골만은 인도양과 태평양을 연결하는 통로로서 태평양 국가들의 핵심 무역 수송로다. 중국은 말라카해협이 봉쇄될 경우 육로로 미얀마를 거쳐 벵골만으로 나가고자 전략적 투자를 가속화하고 있다. 따라서 인도는 벵골만 특히 그 중심에 위치한 안다만제도와 니코바르제도 주변 해역이 양 대국 간 경쟁의 사활적 공간이 되고 있음을 인지하고 인도의 '주변 제일neighborhood First 정책'과 'Act East'정책의 주 대상으로 삼아 전략적 지위를 강화하고자 한다. 이렇듯 인도가 러시아, 일본으로부터 아세안을 거쳐 호주에 이르는 태평양 지역과 인도양의 연결성을 강화하는 데에는 표면적으로는 비동맹주의를 강조하면서도 그 이면에는 인도양 지역에서 점증하는 중국의 전략적 영향력에 대한 의식이 컸다.

특히 중국이 미얀마, 방글라데시, 스리랑카, 파키스탄에 군함의 기항이 가능한 항만을 확보한다는 '진주목걸이전략'을 추진하면서

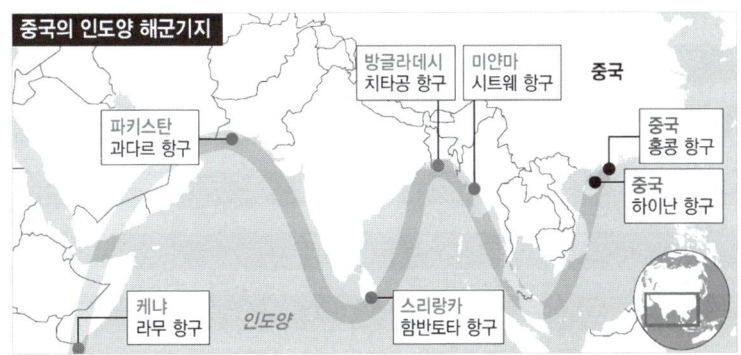

그림 11 인도양으로 적극적인 해양 진출을 모색하는 중국의 '진주목걸이'전략

출처: 한겨레

인도양으로 해양 진출을 확대하자, 인도양의 맹주를 자처한 인도는 중국과의 전력 차이가 급격히 축소됨을 인지하고 경계감을 높였다. 마침내 인도는 전통적 비동맹외교를 넘어서는 새로운 전략을 모색했다. 그 대표적인 사례는 2012년의 〈비동맹 2.0〉 보고서다.[23] 인도의 저명한 학자들이 모여 집필한 이 민간 보고서는 인도가 추구해야 할 정책 노선으로서, 전략적 자율성을 기본으로 하여 인도-태평양 지역을 단위로 한 다양한 지역 거버넌스 기제를 통해 지역의 안정을 기하고 무역과 투자를 확대하여 경제 발전을 이룩한다는 목표를 제시하고 있다. 이 보고서는 자국의 최대 도전 세력으로 중국을 지목하고, 급격히 팽창하는 중국의 군사력에 대항하기 위해서는 서태평양- 구체적으로 서해, 동중국해, 타이완해협, 남중국해 등지 -에서 미국이 강력한 해군력을 유지하고 일본이 해군력 증강에 나서

사진 5 | 일본과 인도의 밀월관계를 상징적으로 보여주는 일본 아베 총리와 인도 모디 총리의 회담 사진

출처: 나렌드라 모디 인도 총리 X(구 트위터) 계정

중국을 견제하는 것이 중요하다고 보았다. 인도-중국 간의 전략적 균형을 이루기 위해서는 비동맹 노선을 견지하되 미국, 일본, 동남아 국가들과의 협력네트워크를 확대 및 심화하는 연대외교를 통해 "다원적, 개방적, 포용적인 안보 아키텍처"를 건축해야 한다는 것이다.

이처럼 인도는 인도-태평양을 중요 전략공간으로 설정하고, 일본을 핵심 파트너로 삼았다. 2012년 만모한 싱Manmohan Singh 총리는 인도-아세안정상회의의 모두연설에서 "안정, 안심, 번영하는 인도-태평양 지역은 우리 자신의 진보와 번영에 필수적"이라고 선언하며 공식적으로 인도-태평양이라는 지역어를 사용했으며, 2013년 5월

인도-일본 의회의 우호협회 연설에서는 인도-태평양 공간에서 일본과의 협력을 강조했다.[24]

이어 2014년 집권한 나렌드라 모디 Narendra Modi 총리는 일본에 대한 접근을 가속화했다. 기왕의 이른바 '룩 이스트 Look East'에서 액트 이스트 Act East'로의 전환을 공표하여 일본, 동남아, 호주와의 무역, 안보, 외교관계를 강화할 것을 선언한 이후, 일본과의 관계도 보다 긴밀히 하고자 했다. 그는 취임 이후 첫 해외 방문지로 일본을 선택했고, 2015년 12월에는 아베 수상의 답방을 맞아 양국 관계를 "특별한" 전략적 글로벌 파트너십으로 격상하여 '일본-인도 비전 2025 특별 전략적 글로벌 파트너십', 부제로 '인도-태평양 지역과 세계의 평화와 번영을 위한 협력'이라는 공동성명을 내놓았다. 두 국가는 원자력 협정 체결을 향한 원칙에 합의하고, 인도 서부 고속철도 계획에 신칸센 시스템을 도입하며, 방위 장비 품-기술 이전 협정, 군사기밀보호조약 체결 등 경제와 안보 양면에서 협력을 강화하면서 "일-인 신시대의 개막"을 선언했다.[25]

이렇듯 일본-인도의 관계가 가속화한 주요 요인은 중국이 대양으로 진출을 본격화하는 전략 환경의 변화였다. 2013년 9월 중국은 동중국해에서 방공식별구역 Air defense identification zone 을 일방적으로 선포했고, 남중국해 구단선에 대해 더욱 완고한 입장을 취하며 그곳에 인공섬을 건설했다. 10월 들어 시진핑 주석은 "중국 정부가 설립한 중국-아세안 해상협력기금China-ASEAN Maritime Cooperation Fund을 유효하게 활용하여 해양 파트너십을 적극적으로 발전시키고 21세기 해양 실크로드 건설을 향해 공동의 노력을 경주"하자고 연설했다.[26] 일대일로 중 일로를 구축하겠다는 거대 구상을 선언하고, 이 일환으로 인도양에서 이른바 '진주목걸이전략'을 추진하여 인도에게 군사적 위협을 가중시켰다.

이러한 중국의 군사적 압박에 대항하는 인도의 안보 파트너는 미국이었다. 1992년 이래 인도와 미국은 매년 말라바르라 불리는 해군 합동훈련을 인도양에서 거행해왔다. 2007년부터는 연 2회를 실시하기 시작해 1회 차는 훈련의 영역을 태평양으로 확대하여 일본이 참가케 했고, 2회 차에는 호주와 싱가포르가 군함을 파견하여 벵골만에 함정 27척 이상, 항공모함 3개, 항공기 200대 이상이 집결한 거대한 군사작전을 수행했다.

이러한 군사안보적 고려와 함께 인도는 경제 성장을 유지하고 자국의 지역적·세계적 지위를 향상시키는 전략적 시험대로서 인도-태평양전략을 추진하고 있다. 모디 정권이 2015년 발표한 '지역 모든 국가를 위한 안보와 성장Security and Growth for All in the Region' 구상은 주변 해양국들과 해양 인프라를 공동 개발하고, 연결성을 촉진하기 위해 인도가 투자해 경제적 연계를 강화하려는 시도였다. 이 구상이 중국의 진주목걸이전략에 대응하여 인접국들과 해양안보와 해양 거버넌스를 강화하기 위한 이니셔티브라 한다면, 2019년 EAS에서 제시한 '인도-태평양 해양 이니셔티브Indo-Pacific Ocean Initiative'는 인도-태평양 공간으로 범위를 확장하여 해양안보, 재해 예방, 무역, 해양자원의 지속적 활용 등 구체적 의제에 대한 집단적인 대응과 협력관계의 구축을 지향하는 실용적 성격의 제안이다. 이는 특정한 문제에 대해 유지국(동지국)들이 주축이 되어 점차 참여국을 확대해가면서 해법을 마련하는 형태의 전략이라 할 수 있다. 또한 인도는 코로나19 이후로는 '쿼드Quad 플러스'를 통해서 감염병에 대한 공동 대응, 기술 협력, 인프라 협력 등 해양 관련 이외 의제에 대한 협력에도 적극 나서고 있다. 이렇듯 인도는 미국 주도 동맹네트워크에 의존하는 것이 아닌 사안별(대상 특정적)로 유지국들이 연계하는 유연한 다원적 협조질서를 선호한다.

이처럼 모디 정부의 외교는 중국에 대한 적절한 헤징hedging을 취하고자 한다. 앞서 〈비동맹 2.0〉 보고서에서도 중국에 대한 군사적 균형을 이루는 것과 더불어 경제 차원에서는 최대 교역국인 중국과의 협조와 경쟁의 균형을 이루어야 한다고 지적했듯이 모디는 안보적으로 중국을 자극하지 않는 한도 내에서 미국, 일본, 호주, 인도 간 쿼드 협력을 추진해 경제 면에서 양자협력관계를 양호하게 유지하고자 했다. 2014년과 2015년 말라바르훈련에 대한 중국의 반발을 무마하기 위해 중국과 국경에서 대테러 공동훈련을 실시하기도 했다.

요컨대, 인도의 인도-태평양 비전은 특정한 위협에 대항하려는 의도보다는 인도의 경제 성장을 지지하고 인도의 국제적 지위를 격상하려는 시도가 드러난다. 중국의 수정주의적 부상을 견제하는 것이 인태전략의 한 축인 동시에 해상수송로의 안전, 무역·금융·기술 분야에서의 관여와 협력을 통해 인태를 자국의 거대한 인구를 다양한 소비자 수요와 연결시키는 복합 전략공간으로 인식하고 있는 것이다.

호주의 인도-태평양전략

정부 공식 문서에서 자국이 속한 지역을 인도-태평양이라고 정의한 최초의 국가는 호주였다. 2013년 줄리아 길라드Julia Eileen Gillard 정부는 〈국방백서〉에서 에너지와 교역의 해상교통sealane네트워크를 상징적으로 묘사한 지도를 사용하면서 호주의 전략적 관심이 인[도양과 태평]양이라는 지역공간에 있음을 공식화했다.[27] 2010년대 초반 호주 정부의 외교, 국방의 수장이던 스티븐 스미스Stephen Smith와 데이비드 존스턴David Johnston은 모두 서호주의 퍼스Perth 출신으로 인도-태평양 개념의 강력한 지지자였다. 호주의 인도-태평양 개념에서 중심적 위치를 차지하는 지역이 바로 인도양에 접한 서호주의 퍼스이기 때문이었고, 호주 연방정부 입장에서도 지도상 인도-태평양이라는 영역

을 상정하는 경우 그 지리적 중심에 호주가 있기 때문이다.[28]

사실 2000년대 후반까지만 해도 호주는 일본과 마찬가지로 태평양에 전략적 중점을 두고 아태 개념을 통해 동아시아에 밀접히 관여하는 전략적 구상을 가지고 있었던 반면, 인도양에 대해서는 페르시아만과 유럽을 연결하는 경로 정도로 인식하여 포괄적인 전략적 견해를 갖지 못했던 게 사실이다. 그러나 2010년을 전후로 하여 중국과 일본이 경제와 안보 양 측면에서 인도양으로 국익을 확대하고 인도가 동진東進하면서 태평양에 대한 관여를 증대해감에 따라 호주는 태평양 지역과 인도양 지역 간의 전략적 연계가 증가하고 있음을 예민하게 관찰할 수 있었다. 호주는 중국이 서태평양을 넘어 인도양으로 영향력을 확대하고, 인도가 경제대국으로 부상하며, 미국의 군사적 영향력이 상대적으로 저하되고 있는 지정학적 현실과 미래 즉, 강대국 간의 경쟁이 태평양과 인도양에서 서로 연계되어 전개되고 있음을 내다본 것이다.

2009년 케빈 러드Kevin Rudd 총리는 중국과 인도의 경제적 부상에 따라 이들 국가 경제의 수송로이자 생명선인 인도양이 갖는 전략적 중요성을 인식하고 함대 규모를 배가하는 등 야심찬 지역전략을 내놓았다. 두 해역 간의 군사적·경제적 이동을 감시하는 관문gatekeeper 국가로서의 전략적 지위를 확보하려는 시도였다.[29] 이어서 2013년도 〈국방백서〉는 두 대양이 합류하는 동남아를 중심으로 '단일의 전략적 호strategic arc로서 인도-태평양의 출현'을 지적했다. 호주는 자국과 동남아를 지도의 중심에 놓고 새로운 전략공간을 구획함으로써 자국의 전략적 가치를 격상하려는 의도를 표출한 것이다. 줄리아 길라드Julia Gillard 정부는 《아시아의 세기》 백서를 출간하여 호주가 위치한 지역이 경제적으로나 전략적으로도 세계의 중심이 됐다며 인도-태평양이라는 용어를 사용했고 인도양의 두 민주주의 국가인 인도와 호주 간의 협력을 강조했다.

이러한 공간 구획의 이면에는 호주도 일본이나 인도처럼 중국의 영향력이 확대되어나가는 현상에 대응하는 전략적 이해가 있었다. 인도의 경우 중국과 영토 분쟁을 안고 있는 동시에 또 다른 분쟁 당사국인 파키스탄과 중국이 밀접하게 연계되어 있기 때문에 불필요하게 중국을 자극하지 않으려는 입장이었다. 반면, 호주는 지리적으로, 영토적으로 중국과는 거리가 있어 직접적인 안보 갈등에 처할 가능성은 낮다. 하지만 또 다른 측면에서 보면 호주는 인도와 달리 미국의 군사동맹국이며 또 다른 미국의 동맹국인 일본과도 긴밀한 안보 협력관계를 갖고 있기 때문에 이 두 나라의 대중 전략에 영향을 받을 수밖에 없다.

실제로 호주가 중국에게 보다 적극적이고 비판적인 자세를 취하고 있는 데에는 이런 까닭이 있지만, 더불어 중국 정부가 호주 내의 다양한 중국인 커뮤니티를 통해 주요 기관들에 영향력을 행사하는

'조용한 침공silent invasion'이 진행되고 있다는 인식이 확산된 측면이 더 크다.[30] 이에 호주는 외국의 내정간섭을 금지하는 법률을 대폭 강화하여 중국에 대응하고 있고, 나아가 세계 최초로 5G 통신네트워크 구축에 중국 기업 화웨이를 배제하는 등 강경 조치를 취했다. 또한 중국 정부에게 코로나19의 발생과 감염 확산에 대한 국제기구의 독립적 조사를 수용해야 한다고 주장해 중국의 강력한 반발을 불러일으켰다. 이에 대해 중국은 호주 수입품에 보복관세를 부과하고 중국민의 호주 관광 및 유학을 중단하는 등 경제적 압박을 가해 양국 관계는 최악의 상황을 연출했다.

그럼에도 불구하고 호주의 인도-태평양전략은 명시적인 중국 견제와 균형보다는 대국 간 경쟁의 장, 특히 미중 전략경쟁 속에서 호주가 담당할 건설적인 역할을 명확히 하고 있다. 호주국립대의 로리 매드카프Rory Medcalf 교수는 인태전략이 미중 경쟁하에서 미국의 전략으로 비춰질 경우 자칫 여타 국가들이 '양자택일binary choice'에 빠질 가능성 즉, 중국의 일대일로전략의 대안으로 강요될 가능성이 커지는 것을 경계했다. 그리고 호주의 인태전략은 역내 중견국과의 연대를 통해 협력 공간을 창출하고, 이를 바탕으로 중국을 포용하되 그 영향력을 '희석dilute'하고, 해양 영역에서 호주의 권익을 확보하며, 인도양과의 연계를 중시하는 가운데 인도와의 안보 협력을 용이하게 해야 한다고 주장한다.[31]

미국의 인도-태평양전략

　인도-태평양 개념이 지역 질서 건축의 중심 개념으로 부상하게 된 것은 무엇보다 미국이 전면적으로 이를 수용했기 때문이다. 2017년 1월 출범한 트럼프 정부는 기존의 아시아-태평양 개념을 인도-태평양 개념으로 전면 전환했다. 미국이 지역어를 교체하게 된 데에는 몇 가지 구조적 변화에 대한 인식이 자리하고 있다. 국내적으로 자국 경제의 상대적 쇠퇴, 특히 아태 공간의 핵심 개념인 신자유주의적 세계화가 미국 제조업의 쇠퇴와 중산층 일자리 감소를 초래했다는 인식이 확산되었다. 트럼프는 반자유무역, 반이민 정서를 정확히 포착하여 외세로부터 공동체의 수호, 주권(국경)의 회복을 강조하는 서사를 만들어내어 집권했다.[32] 특히 자유무역과 투자로 미국의 블루칼라 일자리가 중국에게 이전되고 있다는 즉, 반무역정서가 반중정서로 연결되는 현상이 두드러졌다.[33]

둘째, 지경학地經學적 측면에서 장래 중국이 미국 경제를 따라잡을 것이라는 두려움과 함께 중국이 국제 질서를 자국 이익에 맞추어 수정할 것이라는 우려가 깊어졌다. 미국은 중국이 지경학적 관점에서 세계화를 오용, 왜곡하여play by different rules 자국과의 경제적 격차를 축소하고 있다는 인식이다. 기존의 아시아-태평양 질서가 경제적 경쟁자인 동시에 안보 위협국인 중국과의 경제적 상호 의존을 심화시켜 국가안보를 훼손한다는 인식이 증가했다.[34]

이러한 배경에서 트럼프 정부는 중국과의 경쟁이 단순히 국력 경쟁이 아니라 국제 질서 주도권 장악이라는 전략적 경쟁으로 인식하고 이를 실현하는 방편으로 인도-태평양 개념을 도입했다. 2017년 10월 렉스 틸러슨Rex Tillerson 국무장관의 국제전략문제연구소(Center for Strategic & International Studies, CSIS) 연설, 11월 트럼프 대통령의 아시아 순방 연설, 12월 〈국가안보전략National Security Strategy 보고서〉 등을 통해 미국은 중국의 행태를 역내의 주요 위협으로 적시하면서 인도-태평양을 "세계 질서에 대한 자유로운 비전과 억압적인 비전 사이에 지정학적 경쟁이 전개되는 장소"로 규정하고, "자유롭고 개방된 인도-태평양 지역 증진"이라는 '비전'을 내걸었다.[35]

더불어 항행의 자유, 분쟁의 평화적 해결, 법의 지배, 인프라 투자의 투명성, 공정하고 호혜적인 무역협정 등 중국을 견제하는 원칙을 개괄적으로 제시했다. 트럼프 정부가 집권 초기에 내건 '미국우선주의America First'와 '힘을 통한 평화Peace through Strength' 슬로건, 그리고 양자주의 정책만으로는 중국을 통제하고 지역을 안정적으로 관리하기 어렵다는 판단의 결과라 할 수 있다. 그러면서 한편으론 이러한 구상이 특정국을 겨냥한 배타적인 것이 아니라는 점, 그리고 중국과 협력을 강화하는 걸 희망한다는 의사도 명시했다.

2018년도 들어 미국은 '인태구상'의 명칭을 '인태전략'으로 수정하고, 구체적인 이행 계획을 발표했다. 그해 5월 태평양사령부 명칭을 인도-태평양사령부로 변경하고 제임스 매티스James Norman Mattis 국방장관과 마이클 폼페이오Michael Pompeo 국무장관, 마이크 펜스Mike Pence 부통령이 연이어 안보, 경제, 거버넌스, 개발 사업 등을 발표했다. 주권 존중, 선정good governance, 기본권 보장, 항행의 자유와 개방, 분쟁의 평화적 해결, 공정·상호적 무역, 투자 환경의 개방, 연계성 증진 등 공통의 가치와 원칙을 제시하고, 중국에 대해 "협력 가능한 부분은 협력할 수 있다"면서도 남중국해와 동중국해에서 중국의 행동이 개방과 자유의 가치에 반하며 국제 규칙과 규범에 적합하지 못하다고 비판했다.

미국은 전략의 구체적 이행 방안으로 디지털 경제 분야에서 '디지털 연계성 및 사이버안보 파트너십', 에너지 분야에서 '아시아 엣

그림 12 중국의 부상에 대항해 미국 국방부가 출간한 〈인도-태평양전략 보고서〉(2019.6.1)

지EDGE', 인프라 분야에서 '인프라 거래 및 지원네트워크' 등에 총 1.13억 달러 규모의 신규 투자를 약속했다. 또한 의회에서 개발 지향 투자 이용 향상법 BUILD을 통과시켰으며, 국제개발금융공사(International Development Finance Corporation, IDFC) 신설 및 600억 달러의 개발 금융 규모 확대를 선언했다. 이어서 트럼프 대통령은 11월 G-20정상회의를 계기로 사상 최초로 미일인 정상회담, 미일, 미호 양자 정상회담 등을 개최하여 동맹국 및 파트너국들과 최고위급 협력을 추진했다.

미국의 이러한 정책은 중국의 일대일로 구상에 대응하는 차원이라 할 수 있고, 또한 역내국들이 중국 견제 정책의 함의에 대해 우려하는 분위기를 감안하여 경제, 투자, 개발 분야에 방점을 둔 것으로 볼 수 있다. 안보 분야의 경우도 해양안보 파트너국들의 연안 레이더 기반 해양영역 탐지(MDA) 역량 강화, 탐색 및 구조 역량 강화, 초국적 범죄 대응, 역내 평화 유지 활동(PKO) 역량 강화 등 주로 비전통 안보 분야의 역량 강화 지원 차원으로 한정했다.

2019년 한 발 더 나아가 미국은 중국에게 무역적자 해소와 시장 개방을 요구하면서 보복관세를 전격적으로 부과했고, 첨단기술 분야에서 화웨이에 강력한 제재 조치를 발동하는 등 거칠게 중국을 몰아붙였다. 이런 가운데 6월 싱가포르에서 개최된 샹그릴라 대화에서 미국 국방부는 군사, 외교, 경제 3면에서 중국을 본격적으로 견제하는 인태전략을 선명히 드러낸다. 〈인도-태평양전략 보고서〉를 요약한 패트릭 섀너핸Patrick Shanahan 국방차관의 연설은 기왕의 인태전략이 우회적으로 중국의 행태를 비판해온 것을 넘어 중국을 현상 변경 세력이자 역내 국가들의 사활적 이익에 대한 '최대 장기적 위협 세력greatest long-term threat'으로 적시했다. 또한 인태 지역을 중국의 억압적 질서에 대항하여 자유주의 질서를 수호하는 공간 즉, 상호 공존할 수 없는 강렬한 가치관이 대립하는 공간으로 정의했다.[36]

또한 미국은 자유무역, 다자주의, 영토 보전, 법치 등 보편가치에 기반한 지역 질서를 구축하기 위해 경제, 군사, 외교 3면에서 중국과 본격적인 경쟁을 선언했다. 첫째, "경제안보가 국가안보다economic security is national security"라는 명제하에서 인태의 자유와 개방성에 기초한 여러 경제정책 목표와 수단을 제시하는 한편, 둘째, 군사적 측면에서 막대한 예산 투자를 통해 기술 혁신에 기반한 막강한 군사력 증강 노력을 기울이겠다고 선언했다. 셋째, 외교 면에서는 동맹국 및 우호국과의 전략적 관계, 지역 수준의 소다자minilateral 및 다자 안보네트워크를 강화하는 장기 투자를 아끼지 않겠다고 선언하고 구체적인 정책 목표를 열거했다. 이어서 에너지 인프라 지원법인 'BUILD'를 통과시키고 관련 기관을 설립해 신규 투자를 끌어 모아도 그 규모가 중국이 추진하는 일대일로의 10분의 1에 불과하여 지경학적 수단에는 한계가 있으므로, 군사적·외교적 카드를 풀가동하여 본격적으로 중국을 견제하겠다는 의도를 표출했다. 이렇듯 인태의 핵심 개념은 다분히 자유주의 국제 질서와 연결되어 있어 트럼프의 '미국우선주의' 및 '거래 비용 중심적 접근'과는 결이 다른 부분이 있다.

2021년 등장한 조 바이든Joe Biden 정부는 기본적으로 중국 견제라는 전임 정부의 목표를 계승하고 있다. 토니 블링컨Tony Blinken 국무장관은 상원 지명 승인 청문회에서 "미국은 중국과의 경쟁에서 승리"하는 것을 목표로 하며 "트럼프가 중국에 보다 강력한 대응을 취한 것은 옳다"고 증언하며 기본적인 노선을 유지할 것임을 분명히 했다. 반면, 바이든 정부는 전임 정부와 차별적으로 자유와 개방의 인도-태평양을 유지하기 위한 민주국가 간 '집합 능력collective capacity'과 '공동 행동collective action'을 강조했다.[37] 이는 중국에 비해 경제적 자원 투입 능력이 제한되어 있다는 미국의 물리적 한계를 반영한 전략이기도 하다. 예컨대, 중국의 일대일로 프로젝트는 총 1조 달러 규모의 정부 재원을 사용한 국가 주도 사업인 반면 미국의 경제 개발 지원 프로그램들은 규모도 적은 데다 민간 기업의 투자 확대를 유도하겠다는 것이어서 기업의 호응이 어려운 역내 개도국의 현실에 비추어 볼 때 중국에 비해 현저히 열세다.[38]

따라서 바이든 정부는 동맹국 및 파트너국과의 집합 능력을 향상시켜 경쟁하는 접근법을 강조했다. 글로벌 리더십 복원, 중국의 팽창 억제, 그리고 첨단기술 및 군사 부문에서 중국을 상대로 압도적 우위를 확보하는 목표를 독자적으로 성취하기는 어려우므로 미국은 동맹네트워크의 강화, 민주주의 가치에 기반한 국제적 연대 등 동맹국 및 파트너국과 공동 전선을 구축하고자 노력하는 것이다.

취임 초기 바이든 정부는 쿼드를 중시하여 쿼드정상회의를 추진했고, 인태전략의 핵심으로 일본, 한국, 호주, 필리핀, 태국과의 동맹관계를 강조했다. 또한 다자주의와 소다자주의를 강조하며 미일인, 미일호, 한미일 등 삼각 협력도 적극 추진하고 있다. 커트 캠벨Kurt Campbell 백악관 인도-태평양 조정관은 부채살동맹네크워크에서 한국과 일본 같은 동맹국 간의 협력이 중요함을 역설했고,[39] 이러한 노력은 2022년 2월 공표한 〈인도-태평양전략 보고서〉에도 잘 드러나 있다. 미국은 인태전략의 행동 계획action plan으로 쿼드와 한미일 삼각 협력 등 소다자정책, 미-아세안의 협력 그리고 인도와의 양자 협력을 적시하며, 향후 10년간 이러한 집합적 노력이 중국의 수정주의 시도의 성패 여부를 결정지을 것이라 주장하고 있다.[40]

인도-태평양전략에 대한 중국의 저항

　미국의 인태전략이 중국의 영향력이 확장되는 것을 저지하려는 지정학적 개념을 담고 있다는 사실이 분명해지자 중국은 곧바로 대항 의사를 밝혔다. 2018년 왕이王毅 외교부장은 피닉스TV와의 인터뷰에서 인도-태평양 개념은 "인도양이나 태평양의 거품"과도 같아서 일단 주목을 받겠지만 곧 사라질 운명이라 폄하하고, 쿼드 4개국이 인도-태평양은 어느 특정국을 지목하는 것이 아니라고 공식적으로 밝히고 있으니 이들의 수사修辭와 행동이 일치하기를 기대한다고 덧붙였다.[41]

　이전 장에서 보았듯이 개혁개방 이래 중국은 기본적으로 미국이 주도한 경제 중심적인 아시아-태평양 개념과 제도를 수용했고, 안보 면에서는 미국의 동맹질서가 타이완, 남중국해, 동중국해에서 자국의 핵심이익을 저해하지 않는 한 수용하고 자제하려는 자세를 보였다. 그러나 2012년 출범한 시진핑 정권은 국력 신장에 걸맞은 지역 및 국제 질서를 조성하기 위해 '인류운명공동체' 건설을 제안하고 그 핵심 전략으로서 일대일로 구상을 제시했으며, 주요 수단으로 AIIB와 브릭스BRICS은행을 설립했다. 군사안보적으로는 남중국해와 동중국해에서의 주장을 강화하고, '아시아를 위한 아시아의 안보체제 구축'이라는 야심찬 제안을 내놓음으로써 '중국식 먼로독트린' 즉, 아시아 안보체제에서 미국을 배제하는 지역 구상이라는 해석을 불러일으키기도 했다.[42]

시진핑 정부는 자국의 신성장동력 확보 차원에서 추진했던 일대일로 구상을 지역 및 지구전략 차원으로 격상하여 인프라 건설 중심의 투자 진출뿐 아니라 다양한 영역의 협력으로 확대하여 지역 및 지구 거버넌스의 새로운 플랫폼으로 만들고자 했다. 경제 원조, 인프라 협력, 남중국해 행동준칙 등으로 연계 발전하여 지역의 새로운 규칙 기반 질서를 만들고자 한 것이다. 이런 점에서 중국은 미국의 인태전략을 자국의 일대일로전략에 대한 견제와 경쟁으로 인식하고 있다. 특히 중국은 인도양을 '석유항로'와 '무역항로'로 일컬으며 전략적 생명선으로 간주해 파키스탄, 스리랑카, 말레이시아, 캄보디아, 미얀마를 중요 전략 거점으로 확보하는 노력을 경주해왔는데,

미국의 인태전략이 인도양으로 해양 출구를 구축하려는 이러한 중국의 전략적 노력을 저지하기 위한 대중국 봉쇄망의 구축 기제라고 인식하게 됐다.

한편, 중국 내에서는 미국이 과연 인태전략을 수행할 의지와 자원을 가지고 있는지에 대한 의문이 제기되기도 했다. 첫째, 인태전략은 지역전략으로서 경제 축이 빈약하다고 평가했다. 경제적 측면에서 중국의 점증하는 경제적 영향력을 상쇄할 만한 구상과 능력이 뒷받침되어 있지 못하다는 것이다.[43] 실제로 트럼프의 미국우선주의에서 보듯이 미국은 TPP 탈퇴를 선언할 만큼 자국 산업 보호와 고용 유지에 경도되어 있어 인도-태평양 지역의 경제적 안정과 발전을 위한 공공재를 제공하는 역할을 담당할 만한 패권적 능력을 갖고 있지 못하다. 이에 대해 당시 폼페이오 국무장관은 2018년 7월 인도-태평양 비즈니스 포럼에서 인태 내 개발도상국을 중심으로 미화 113만 달러 상당의 투자를 약속했으나 이는 중국의 일대일로 투자 규모에 비견될 수 없는 소액이었다.

둘째, 중국은 역내 다른 국가들이 미국의 인태전략을 전적으로 지지하지는 않을 것이라 판단했다.[44] 대표적으로 미국이 협력 파트너로 중시하는 인도는 중국 견제에는 동의하지만 중국을 포위하고 자극하는 데에는 반대하면서 전략적 자율성을 강조하고 있어 쿼드 내 약한 고리로 남아 있다. 또한 중국은 미국이 역내 국가들을 이끌

충분한 경제적·안보적 유인을 제공하지 못하고 있다는 인식을 갖고 있었다.

그러나 2019년을 전후로 미국이 노골적으로 중국 비판에 나서고 무역과 기술 분야에서 압박을 가하자, 중국은 미국의 인태전략에 깊은 우려를 표시하게 된다. 2019년 마크 에스퍼Mark Esper 미 국방장관은 중국의 착취적 경제, 지적재산권 탈취, 글로벌 커먼즈의 무기화 등을 인태지역의 불안정을 초래하는 주 원천으로 지목하여 비판했다. 경제 면에서는 2018년 7월 미국이 340억 달러 상당의 중국 제품에 고율의 관세를 부과하면서 미중 무역전쟁을 불러일으켰다. 첨단기술 분야에서도 미국이 중국의 '중국제조2025' 전략을 목표로 삼고 화웨이와 주요 중국 기업을 대상으로 수출 통제에 나서자, 중국 정부는 미국 기술에 대한 과도한 의존도를 낮추기 위해 기술 자립을 선언하며 맞대응에 나섰다. 이러한 일련의 사태를 겪으며 중국 정부는 미국이 쿼드 4개국을 결집하고 주변국들을 유인하여 중국을 포위하는 네트워크를 본격적으로 구축한다고 믿었다.

왕이 부장은 "인태전략의 진정한 목적은 인도·태평양판 NATO를 만들려는 것이고 미국 주도의 패권체제를 지키기 위해 아세안 중심의 역내 협력 구조에 충격을 주고 역내 국가의 전체적·장기적 이익을 훼손하는 것"이라면서 "이 역류는 역내 국가들이 평화를 추구하고 발전을 도모하며 협력을 추진하고 실현하려는 염원과 배치되는 것으로 반드시 미래가 없다"고 강조했다.[45] 이런 입장은 같은 해 7월 파키스탄의 빌라왈 부토 자르다리 Bilawal Bhutto Zardari 외무장관을 만난 자리에서 다음과 같이 반복됐다.

> 미국의 인도-태평양전략은 아태 지역에 점점 큰 경계와 우려를 낳고 있다. 이 전략은 아태라는 지역어와 효과적인 아태 지역 협력체제를 지우려 할 뿐만 아니라 수십 년간 역내 국가들에 의한 평화와 발전의 성과와 기회를 소멸시키려 한다. 인태전략은 사실상 분열과 대립을 조장하고 평화를 저해하는 전략이다. 어떻게 포장하더라도 이 전략은 실패할 수밖에 없다.[46]

중국이 인도-태평양 개념을 거부하고 아시아-태평양을 지향한다면 새로운 개념을 담아야 한다. 왜냐하면 과거 아태 개념이 신자유주의적 세계화란 경제 개념을 담았고 2008년 리만쇼크와 세계금융위기 이후 결정적인 쇠락의 길을 걸었기 때문이다. 중국이 아태라는 지역어를 고수하기 위해서는 신자유주의적 세계화를 대신하는 새로운 지역 개념을 내걸고 인태와 개념전쟁을 치러야 한다. 왕이 부장은 아태 운명공동체를 다시 강조하고 있다.

> 중국은 시종일관 아태 지역에 뿌리를 내리고 아태 지역을 건설하며 아태 지역에 혜택을 가져다주고 있다. (…) 역내 대항을 야기시키고 집단 대립을 조성

하는 주장에 대해 우리는 단호히 반대한다. (…) [중국은] 대항적인 인태 소집단을 저지하고 아태 협력의 넓은 무대를 함께 구축하여 아태 운명공동체를 향해 손잡고 나갈 것이다.[47]

중국이 말하는 이 '운명공동체'는 유교적 색채를 띤 개념으로 주권 존중과 불간섭의 원칙을 고수하고, 인권보다는 경제 발전을 중시하는 공간으로서 중국이 그 중심적 역할을 담당하여 포용적이고 공정하며 조화로운 지역 질서를 구축하겠다는 것을 뜻한다. 또한 이런 개념은 중국의 지구전략인 글로벌 안보 구상(GSI)과 글로벌 개발 구상(GDI)에도 연결되어 미국 주도의 냉전적 동맹체제를 배격하고 대안적 모델을 제공하고자 한다.

하지만 문제는 역내 다수 국가들이 주권과 불간섭, 개발을 강조하는 지역 질서를 환영하는 동시에 미국이 주도하는 동맹체제가 지역의 안정과 평화에 기여하며 나아가 경제 발전과 통합을 가능케 한다고 믿는다는 데 있다. 더욱이 중국이 점차 전랑외교戰狼外交와 경제 보복 등 강압적 외교에 경도되는 경향이 가시화되고, 주권과 불간섭 원칙을 강조하면서도 기본적으로 중국과 역내국 간의 비대칭적 혹은 수직적 관계를 규정하는 것에 대한 우려가 커지고 있어 중국 모델의 수용성은 약화되고 있다.[48]

인도-태평양 지역의 과잉 안보 딜레마

미국이 중국과의 경쟁을 단순히 이익 차원을 넘어서 가치와 규범, 체제 차원의 이질성에 근거하여 전개한다는 점, 그리고 군사안보 분야에서의 경쟁을 강조하는 점은 미국의 동맹 및 파트너국들에게 상당한 고민을 던져줄 수밖에 없다. 미국의 핵심 동맹국인 일본은 군사적 억제와 구조적 관여까지 비교적 넓은 스펙트럼에서 중국을 다루어왔다. 일본은 오랜 기간 중국을 안보 경쟁국으로 간주하지 않았지만 2010년과 2012년 센카쿠해역 충돌 이래 경쟁 관계를 형성해왔다. 반면 경제적으로는 중국은 일본에게 가장 중요한 파트너로서, 2021년 기준으로 대중 교역 규모는 대미 교역의 1.6배에 달하며, 중국은 일본의 최대 수출국인 동시에 생산 면에서 일본 기업의 글로벌 공급망의 주요 부분을 점유하고 있다.

따라서 경제적으로는 전략적 호혜관계 혹은 상호의존관계를 유지하는 한편, 안보적으로는 전략적 경쟁관계를 이끌어 가는 이중적 입장을 견지해왔다. 이런 점에서 다자 규칙과 규범을 강조하는 인태 구상은 중국의 경제적 영향력과 강압 외교를 견제하는 동시에 미국의 일방주의에 대응하는 기제로 활용할 수 있는 것이다.

2018년 1월 아베 총리는 시정 방침 연설에서 FOIP가 지향하는 규칙 기반 국제 질서를 강조하면서 "이렇듯 큰 방향성하에서 중국과도 협력하여 증대하는 아시아의 인프라 수요에 대응"한다고 말했다. 〈2018년 외교청서〉에서는 (1) 항행의 자유, 법의 지배 등 보급과 정착, (2) 국제 기준에 부합하는 '질 높은 인프라' 정비를 통한 연결성 강화 등에 의한 경제적 번영의 추구, (3) 해상법 집행 능력 향상 지원, 방재, 비확산 등 평화와 안정을 위한 조치 등 3개 방향을 제시했다. 이 연설에서는 그동안 강조해왔던 민주주의라는 용어가 빠짐으로써 보편적 가치에 기초한 중국 배제의 논리가 희석됐다.[49]

이로써 중국과 일본의 관계도 변화를 맞이한다. 2018년 1월 고노 다로河野太郞 외무상이 베이징을 방문한 것에 이어 왕이 부장 등 중국 정부 요인이 도쿄를 방문했고, 과거 8년간 중단됐던 '일중 고위 레벨 경제 대화'가 재개됐다. 이어 10월 아베 총리와 시진핑 주석 간의 중일정상회담에서 일본은 제삼국 인프라 투자에 중국과 협력하면서 "개방성, 투명성, 경제성, 대상국 재정의 건전성" 등 4개 조건부 협력을 천명했고 52개 건에 관한 양해각서를 채택했다. 이는 인태와 일대일로와의 접점을 추구하는 행보다.

이런 맥락에서 12월 발표한 〈방위계획대강〉 역시 인태 지역에서의 "다층적, 다각적 안보 협력 강화"와 "해양 질서의 안정"이라는 표현을 사용하여 중국을 견제하는 전통적인 지정학 색채를 약화시켰다. 2019년 들어서 일본 정부가 '전략'이라는 표현을 '구상(비전)'으로 바꾼 것도 중국을 의식한 처사였다. 중국 경제와의 전면 '디커플링decoupling'이 불가능한 일본은 중국을 전략적 경쟁자 혹은 가상의 적으로 규정하지 않고 경제적 협력을 추구하고자 했다.[50]

문제는 2020년 코로나19 위기가 본격화되면서 미중 대립이 심화된 데 있다. 감염병 확산의 책임 소재를 두고 중국을 비난하는 국제 여론에 대해 중국 정부가 이른바 '전랑외교'로 강경 대응하고 문제를 제기한 호주에게는 거칠게 경제 보복을 가하자 일본 내 대중 이미지는 급격히 악화됐다. 또한 인류 운명공동체를 내걸면서 다른 한편으로는 홍콩 내 반대 시위의 폭력 진압, 신장 위구르 자치구에서의 인권 유린, 타이완에 대한 무력행사 위협 등 모순적 행위가 이어지면서 일본의 대중 위협론이 고취됐다.

이런 흐름 속에서 2022년 12월 기시다 정부는 〈국가안전보장전략〉, 〈국가방위전략〉, 〈방위력정비계획〉 등 3대 안보 문서를 개정하여 중국을 안보 경쟁자로 적시하면서 2027년까지 방위비를 기존의 GDP 1퍼센트에서 2퍼센트로 증액하고, 전력을 증강해 반격 능력의 향상과 사이버 공간, 우주 공간, 전자파 능력 등 이른바 '통합 억제 integrated deterrence' 강화에 투자하겠다고 밝혔다. "현재 중국의 대외적인 자세와 군사 동향은 일본과 국제사회의 심각한 우려 사항이며, 일본의 평화와 안전 및 국제사회의 평화와 안정을 확보하여 법의 지배에 기반한 국제 질서를 강화하는 데 있어 이제까지 없던 최대의 전략적 도전"이므로, 일본은 "종합적 국력" 신장과 함께 미일동맹 및 한미일 안보 협력 등 "동맹국 및 동지국 등과의 연대에 의해 대응"한다는 것이다.[51] 아베 정부 초기인 2013년도 〈국가안전보장전략〉에서는 중국을 "우려"의 대상인 동시에 "전략적 호혜관계 구축"을 지향하는 국가로 지칭했으나, 9년 후에는 "도전" 세력으로 지칭한 것이다. 그럼에도 불구하고 여전히 일본에게 중국은 경제적으로 가장 중요한 파트너로서 일본의 최대 수출국인 동시에 생산 면에서 일본 기업의 글로벌 공급망의 주요 부분을 점유하고 있었으므로 비록 중국을 안보적 경쟁관계로 보고 방위비 증가를 단행하긴 했으나 이를 위해 경제 교류를 제한하고 경제를 희생하는 선택은 피하고자 했다.

미국의 다른 핵심 동맹국 호주 역시 인도-태평양 지역에서 중국을 견제하는 것보다는 대국 간 경쟁의 장, 특히 미중 간 전략 경쟁 속에서 호주가 담당할 역할을 명확히 하고 있다. 해양 영역을 중시하는 호주의 권익 확보, 인도양과의 연계를 중시하고 인도와의 안보 협력을 용이하게 하는 동지국 혹은 중견국들과의 협력 공간을 창출하고자 한다.

인도는 호주보다 좀 더 중국을 포용하는 입장을 취하고 있다. 인도의 모디 총리는 2018년 샹그릴라 대화에서의 연설에서 인태 지역의 포용성과 개방성을 강조하며 중국에 대한 배타적 전략에 선을 그었다.

> 인도는 인도-태평양 지역을 하나의 전략, 혹은 소수 회원들의 클럽, 혹은 지배를 추구하는 집단으로 보지 않는다. 또한 특정 국가를 지목하여 반대하지도 않는다. 인도의 인태 비전은 (…) 진보와 번영을 추구하는 모든 이를 포용하는 자유, 개방, 포용의 지역이다.[52]

아세안 국가들은 한 발 더 나아가 포용성과 개방성의 원칙을 강조하고 있다. 이들은 동남아 지역에서 강대국들의 전략 경쟁이 점증하는 데 깊은 우려와 함께 대응책을 고심하게 됐다. 남중국해 갈등에서 보듯이 이들은 중국의 강압적인 행동 및 주장에 대한 우려로 미국의 지속적 개입을 선호하면서도 동시에 트럼프 정부의 자국우선주의와 군사 중심적 접근 방식으로 역내 국가들이 각각 친중親中과 친미親美로 갈려 아세안이 분열될 수 있다는 점을 우려했다. 그런 맥락에서 아세안은 인도-태평양 개념에 대한 통일된 입장을 마련해야 했다.

그 결과 2019년 11월 아세안정상회의에서 '인도-태평양에 대한 아세안의 관점ASEAN Outlook on the Indo-Pacific'이라는 공동성명을 내놓게 된다. (1) 아시아-태평양과 인도양을 아세안이 중심적·전략적 역할을 하는 긴밀하게 통합되고 상호 연결된 지역으로 인식하고, (2) 인도-태평양 지역이 경쟁이 아닌 대화와 협력의 장이라는 것, (3) 인도-태평양 지역은 모두를 위한 발전과 번영의 공간이라는 것, (4) 해양 영역과 발전하는 지역 구도에 대한 시각의 중요한 요소라는 의견으로 정리할 수 있다. 여기서 핵심은 첫째, 인도-태평양 지역에서 아세안 중심성ASEAN Centrality를 강조하고, 둘째, 인도-태평양이 강대국 간 경쟁과 갈등의 공간이 아니라 경제 협력과 연계성 강화의 공간이며 따라서 '포용성inclusiveness'을 강조하여 특정국(중국)을 배제하는 구상이 아니라고 규정한 점이다.

이에 대해 미국, 인도, 일본, 호주 등 이른바 쿼드 국가들은 인도-태평양에 대한 시각을 발전시킨 아세안의 노력을 환영하면서, 아세안 중심성과 아세안 주도의 지역 구도에 강력한 지지를 재확인하고 자국의 전략과 연계하여 시너지를 낼 수 있다고 인식했다. 반면, 중국은 인도-태평양이라는 지역어 사용에 원초적인 거부감을 갖고 있기 때문에 이 성명에 공식적이고 적극적인 지지를 보내지 않았다.

깊어가는 한국의 고민

한국 역시 아세안과 유사한 처지였다. 자국우선주의와 거래 중심적 접근으로 한미동맹을 대하는 트럼프 정부의 한반도에 대한 지속적 개입을 확보해야 했다. 또한 미국과 보조를 맞추는 차원에서 인도-태평양전략을 수용하는 경우, 중국을 안보 위협국으로 간주하고 군사적 견제 함의의 지경학 수단으로서 보편가치의 확산, 경제적 연계와 인프라/개발 협력을 추구하는 데 동의할 수 있어야 했다. 그렇지 않다면 주체적으로 인도-태평양 개념을 정의하고 한국발 인도-태평양전략을 내놓아야 했다.

중국의 영향력이 확대되는 것을 견제하려는 미국, 일본, 호주, 인도가 인도-태평양 개념을 정의하며 공간을 구획하려는 경쟁을 치열하게 전개하는 시대 흐름에 비추어 보면 한국은 한반도와 동북아 공간에 매몰되어 있었다. 2017년 들어선 문재인文在寅 정부는 내용도 모호한 '동북아 플러스 책임 공동체 구상'을 내놓았고, 러시아를 겨냥한 신북방정책을 야심차게 띄웠다. 에너지 확보 차원에서 러시아 극동 지역, 극지, 북극항로 개발 등을 내세웠으나 이는 사실상 한반도 중심 사고에 그쳤다. 즉, 북한 문제를 풀기 위해 러시아 연해주 등 북방 지역을 활용한다는 계산에만 경도되어 있었다는 뜻이다.

한편, 신북방정책과 쌍을 이룬 신남방정책은 아세안과 인도를 겨냥한 것이다. 문재인 정부는 3P 즉 사람people, 번영prosperity, 그리고 평화peace라는 원칙을 내걸고 아세안 및 인도와 거리를 좁히는 협력에 자원을 투입했다. 그러나 실제로는 중국 다음으로 큰 동남아 시장을 공략하며 중국 시장에 대한 과도한 의존을 축소하려는 의도가 내재된 경제적 목적의 정책이라 할 수 있다.[53]

요컨대, 백영서白永瑞 교수의 표현을 빌리면 한국은 '한반도 민족주의'에 빠져 있었다. 신남방정책은 동남아를 주主 전장으로 하는 '인도-태평양 대 아시아-태평양' 구도의 개념전쟁에서 유리됐다. 그 결과 신북방정책 이니셔티브는 주목을 받지 못하고 조용히 폐기됐고, 신남방정책은 미국의 인태전략과 접합점을 찾는 수단으로 활용됐다. 인도-태평양 개념의 수용 여부가 미중 대립의 장으로 변질되는 속에서 한국은 미국의 인태 개념을 추수追隨할 것인지, 기존의 미중 등거리 외교 스탠스를 견지할 것인지 두 갈림길 사이에서 고민을 거듭했다.

제5장

동북아에서 인도-태평양으로

한국, 동북아 vs. 인도-태평양

2010년대 후반 인도-태평양 개념이 대세가 되자 한국은 커다란 전략적 고민에 빠졌다. 인도-태평양이 한국에게는 낯선 공간이었기 때문이다. 근대에 진입한 이래 한국이 사용한 지역어는 아시아, 동아시아, 동북아시아, 아시아-태평양 등으로서 '아시아'가 빠진 지역을 상상하기 어려웠다. 또한 인도양은 한국인의 삶의 터전과 전략적·상업적 이익 관계가 약한 공간이기도 했다. 특히 악화될 대로 악화된 한일관계 속에서 일본의 아베 총리가 띄운 "자유롭고 개방적인 인도-태평양" 개념을 트럼프 대통령이 전격 수용하고 지배적인 개념으로 전파하자 한국은 난감한 상황에 빠졌다. 더욱이 중국이 이 개념에 반대하면서 미중 양강兩强의 개념전쟁이 전개되자 한국의 난처함은 고조됐다.

사실 한국은 동북아시아라는 지역어에 가장 친숙하다. 제정러시아에 기원을 두고 20세기 초 미국이 본격적으로 사용하기 시작한 동북아는 해방공간에서 한국에 도입되었고, 냉전기에는 커다란 주목을 받지 못하고 잠복해 있다가 탈냉전과 함께 전면적으로 부활했다. 1988년 노태우盧泰愚 정부는 북방정책을 통해서 대륙으로 한국의 전략공간을 확대하려는 시도를 개시했고, 그 일환으로 동북아평화협의회의를 제안했다. 공식적으로 동북아가 지역 협력의 단위로 본격적으로 등장하는 시기였다. 이어서 김영삼金泳三 정부는 동북아안보대화기구, 김대중 정부는 동북아다자협의체를 주창했고, 노무현 정부 때 동북아 개념은 전성기를 맞았다. 국정의 3대 목표로 '평화와 번영의 동북아시대 추진'이 설정되었고, 이를 추진하는 주체로 동북아중심추진위원회가 출범했다. 이어서 박근혜朴槿惠 정부도 '동북아 평화 협력' 구상, 문재인 정부도 '동북아 플러스 공동체' 등을 국정 과제로 내세우며 동북아라는 지역어를 중시해왔다.

이러한 흐름은 불과 얼마 전부터 바뀌기 시작했는데, 2022년 12월 윤석열尹錫悅 정부는 공식적으로 '한국의 인도-태평양전략'을 발표했다. 같은 해 5월 윤석열 대통령과 바이든 대통령 간의 정상회담 공동성명에서 "한국의 인도태평양전략 프레임워크"를 준비하겠다는 문구가 들어갔고, 그보다 앞선 2021년 5월 문재인 대통령과 바이든 대통령 간의 정상회담에서도 인도-태평양이라는 지역어가 공식적으로 사용되었다. 2010년대 주요국들이 인도-태평양 지역전략 혹은 구상을 차례로 내놓은 이후에야 인태라는 열차에 뒤늦게 승차한 셈이다. 그렇다면 한국이 이렇게 다른 나라에 비해 늦게라도 "친숙한 동북아"에서 "낯선 인도-태평양"으로 전환한 이유는 무엇일까. 한국은 인도-태평양에 어떤 개념을 담고자 하며, 어떤 전략적 이익을 얻고자 하는가.

동북아시아 개념의 기원과 탄생

　동북아시아Northeast Asia는 본래 역사적·문화적·정치경제적으로 특정한 성격을 갖기보다는 단지 유럽에서 볼 때 아시아의 동북쪽에 위치한 지역을 일컫는 용어였다. 이를 북동아시아로 번역하지 않는 이유는 서양의 방위方位 관념이 북→남→동→서 순인 반면, 동양은 동→서→남→북 순인 까닭이다.[1] 그래서 'North-South Problem'은 '남북문제'로, 'Southeast Asia'는 '동남아시아'로 번역한다. 이 지역어의 등장은 '동남아시아Southeast Asia'라는 공간의 형성과 관련된다. 1940년대 전반 미국과 유럽이 일본의 대동아공영권을 허물기 위한 군사작전을 전개하는 과정에서 동남아시아라는 지역이 지칭되었고, 이와 짝을 맞추어 동북아라는 이름이 등장했다. 미국과

그림 13 러시아가 영토적으로 확장하는 방향을 묘사한 타르타리 지도(17세기 말)

출처: Map Mogul

소련, 그리고 중국이 일본제국을 군사적으로 압박하면서 서로 만나게 되는 전략적 영역이 그것이다. 미국은 특히 소련의 동진에 의해 형성되는 최전선 즉, 중국과 일본, 한반도를 중심으로 한 지리적 경역을 동북아로 불렀다. 이런 점에서 동북아는 지정학적 개념이라고 할 수 있다.

동북아라는 명칭의 기원은 북동 타르타리Tartary라는 지도에서 유추되었다고 알려져 있다. 17세기 말 네덜란드의 외교관 니콜라스 빗센Nicolas Witsen의 저작에 나타나는데, 그는 러시아의 차르와 대화하면서 러시아가 영토적으로 확장하는 방향은 시베리아를 거쳐 중국으로 가는 길과 카스피해를 거쳐 페르시아로 가는 길임을 설명하면서 그 두 광활한 공간을 타르타리로 불렀다. 오늘날의 볼가, 크리미아, 코카서스, 중앙아시아, 중국(특히 동북 지역), 몽골, 연해주, 사할린을 포괄하는 유목·수렵 지역이다. 여기서 북동 타르타리는 우랄에서 시작해 캄차카에 이르는 지역을 가리킨다. 타르타리라는 용어는 19세기에 러시아가 동진東進하여 중국과 국경을 마주하고, 따라서 이 지역이 러시아에 편입되면서 사라졌고, 이 지역명은 아시아로 대체되고 곧 동북아시아로까지 변화하게 된다.[2] 그러나 당시 가장 빈번하게 쓰인 용어는 영국이 사용한 극동Far East이었다.

구미에서도 지극히 낯선 용어였던 동북아는 20세기 초 미국에서 재발견된다. 러시아사 전문가인 스티븐 코트킨Stephen Kotkin은 버클리대의 로버트 커너Robert Kerner 교수가 1931년 러시아/소련의 대외 관계 연구 차원에서 'Northeast Asia Seminar'를 설치한 배경을 추적한 바 있다.[3] 코트킨에 따르면 커너는 스탈린이 내전과 기근을 극복하고 사회주의 계획경제체제를 통해 급속한 산업화에 성공하여 다시 강대국으로 등장한 현실에 주목했다. 또한 소련이 동진하면서 일본제국에 압박을 가하고 태평양으로 진출하는 전략적 상황을 체계적으로 이해하기 위해 소련-중국-일본의 '동북아 삼각관계Northeast Asian triangle'를 주의 깊게 연구해야 한다고 주장했다. 커너에게 동북아라는 지역은 소련의 동진과 미국의 서진西進이 조우하는 최전선frontier으로서의 지정학적 공간이었다.

일본의 진주만 침공과 전쟁 말기 소련의 개입으로 동북아는 지정학적 대립이 첨예하게 벌어지는 공간이 되었고, 전쟁이 끝난 후에는 미국 국무성 편제에 중국과 일본의 문제를 다루는 '중국과' 및 '일본과'가 설치되었는데 이와 별도로 동북아 지역의 전략적 관계를 다루는 '동북아과Office of Northeast Asian Affairs'도 설치되었다. 미군정 치하에 있던 일본 역시 한반도와 그 주변을 담당하는 부서로 '북동아시아과'를 설치했다. 한반도를 둘러싼 소련-중국-일본 삼각관계의 지정학적 공간을 담당하는 부서였다. 한국 역시 1948년 단독정부를 수립하면서 외무부 산하에 동북아 1과, 2과를 설치하여 각각 일본과 중국 문제를 담당하게 했다.

전후 미국의 지역전략은 압도적으로 일본과 관련이 깊었다. 장기간 자국과 전쟁을 벌였던 일본을 어떻게 다루어갈 것인가에 대한 질문이 이어졌고, 그 결과 미국은 일본을 지역전략의 핵심 축으로 삼아 지정학적 경쟁 상대인 소련의 팽창을 견제하고 아시아에서 미국의 영향력을 견지하려는 전략을 추구했다.[4]

미 CIA는 일본이 아시아 지역의 강자로 재부상하게 만들기 위해선 일본에 자연경제natural economy를 형성해줘야 하며, 이는 전쟁 이전처럼 한반도와 만주, 북중국을 일본 경제와 통합하는 방식이어야 한다고 보았다. 미국의 자본력하에 일본이 중심부를 차지하고, 한반도가 반주변부, 만주와 북중국이 주변부로 산업적 분업 구조를 이루는 동북아 지역 경제체제를 재구성한다는 것이다.[5] 그러나 냉전이 본격화하면서 동북아는 동서로 날카롭게 양분됐고, 딘 애치슨의 이른바 대초승달전략Great Crescent Strategy이 보여주듯이 미국은 일본을 매개로 타이완과 동남아를 연결하고, 한국전쟁 이후에는 한국까지 편입시킨 전략공간을 만들었다.

친숙한 동북아 개념에 매달린 한국

1989년 냉전의 종식은 한국의 지역 인식에 커다란 변화를 가져왔다. 공산진영이 붕괴함으로써 자유진영 국가들로 구성된 태평양은 동서 진영을 넘어서는 새로운 공간적 기대를 수용할 개념이 될 수 없었다.

한국에서는 냉전의 벽을 뚫고 새로운 지역공간이 마련되어 분단 극복의 길을 열어줄 수 있으리란 기대가 싹텄다. 노태우 정부가 1988년 서울올림픽을 성공적으로 개최하면서 공산권 국가에 대한 친숙감이 증대되었고, 이런 배경에서 한국은 공산권과의 본격적인 수교 협상을 시작했다. 이러한 전략의 밑그림은 올림픽 개최를 목전에 둔 1988년의 7·7 선언이었다. 이는 남북한 간에 경쟁 및 대결 외교를 종식하고 상호 협력하며, 남북 쌍방의 우방국들과 관계 개선을 위한 협력을 하자는 내용을 담고 있는데 이른바 노태우 정부의 '북방정책'이었다. '북방'이라는 용어는 한국-미국-일본의 남방 삼각에 대한 대응 개념으로 북한-중국-소련의 북방 삼각을 일컫는 말이다. 즉, 북방정책이란 대륙의 공산권 국가들에게 관여하는 정책을 의미했고, 한국의 외교적 지평을 북한-중국-러시아(소련)로 넓히는 수단으로 인식됐다.[6] 이는 한국의 전략공간을 한미일과 북중러를 합친 6개국의 지리적 영역으로 삼는 것이고, 그 명칭이 바로 '동북아'였다. 이 지역 개념은 7·7 선언 약 3개월 후인 1988년 10월 노태우 대통령의 UN총회 연설에서 제안된 6개국 동북아평화협의회의로 재현된다.[7] 그리고 한국 정부는 이를 구체화하기 위해 그해 11월 동북아평화협의회의 추진위원회를 발족시켰다.

북방정책을 추진했던 박철언朴哲彦 정무장관은 (1) 반쪽 외교로부터 세계를 상대로 하는 전방위 외교로의 전환, (2) 공산권과 북방으로 경제활동의 무대를 확장하여 경제 발전을 도모, (3) 북한의 우방과 외교관계를 수립하여 북한에 대한 맹목적 지원을 끊어 평화적 통일을 위한 환경을 조성한다는 북방정책의 세 가지 목표를 밝혔다. 그러나 이 셋은 병렬적으로 추진되는 것이 아니라 순차적으로, 즉 외교 지평의 확대와 그에 따른 경제적 이익의 확대, 이를 바탕으로 한반도 문제를 푸는 수순으로 연결되어 있었다.[8] 이런 점에서 북방정책은 "남북한 통일의 실현을 위한 정책과 이러한 정책 실현을 위한 방법"으로 정의된다.[9] 요컨대, 냉전의 해체와 더불어 시작된 새로운 지역 인식은 공산권과의 경제 및 외교 관계 강화라는 측면도 있었지만, "궁극적으로는 모스크바와 베이징을 거쳐 평양에 이르는, 그리하여 한국 주도의 남북통일의 근간을 마련하려는" 지정학적 목적을 근저에 두고 있었던 것이다.[10]

이후 동북아를 공간 단위로 한 다자 안보 협력 노력은 세계화를 정력적으로 추진해온 김영삼 정부로 계승됐다. 북한의 핵개발로 인한 위험이 점증하는 가운데 김영삼 정부는 1994년 5월 방콕에서 개최된 아세안지역포럼 고위 실무 회담에서 동북아 지역에서 발생할 수 있는 역내 분쟁의 사전 예방을 위해 정부 간 안보 대화체로 '동북아안보대화기구'를 창설할 것을 제안했다. 한국, 미국, 일본, 중국, 러시아 등 기존 5개국과 핵 문제의 완전 해결을 전제로 북한을 참가 대상국에 포함시켰다. 이러한 참가 대상국 범위 설정은 비록 아세안지역포럼이 한반도 문제를 포함한 동북아 안보 문제를 지속적으로 다루고는 있지만, 북핵 등 동북아 안보 문제를 보다 심층적으로 다루기 위해서는 동북아 지역 별도의 다자 안보 대화가 필요하다는 인식을 반영한 것이다. 그러나 이 기구의 설립은 북한의 참여 거부로 답보 상태를 면치 못했다.

이어 김대중 정부도 동북아시아의 다자안보대화 협의체 구성을 추진했다. 김 대통령은 한일정상회담(1998년 10월), 한중정상회담(1998년 11월), 한러정상회담(1999년 5월) 등을 통해서 동북아 다자안보 대화의 필요성을 제기했다. 김대중 정부의 기본적인 목표는 한반도 평화체제 구축을 위한 주변 여건 조성의 일환으로 동북아 다자협의체 구성을 적극 추진하는 것이었다. 이는 한반도 주변 정세를 안정시키고 평화적 기반을 조성하기 위해서는 동북아에도 유럽이나 동남아시아 지역과 같은 다자협의체가 필요하다는 문제의식에 근거해 있었다. 사실상 정책의 최우선 순위에 남북정상회담 실현을 올려놓은 입장에서 동북아다자협의체는 남북정상회담을 보조하는 역할을 부여받았다. 김대중 대통령은 자신의 저서에서 다음과 같이 말했다.

> 저는 한국·중국·일본을 포함한 동북아시아가 먼저 이 지역 내의 안보협력체제의 마련에 성공하고 나아가 동남아시아까지 포함한 경제적 공동협력체제의 구성에 성공한다면 틀림없이 21세기의 세계 경제를 주도하는 세력으로서 당당하게 등장할 수 있을 것이라고 믿습니다. (…) 이렇게나 거대한 가능성을 안고 있는 동북아시아의 장래를 튼튼히 다지기 위해서는 동남아시아를 포함한 지역적 경제 협력 기구의 강화를 실현해야 합니다. 더불어 한반도의 안보를 포함한 동북아시아의 안보체제가 확립되어야 합니다. (…) 동북아시아에서의 공정한 경제 협력과 튼튼한 다자간 안보체계의 확립을 위해서는 미국의

적극적인 참가가 꼭 필요한 것입니다.[11]

한편, 김대중 정부는 아세안+3정상회의에도 적극적으로 참석했고, 동아시아비전그룹을 결성하고 보고서를 내는 데 중요한 역할을 했다. 김대중 대통령은 APT를 한 단계 발전시켜 동아시아경제협력체로 만들고, 나아가 이를 동아시아정상회의로 격상할 것을 제안했다. 이는 동북아에서 동아시아로 그 지평을 확대하려는 시도였으나 곧이어 등장한 노무현 정부는 동아시아가 아닌 동북아를 국정 전면에 부각시켰다.

노무현 대통령은 '평화와 번영의 동북아시대' 실현을 3대 국정 목표 중의 하나로 설정할 만큼 동북아지역주의를 강조했다. 그는 대통령 취임사에서 "근대 이후 세계의 변방에 머물던 동북아가 세계 경제의 새로운 활력으로 떠오르고" 있으며 "중국과 일본, 대륙과 해양을 연결하는 다리"로서 한국의 지정학적 위치로 말미암아 "21세기 동북아시대의 중심적 역할을 우리에게 요구"하고 있다고 주장하면서 동북아중심국가론을 펼쳤다. 이어서 노무현 정부는 동북아를 단위로 한 경제 협력 강화와 시장 개척 등을 통해 성장 잠재력을 확충하는 "번영의 공동체"를 실현하는 동시에 "평화의 공동체"로 발전해나가야 한다고 주장하며, "진정한 동북아시대를 열자면 먼저 한반도에 평화를 제도적으로 정착"시키는 것이 그 핵심 과제라고 말했다.[12] 하지만 이 동북아중심국가라는 개념에 대해 주변국, 특히 중국이 민감한 반응을 보이자 노무현 정부는 '동북아경제중심국가'라고 그 이름을 바꾸고 동북아경제중심추진위원회를 출범시켜 경제 지향성을 강조했으나, 본래의 지정학적 관심을 숨길 수는 없었다.

2003년 8월 15일 광복절 경축사를 통해 노 대통령은 "동북아에도 협력과 통합의 새로운 질서를 만들어나가야 합니다. 그래서 강대국의 틈바구니에서 어느 쪽에 기댈 것인가를 놓고 편을 갈라서 싸우다가 치욕을 당하는 그런 역사를 다시는 반복하지 말아야 합니다. 이것이 나의 동북아시대 구상의 핵심입니다"라고 밝혔다.[13]

노무현 정부는 북핵 문제라는 중차대하고 시급한 과제에 당면하였기 때문에 경제적 협력을 심화해 점진적으로 안보 협력으로의 파급효과 spillover effect를 기대하는 유럽식 기능주의적 접근에 의존할 수 없었다. 노무현 정부는 "평화와 번영을 분리하여 순차적으로 연계시키기보다 이를 동시에 추구하는 것이 '평화와 번영의 동북아시대'를 구현하는 데 보다 현실적 대안이 될 수 있다는 결론에 도달했다."[14] 이어 2004년 6월에는 이미 한 차례 이름을 바꾼 동북아경제중심추진위원회를 '동북아시대위원회'로 다시 이름을 바꾸었으며, 외교안보 측면을 강조하는 동북아 지역주의를 추진하게 된다.

노무현 정부의 동북아시대론은 냉전 때 형성된 동맹구조와 아시아-태평양 경제 협력의 틀, 또한 1990년대 탈냉전 초기 한국이 안보 차원에서의 동북아 협력, 경제 차원에서의 아시아-태평양 협력으로 이원화하여 추구해 온 지역전략을 완전히 바꾸려는 시도였다. 동맹 의존도를 낮추는 동시에 동북아 이웃과의 공동체를 추진하면서 보다 자주적인 국가를 만들려는 야심찬 계획이었다. 지역의 범위를 동북아로 일원화하고 기왕의 다자 안보 협력과 함께 FTA네트워크, 금융허브, 물류허브, 에너지 협력, 환경 협력, 사회문화 협력 등 전방위적으로 협력을 추구하고자 했다.

그러나 이러한 동북아시대 구상은 출범하자마자 무수한 비판에 직면했다. 대체로 두 가지 문제로 수렴된다. 첫째는 과거와 변함없이 한국의 이익을 추구하는 성격을 감출 수 없었다. 동북아 협력을 통해 한반도 문제를 풀고, 동북아 지역에서 중심적 역할을 하겠다는 자기중심성이 강한 구상이라는 비판이다. 주변국으로부터 비판의 소지가 되었던 중심국가 담론이 비근한 예이다. 그럼에도 불구하고 탈근대적 지향의 유럽에 비해 여전히 근대의 민족주의적 성향이 강한 동북아 지역에서 구성원들이 자기중심적 지역전략을 피는 것은 결코 비판받을 일은 아니었다. 보다 중대한 문제는 동북아 지역 개념이 21세기 들어 전개되어온 시대적 추세와 엇박자를 낸 데 있다.

1990년대에는 '아시아-태평양 대 동아시아' 구도의 개념전쟁이 뜨겁게 전개되고, 2000년대에는 동아시아 개념을 놓고 중국과 일본이 서로 편 가르기에 여념이 없는 동안, 한국은 동북아를 고수하고 있었다. 더욱이 동북아의 두 핵심 파트너인 일본과 중국은 동북아라는 지리적 개념을 다르게 인식하고 있었다. 중국은 동북아를 동북 3성과 그 주변 정도로 인식하고 있었고, 일본은 '환일본해권' 즉, 러시아 극동과 중국의 동북 3성, 한반도 동해안, 일본의 동해안을 엮는 초국적 경제벨트로 인식하고 있었다.[15] 무엇보다도 미국은 동북아라는 좁디좁은 공간보다 신자유주의적 세계화의 실천 공간으로서 아시아-태평양을 고수하는 입장이었다. 미중일 세 대국의 지역 개념 경쟁이 치열하게 전개되는 속에서 한국은 이들에게 동북아 개념을 설득시킬 능력이 부재했다. 한마디로 말하자면 한국은 주변 대국들과 동상이몽에 빠져 있었다.

2010년대 들어 아시아-태평양 개념이 쇠락하고 인도-태평양 개념이 부상하는 등 지배 개념의 전환이 이루어지는 가운데 한국은 여전히 동북아 개념에 근거한 지역 구상에 머물러 있었다. 전임 정부의 동북아시대 구상을 맹비판하면서 등장한 이명박李明博 정부는 '신아시아협력외교'를 주창했으나 동북아와 동아시아를 뛰어넘어 아시아 전체의 화합과 발전을 지향한다는 '신아시아'는 그 개념이 불분명했고, 구체적인 실행 계획도 부재했다. 오히려 이 정부는 '성숙한 세계국가Global Korea'라는 슬로건 아래 지역보다는 지구적 차원 그리고 한미동맹 강화에 외교력을 집중 투사했다.

그 뒤를 이어 등장한 박근혜 정부는 중국과 경쟁하는 차원에서 아시아-태평양 개념을 활용하려는 오바마 정부와 전략적 동조화 과제를 안았다. 중국 견제의 색채를 강화하는 오바마 정부와 달리 한국은 북한 문제를 풀기 위해 중국의 건설적 역할을 기대하며 관계 강화에 나서는 행보를 취했다. 박근혜 정부는 북한 비핵화를 위해 미국이 원하는 한미일 협력보다는 한미와 한중 양자 외교의 병행 발전에, 미국이 적극적으로 추진하는 TPP 교섭보다는 한중 FTA 교섭에 중점을 두었다. 그리고 중국의 영향력 확대를 의식하며 한일관계의 개선을 촉구하는 미국에 대해 오히려 박근혜 정부는 역사갈등 속에서 미국의 지지를 확보하여 일본을 압박한다는 전략을 추진했다.[16] 끝으로 박근혜 정부는 EAS보다는 '동북아평화협력구상'을 내놓으며 동북아 개념을 재소환했다. 이 구상은 이른바 '아시아 패러독스' 즉, 비정치안보와 정치안보 영역의 이분법적 발상에 근거했다. 구체적으로 협력이 용이한 비전통 연성 안보 이슈(재난 구호, 사이버 안보, 에너지, 기후 변화 등) 방면에 참여가 가능한 국가를 중심으로 시작해 점진적으로 다자간 대화와 협력의 관행을 축적하여 동북아의 평화와 협력 메커니즘을 구축하는 단계로 이어가겠다는 전략이었다.

문재인 정부 역시 동북아 지역 개념을 바탕으로 '동북아 플러스 책임공동체'라는 생소한 지역 협력 구상을 내걸었다. 안보 협력으로는 '동북아평화협력플랫폼' 구축이, 경제 협력으로는 '신북방정책'과

'신남방정책' 추진이 제시되었으나, 사실상 '한반도평화프로세스'로 대표되는 대북정책이 문재인 정부 외교전략의 압도적인 중심축이었다. 선진국으로 커진 역량에 비해 지역정책은 축소 지향적으로 일관한 것이다.[17]

한국에게는 낯선 인도-태평양 개념

　한국이 인도-태평양 개념과 공식적으로 마주친 계기는 2017년 11월 트럼프 대통령 방한이었다. 트럼프는 서울에 오기 전 도쿄에서 아베 총리와 함께 '자유롭고 개방적인 인도-태평양'의 추진에 합의하면서 인도-태평양 개념을 전면적으로 수용했고, 서울에서도 한미 공동 언론 발표문을 통해 "상호 신뢰와 자유·민주주의·인권·법치 등 공동의 가치에 기반한 한미동맹이 인도-태평양 지역의 안보, 안정과 번영을 위한 핵심 축임을 강조"했다. 그러나 문재인 정부는 이 새 지역 개념을 수용하지 못했다. 청와대 고위 관계자는 "트럼프 대통령이 강조했다는 것이지, 우리가 동의했다는 것은 아니다"라고 해명했다. 또한 트럼프 대통령이 인도-태평양 지역의 공동 안보에 참여

사진 6 | 한국에서 '인도-태평양' 개념을 사용하는 트럼프 대통령과 문재인 대통령의 공동 기자회견 (2017.11)

출처: 연합뉴스

해줄 것을 제안한 사실이 있다고 확인하면서 "제안 자체가 갑작스럽고 진지하게 검토해보지 않았지만 지금 단계에서 수용한다, 공감한다 할 사안이 아니다"라고 강조했다.[18] 문재인 정부의 이러한 유보적 반응은 트럼프의 제안이 한국의 지역 구상과 배치된다는 차원이 아니었다. 정부는 동북아+ 협력 플랫폼이라는 구상을 갖고 있었지만 이는 구체적인 내용이 채워지지 않은 시안에 불과했다.

무엇보다도 동북아에 익숙해져 있던 한국에게 인도-태평양이라는 새로운 공간은 분명 낯선 개념이었다. 문 대통령 자신도 정상회담에서 "이 개념을 처음 들었기 때문에 합의문에서 뺐다"고 밝혔다.[19] 그러나 보다 직접적인 걸림돌은 한일관계가 악화되고 있던 상황에서 아베 총리가 주도해온 것으로 보이는 인도-태평양 개념을 수용하기 어려웠던 국내 상황이었다. 당시 문재인 정부는 박근혜 정부가 합의한 위안부 문제 해법에 대해 파기 및 재협상을 거론하며 일본과 외교적 긴장 수위를 높여나가고 있었다.

이러한 흐름의 이면에는 아베의 리더십 아래 있는 일본이 이념적으로 우경화하고 군사대국화하고 있다는 우려가 깔려 있었다. 정부 고위 관계자는 "인도-태평양 협력은 일본이 추진해왔던 문제이고 우리는 현재 여러 가지 국제 정서와 환경을 고려할 때 참여하는 게 현재로선 바람직하지 않다고 생각해 트럼프 대통령의 말씀을 경청한 것일 뿐"이라며 "그 이상도 이하도 아니다"라고 밝히며 이 개념 자체에 부정적인 태도를 보였다.[20] 또 다른 청와대 관계자는 보다 직설적으로 "일본의 경우 인도-태평양 라인이라고 해서 일본, 호주, 인도, 미국을 연결하는 외교적인 라인을 구축하려고 하지만 우리는 거기에 편입될 필요가 없다고 본다"고 말했다.[21] 인태는 아베의 브랜드이자 일본의 지역외교 노선이므로 굳이 한국이 나서서 지지할 필요가 없다는 반응이었다.

하지만 보다 큰 요인은 중국의 향배였다. 트럼프 방한 직전 한국은 중국과 사드 배치에 따른 갈등을 해소하기 위한 외교적 합의, 즉 사드 추가 배치를 검토하지 않으며, 미국의 미사일방어체제(Missile Defense Program, MDP)에 참여하지 않고, 한미일 안보 협력을 군사동맹으로 진전시키지 않는다는 이른바 3불 정책에 합의한 상태였다. 문재인 정부는 사드 배치로 인한 중국의 경제 보복을 해소하고 북한 핵미사일 개발에 따라 한반도의 긴장이 고조되는 상황을 완화하기 위한 중국의 건설적 역할을 기대했다.[22] 따라서 중국 포위망으로 비춰지는 인도-태평양 개념을 수용하는 데 대단히 조심스러웠다. 2010년대 중반 한국은 미중 경쟁 구도 속에서 사드 배치뿐만 아니라 AIIB 가입과 TPP 교섭 참가 등 일련의 이슈를 양자택일의 상황으로 이해했고, 가능한 한 결정을 미루려는 곤혹스런 대응을 했기 때문에 인도-태평양 개념의 수용 여부 역시 이런 방향으로 처리됐다.[23] 이렇듯 미중 사이에서 선택을 강요받는다는 심리적 경향을 싱가포르 외교관 빌라하리 카우시칸Bilahari Kausikan은 거짓 이항대립 false binaries이라 불렀다.[24]

그러나 2018년에 미국이 인태 개념을 '구상'에서 '전략'으로 진전시켜 보다 구체적인 이행 계획을 발표하고 주요국에 대한 '아웃리치' 활동을 강화하여 분야별로 구체적인 협력을 추진하자 한국은 분명한 입장을 표명해야 했다. 미국은 특히 동맹국과의 파트너십 강화를 통해 인태전략의 목표를 이루고자 했고, 일본과 호주 등 대부분의 역내 국가들은 미국의 인태전략과 중국의 일대일로전략을 동시 수용한다는 입장하에서 미국과 경제, 투자, 개발 분야 등에서 정책의 동조화에 나섰다.

이런 가운데 2018년 8월 한국 정부는 미국 측이 폼페이오 국무장관의 경제·개발·안보 분야 이행 계획을 발표하는 등 보다 구체화된 정책에 대한 협력을 요청하자 신남방정책과 미국의 인도-태평양 전략 간의 접점을 모색하고 제안했다.[25] 이후 한국 측은 신남방정책이 '사람 중심의 평화와 번영의 공동체'라는 비전을 실현하기 위해 역내 다양한 구상들과 상호 협력하고 조화롭게 발전해가야 한다는 방침을 제시하고, 미국과는 구체적으로 동남아 지역을 중심으로 한 개발 협력, 메콩 지역의 개발, 에너지 인프라 투자 등 가능한 경제 협력 사업을 모색하기로 했다.[26] 2019년 6월 한미정상회담에서 문재인, 트럼프 두 정상은 신남방정책과 인태전략 간의 협력 의지를 다시 한 번 확인했다.

요컨대, 문재인 정부의 입장은 인태전략과 일대일로전략 등 여러 지역 협력 구상들과 한국 신남방정책의 접점을 찾아 시너지를 모색하는 것으로 정리할 수 있다. 즉, 한국 정부는 지역 개념으로서 인도-태평양을 수용하지는 않되 이와 대립하지 않고 조화와 협력을 추구한다는 점을 강조하여, 국내적으로 한국이 미국의 인도-태평양 전략에 동참하지 않아 한미동맹에 균열이 시작되었다는 비판에서 벗어나고자 했다.

2019년 6월 미국이 〈인도-태평양전략 보고서〉를 발표하면서 중국의 부상에 따른 세력 균형의 붕괴를 최대의 도전 요인으로 간주하고, 군사·경제·외교 3면에서 중국을 강력하게 견제하고 압박해나가자 한미 간 협력의 영역이 분명해졌다. 첫째, 한국이 신남방정책과의 연계를 추진하면서 양국 간 협력의 지리적 영역은 주로 동남아로 한정되었다. 둘째, 한국은 미국의 인도-태평양전략이 강조하는 군사안보 영역에서의 대중 견제 협력에 대해서는 선을 긋는 대신 개발 협력, 인프라 투자, 에너지, 디지털 경제 등 경제 영역을 중심으로 협력하는 것을 택했다. 이에 인적자원 개발, 반부패, 여성 역량 강화, 기후 변화, 보건 등 선정good governance 분야와 범죄와 마약 문제에 대한 초국가적 차원에서의 대응, 사이버안보, 해양안보 등 비전통 안보 분야에서의 협력에 적극적으로 임했다.[27] 인태 공간에서 지리적으로는 동남아, 기능 면에서는 경제 분야를 중심으로 양국 간 협력을 전개하고자 한 것이다.[28]

미국의 입장에서 볼 때, 한국의 신남방정책은 일본의 FOIP 같은 적극적인 협력은 아니더라도 분명 현실적으로 자국이 필요로 하는 영역을 채워주는 효과가 있었다. 제4장에서 보았듯이 역내에서는 미국의 인태전략이 군사안보적 측면을 강조하고 중국 견제에 초점을 맞추고 있다는 비판이 일어났다.[29] 아세안은 아세안 중심성과 포용성을 강조하는 인도-태평양 개념을 발표하며 미국과 중국 어느 쪽에도 편중되지 않는 자세를 강조했다. 쿼드 협력국인 일본과 인도, 호주 역시 중국과의 경제적 교류 및 협력을 증진하고자 노력하는 한편 군사적 차원의 견제에는 유보적인 입장을 취했다. 따라서 미국은 중국과 첨예한 영향력 경쟁을 벌이고 있는 동남아 지역에서 한국이 개발 협력과 에너지·인프라 투자 등을 통해 조율과 공조에 나서는 점을 긍정적으로 평가했다.[30]

요컨대, 신남방정책은 한국의 포괄적 지역전략으로 제시되었다기보다는 그동안 한국의 대동남아 정책, 또는 대동남아 개발 협력 정책에 가까웠다고 할 수 있다. 따라서 미국의 인태전략상 요구를 일정하게 수용하는 기능을 할 수는 있었으나 이를 넘어 미중 경쟁 속에서 급속히 변화하고 있는 지역의 전략 환경 변화에 한국이 주체적이고 효과적으로 대응할 수 있는 지역 비전으로는 정립되지 못했다.[31]

인도-태평양 개념의 뒤늦은 수용

 2020년대 들어 한국은 인태 개념을 공식적으로 채용하지만 않았을 뿐 신남방정책이라는 이름으로 사실상 인태전략을 수용하게 된다. 앞서 기술하였듯이 애당초 신남방정책은 경제 및 외교의 다변화 필요성 차원에서 아세안 지역에 적극 관여한다는 목표로 시작된 것이고, 사실상 베트남, 인도네시아 등 아세안 지역에 시장 진출 거점을 마련하고 인프라 수주를 확대해 인적 교류를 활성화하는 정책을 추진하는 게 그 내용이었다. 이후 미국이 인태전략에 참여할 것을 요청하고 압력을 가하는 가운데 이에 대응하면서 신남방정책은 조금씩 지역 협력 구상의 모습을 갖추게 된다.

 2020년 11월 EAS를 계기로 한미 양국이 발표한 〈제2차 신남방정책-인태전략 협력 설명서〉는 서문에서 "개방성, 포용성, 투명성, 국제 규범의 존중, 아세안 중심성 등 원칙에 따른 신남방정책과 인도-태평양전략 간 협력을 통해 안전, 번영, 역동적 인태 지역을 만들어가기 위한 노력을 지속"한다고 선언했다.[32] 이어 신남방정책은 경제적 번영의 촉진, 인적자원 투자 및 선정 구축, 비전통 안보 분야 협력 등 세 분야에서 미국과 실무협의체를 만들어 실행한다는 내용을 담고 있다. 이렇듯 신남방정책의 진화는 2021년 5월 개최된 문재인 대통령과 바이든 대통령 간의 한미정상회담 공동성명에서 정점을 찍는다.

> [양국은] 한국의 신남방정책과 미국의 자유롭고 개방적인 인도-태평양 구상을 연계하기 위해 협력하고 (…) 규범에 기반한 국제 질서를 저해, 불안정, 위협하는 모든 행위에 반대하며, 포용적이고 자유롭고 개방적인 인도-태평양 지역을 유지할 것을 약속했다. (…) 아세안 중심성과 아세안 주도의 지역 구조에 대한 지지를 재확인하고 (…) [양국과] 동남아 지역 국민 간 더욱 심화된 인적 유대를 발전시키는 한편, 아세안 내 연계성 증진과 디지털 혁신을 촉진하기 위해 긴밀히 협력하며 (…) 메콩 지역의 지속 가능한 개발, 에너지 안보 및 책임 있는 수자원 관리 증진 (…) 쿼드 등 개방적이고 투명하며 포용적인 지역 다자주의의 중요성을 인식했다.[33]

문재인 정부가 사실상 미국의 인도-태평양 개념을 수용하고 정책적 동조화에 다다른 과정을 보면 동남아 지역을 중심으로 한 새로운 지역공간의 구획 시도와 관련된 고도의 전략적 선택이라기보다는 한미동맹의 포괄적 동맹화에 따른 적응이라 할 수 있다. 미국은 한미동맹이 대북 억지 효과를 갖고 한반도를 안정시킬 뿐만 아니라 지역의 안정과 평화를 위해 기능할 수 있는 포괄적 동맹을 지향했고, 한국은 동맹의 지역적 확장을 수용하여 동맹을 강화하는 빙편으로 인태 개념을 사실상 수용한 것이다.

2022년 5월에 출범한 윤석열 정부는 인도-태평양 개념을 공식적으로 받아들였다. 출범 직후 개최된 한미정상회담 공동성명에서 한국 측은 '인도-태평양전략 프레임워크'를 마련하겠다고 선언했고, 11월 한-아세안정상회의에서 윤 대통령은 한국의 인도-태평양전략을 소개했다.

"자유, 평화, 번영"의 3대 비전을 바탕으로 "포용, 신뢰, 호혜"의 3대 협력 원칙하에 인태전략을 추진해갈 것이며, 그 핵심 목표로 "보편적 가치에 기초한 규칙 기반 질서의 강화", "개방적이고 공정한 경제 질서 구축", "기후 변화, 디지털 격차, 보건 분야 등에서 적극적인 기여외교 수행"을 꼽았다.[34]

이어서 12월 한국 정부는 '자유, 평화, 번영의 인도-태평양전략'을 발표하면서 인도-태평양이라는 지리적 공간이 갖고 있는 전략적

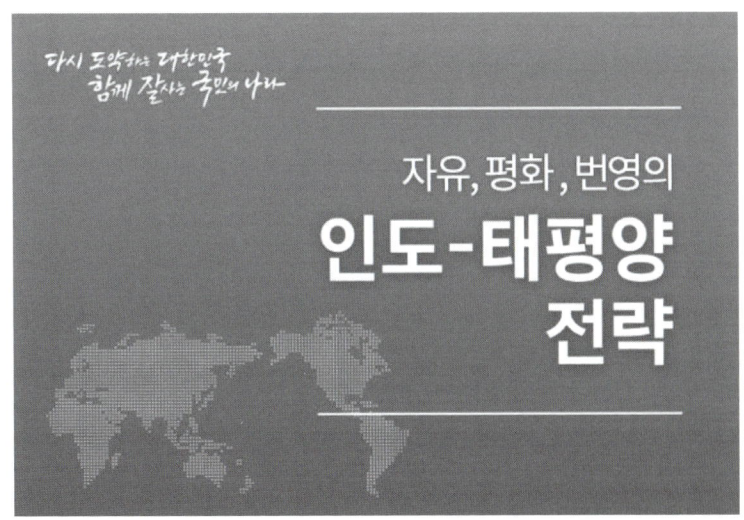

그림 14 | 윤석열 정부가 '글로벌 중추국가'를 기치로 제시한 한국의 〈인도-태평양전략 보고서〉
출처: 한국일보

중요성을 경제와 안보 양면에서 부각했다.[35] 첫째, 경제 면에서 인도-태평양은 세계 경제 성장의 엔진인 중국, 아세안, 인도를 품고 있고, 세계 운송 물량의 절반을 차지하는 핵심 운송로를 포함하고 있으며, 확대되는 무역망과 공급망의 단위가 되고 있다는 점을 지적했다. 한중일 삼국과 태국, 말레이시아, 인도네시아 등을 중심으로 형성된 역내 무역과 공급망은 이제 동남아 전 지역을 넘어 호주, 인도 등 남아시아로 확대되는 추세이고, 이에 따라 인도, 방글라데시, 필리핀, 파키스탄 등을 중심으로 노동력의 이동 역시 확대되어 경제적 상호보완성이 신장되고 경제 통합의 확산과 심화를 동시에 가져오고 있다는 것이다.

안보적으로도 인태는 인도양과 태평양을 연결하는 세계 경제의 최중요 해상교통로가 자리하고 있으며 대국들이 해양 진출을 경합하면서 전략적 가치가 상승하는 지역으로 정의되고 있다. 북한의 핵미사일 위협, 타이완해협의 긴장, 남중국해 분쟁, 민군 겸용 첨단기술 분야 경쟁, 민주주의에 대한 위협 등 다양한 분야에서 전략적 중요성이 증대함에 따라 미국, 일본, 인도, 호주, 아세안 국가뿐만 아니라 역외 EU 주요국들도 인태를 단위로 독자적인 지역정책을 수립하고 있다는 점을 지적하고 있다.

그런 다음, 이러한 인태 무대에서 한국이 추구해야 할 9대 중점 추진 과제를 제시했다. 규범과 규칙에 기반한 인태 지역 질서의 구축, 법치주의와 인권 증진 협력, 비확산-대테러 협력 강화, 포괄 안보 협력 확대, 경제안보네트워크 확충, 첨단 과학기술 분야 협력 강화 및 역내 디지털 격차 해소에 기여, 기후 변화와 에너지안보 관련 역내 협력 주도, 맞춤형 개발 협력 파트너십 증진을 통한 적극적 기여 외교, 상호 이해와 교류 증진 등이 그것이다.

윤석열 정부의 인도-태평양 개념 수용은 '글로벌 코리아'의 기치를 내건 이명박 정부가 소환될 만큼 전 지구적 층위의 외교전략을 모색하는 맥락에서 이루어졌다. 정부는 지구적 현안들을 해결하기 위한 협력 의제에 관심을 두고 논의를 주도한다는 이른바 '글로벌 중추국가'를 표방했고 그 일환으로 인도-태평양전략을 구상했다. 그와 동시에 설정된 3대 핵심 목표와 9대 중점 추진 과제는 인태 지역 고유의 의제라기보다는 전 지구적으로 당면한 의제라 할 수 있다. 지난 여러 정부의 지역 구상이 거의 예외 없이 한반도 내의 문제를 해결하는 것을 목표로 하여 동북아라는 좁은 전략공간을 구획한 것과 대조적으로 규칙 기반 질서의 구축, 보편가치 외교, 기후 변화 및 에너지 관련 협력, 개발 협력 등 국제 문제를 다루기 위한 지역 협력을 말하고 있다.

둘째, 지구적 차원의 문제를 다루는 만큼 지리적 범위도 크게 확장했다. 그간 한국이 주로 한반도 주변 4강을 중심으로 한 동북아 공간에 머물렀다면 인도-태평양 개념의 수용은 지리적 공간을 동남아와 오세아니아, 남아시아, 인도양 연안 아프리카, 중남미로 크게 확대한다는 것을 의미한다. 세계 인구의 65퍼센트가 거주하고 전체 GDP의 62퍼센트, 무역의 46퍼센트, 해양 운송의 절반을 차지하는 거대한 지역을 전략공간으로 삼는다는 것이다.

셋째, 인태전략은 포괄적 지역전략이라는 의미를 갖는다. 전 정부의 신남방정책은 경제 협력, 교류 증진, 안보 등 세 층위의 협력을 내걸었지만 사실상 경제 분야에서의 교역 촉진, 인프라 투자 및 개발 협력 확대 등에만 초점을 맞추어 기획되고 실행되었던 측면이 있다. 반면 윤석열 정부의 인태전략은 지역 질서의 재편을 포함하여 해양안보, 사이버안보, 보건안보 등 비전통적인 안보 분야, 경제안보와 첨단 과학기술 협력, 기후 변화와 에너지안보, 개발 협력 등 다양한 분야에서의 포괄적 협력을 추구한다고 천명했다.

넷째, 보편가치에 기반한 규칙 기반 질서를 강조한다. 자유, 법치, 인권 등의 가치를 공유하는 미국, 일본, 인도, 호주, 유럽 국가들과 협력과 연대를 통해 인태 지역에 규칙 기반 국제 질서를 구축한다는 점은 일본의 FOIP와 닮았다. 윤석열 정부의 인태전략은 미국의 인태전략보다는 2017년 문재인 정부가 거부감을 표시한 일본의 비전과 상당 부분 통하는 바가 있다.

끝으로 윤 대통령은 캄보디아 프놈펜에서 개최된 한-아세안정상회의의 모두발언에서 인태전략을 발표했듯 아세안을 중시하겠다는 방침을 명확히 했다. 아세안 지역을 인태전략의 주요 부분으로 위치시킨 것이다. 이는 아세안과의 경제 관계 강화를 추진한 문재인 정부의 신남방정책과 연속성을 갖는 동시에 이들 국가와 정치·외교 분야에서도 전략적 파트너로서 포괄적 관계를 추진하겠다는 의미를 갖는다.

인도-태평양을
익숙한 공간으로 만들기 위한 조건

한국이 근대 세계에 진입한 이래 오랫동안 접해 온 아시아, 동아/동아시아, 동북아시아라는 세 개념과 달리 인도-태평양의 개념사는 아직 일천하다. 윤석열 정부가 이를 지역 개념으로 수용했다면 향후 과제는 인도-태평양이라는 이 넓고도 낯선 공간을 우리에게 도움이 되는, 익숙한 공간으로 만드는 일이다. 국력의 신장과 함께 국익의 범위가 확대됨에 따라 한반도라는 경역 혹은 한반도 주변을 포함하는 동북아라는 경역을 넘어서 전략공간을 보다 넓게 활용하자는 명분은 충분히 통용될 것이다. 하지만 그것이 인도-태평양으로 자리매김하려면 공간 획정의 논리와 그로 인한 국익에 대한 논리는 보다 정교하게 다듬어진 채로 제시되어야 한다.

그렇지 않을 경우, 한국의 인태전략은 대미 전략의 일부로 즉, 미국을 추수하는 지역전략으로 비판받을 소지가 있다. 윤석열 정부는 한미정상회담에서 인태전략을 마련할 것을 약속했고 이는 내용 면에서도 미국과 일본의 FOIP과 상당히 친화적이기 때문이다. 이는 '중국 리스크'를 초래할 수도 있다. 중국은 한국의 인태전략 추진을 '대미 경사傾斜'로 인식할 가능성이 크고 이에 따라 한국에 비판적으로 대응할 수 있기 때문이다. 윤석열 정부는 인태전략의 첫 번째 원칙으로 포용성inclusiveness을 제시하여 특정국을 배제하거나 겨냥할 의도가 없음을 밝히고 있으나 보편적 가치를 강조하고 규칙 기반 국제 질서를 강조함으로써 전략적 지향성 측면에서 중국과의 거리를 드러내고 있다.[36]

둘째, 한미일 공조 차원에서 특히 인태지역의 관리에 있어 미국이 한국에 부담 공유burden sharing를 요구하는 경우 정책 조율을 통해 이익의 균형을 이뤄야 하는 과제가 다가오고 있다. 2023년 8월 한미일 정상 간에 나온 캠프 데이비드선언은 인도-태평양 지역의 관리를 위한 3개국의 공조 성격을 강하게 드러냈다.[37] 공동선언문은 아세안 중심성을 강조하고 메콩 지역 개발 등 인프라에 대한 투자, 남중국해와 타이완해협의 안전, 인권 문제, 태평양 도서국 지원 등 인도-태평양 지역의 주요 과제에 대한 삼국의 협력을 부각하고 있다. 한국의 관심사인 북한 핵미사일 개발과 확장의 억제 문제보다는 지역의 안보 현안이나 인권 문제를 강조하고, 미중 기술 경쟁 등에서 미국이 한국이 부담을 공유하기를 요청하는 경우 어떠한 입장과 정책을 견지해 나갈 것인지를 정하는 과제가 주어지는 것이다.

요컨대, 한국의 인도-태평양전략의 성패는 '어떠한 목표를 성취하기 위해 인도-태평양이라는 개념을 수용하고 정책을 마련해 가려 하는가'에 대한 답을 얼마나 설득력 있게 제시하는 데 달려 있다고 할 수 있다.

제6장

한국의 인도-태평양전략
7대 성공 조건

개념전쟁의 역사에서
우리는 무엇을 얻을 수 있는가

지금까지 개념전쟁의 의미와 지역 개념의 부상과 몰락, 갈등의 역사에 대해 살펴보았다. 19세기 중반 세력 균형이나 제국주의 같은 새로운 서양 국제 정치 개념이 전파, 도입되면서 근대적 지역 개념 정의를 둘러싼 주요 세력 간의 주도권 쟁탈전이 벌어졌고, 수용자의 경우는 국제적 경쟁과 함께 국내 정치 및 사회적 대결도 수반했다. 이렇게 시작한 개념전쟁은 실제 전쟁(제국주의 식민지 전쟁)으로 비화된 후 냉전과 탈냉전의 세계를 거쳐 오늘에 이르고 있다. 이 역사 과정은 크게 다음의 여섯 가지 특징으로 요약할 수 있다.

첫째, 지역공간은 고정된 것이 아니라 가변적인 것이어서 이를 지칭하는 지역어가 여럿 사용됐다. 아시아에서 시작되어 동아, 태평양,

아시아-태평양, 동아시아, 동북아시아를 거쳐 인도-태평양까지 지역 공간을 지칭하는 용어는 부침을 거듭했다. 이들은 서로 다른 개념을 장착하여 그 공간적 범위와 성격을 규정하며 경합해왔다. 아시아는 서양과 대별되는 문명 개념으로 규정되었으며 지리적 영역도 대체로 과거의 중화질서 혹은 유교문명권으로 구획됐다. 동아 혹은 동아시아는 문화적 개념으로서 20세기 초에는 일본, 중국, 만주(괴뢰국) 삼국으로 구성된 영역을, 20세기 후반 이후에는 한중일 삼국과 동남아시아를 연결하는 영역을 지칭했다. 동북아시아는 주로 한반도를 둘러싼 전략적 관계를 담는 지정학적 개념으로 규정되어 지리적 영역은 대체로 과거의 동아 즉, 한중일 삼국을 중심으로 한 공간으로 한정된다. 한편 태평양과 아시아-태평양은 미국의 상업적 이해관계가 주요 동인으로 작용하는 경제적 지역 개념으로 정의되었고, 따라서 지리적 대상은 미국과 아시아를 연결하는 환태평양 연안으로까지 확장됐다. 마지막으로 인도-태평양은 인도양과 태평양이 합류하는 해양 개념으로 정의되었으며, 해양세력을 중심으로 하는 지리적 네트워크의 영역으로 부각됐다.

둘째, 지역 개념이 이렇듯 복수로 존재하고 경합한 데에는 주요국 간의 전략적 경쟁이 자리하고 있었다. 주요국은 자국의 이익과 관념을 보장하는 지리적 경계를 설정하고 그 안에 우호국을 편입하고 경쟁국을 주변으로 위치시키거나 배제하는 공간 지배전략을 펼쳤고, 공간 구획을 정당화하는 지역 개념을 만들고자 했다. 이런 점에서 펨펠 버클리대 교수의 표현처럼 지역은 사회적으로 구성되고 정치적으로 경합하는 산물이라 할 수 있다.[1] 20세기 들어 미국이 태평양이라는 용어를 들고 나온 이유는 아시아 대륙의 문호 개방을 통해 상업적 이익을 관철하고 정치적 영향력을 증대하려는 전략적 고려였다. 21세기 미국이 스스로 고안한 아시아-태평양 개념을 버리고 인도-태평양 개념을 선택한 것은 부상하는 중국의 영향력을 견제하기에 유용한 개념이라 보았기 때문이다. 반면 중국이 이를 거부하는 이유 역시 이 개념이 자국의 전략적 이익을 저해한다는 판단 때문이다. 이렇게 보면 강대국은 전략적 이익을 확보하기 위해 지역 개념을 창조 및 전파하는 반면, 약소국은 주어진 개념 속에서 자국의 이익을 정의하거나 연계하는 노력을 강요받게 된다고 할 수 있다.

셋째, 개념전쟁이라는 무대의 주인공은 누가 뭐래도 미국이다. 19세기 근대 세계의 개막 이래로 미국은 아시아, 동아, 대동아 개념으로 무장한 일본에 대항해 태평양 개념을 제시하며 공간 장악 경쟁의 주인공으로 나섰고, 전후에는 자유진영을 중심으로 태평양 질서를 확립했다. 냉전이 종식된 후에는 아시아-태평양 개념으로 패권적 지배력을 강화하고자 하였으며, 아시아-태평양 개념이 수차례 도전에 직면하자 새로이 인도-태평양 개념을 채택했다.

넷째, 미국을 비롯한 개념 전파 무대의 중심 국가들은 일단 주연

급 개념 창조자였다. 이들은 특정 지역어에 새로운 의미를 부여하거나 신조어를 만들어내는 데 능숙했다. 20세기에 미국이나 일본은 지역어를 만들거나 차용하고 번역하여 자국에 특정한 정치적·사회적 지위를 부여하고 이를 바탕으로 지역공간 내에서 권위와 특권을 획득하거나 지키는 개념투쟁에 들어갔다. 이러한 행위가 정치적 파괴력을 획득할 수 있었던 것은 개념이 사람 혹은 국가들 사이에서 통용되면서 전체적인 정치적·사회적 경험 공간이 변화하고 새로운 기대 지평이 열리게 된다는 점을 설득할 수 있었던 데 있다. 이 책의 사례를 통해 살펴보면 미국과 일본의 공간 지배력은 개념을 창조하는 상상력과 설득력의 성패에 좌우되었다는 것을 알 수 있다.

다섯째, 개념의 전파는 개념의 상상력, 지적 매력 혹은 소프트파워만으로 이루어지는 것은 아니다. 일정한 물리력 즉, 군사력과 경제력이 뒷받침되어야 한다. 20세기 전반 일본이 지역공간을 지배하기 위한 경쟁의 주역으로 부상한 것은 부국강병에 성공하여 열강의 지위에 올랐기 때문이다. 미국이 태평양이라는 개념으로 아시아의 사정에 깊숙이 관여할 수 있었던 점 역시 물리적인 부상 덕분이었다. 시카고 대학의 커밍스 교수는 아시아-태평양 지역을 "패권"이라는 이름의 "미국의 게임"이 전개되는 공간이라 부르며, 미국은 우월한 기술력과 산업력을 바탕으로 일본과 한국 등 지역 국가들의 "행위에 외적 경계outer limit를 설정"하되 "이 패권적 영역을 충분히 넓게 설정하여 [자국의] 재능을 충분히 발휘할 수 있게 하는 동시에 탈퇴 의지를 강력하게 제어"했다고 보았다.[2] 공간 지배력 혹은 패권의 기술적·산업적 기초를 강조한 것이다. 21세기 신흥 대국인 중국이 신형 국제 관계와 운명공동체 건축을 강조하며 자국 전통에 기반한 여러 개념을 만들어내고 있는 것도 경제적·군사적 부상에 힘입은 까닭이다.

여섯째, 개념의 전파력은 국가의 자력뿐만 아니라 여타 국가와의 연합coalition으로 배가된다. 아시아-태평양이나 인도-태평양 개념의 경우 미국은 일본과 호주와 연계 및 연합함으로써 개념을 전파하는 힘을 얻었다. 자국이 추진하는 개념이 협력 국가에게 친숙한 경우, 혹은 자기 정체성과의 일체감을 이끌어내는 경우, 혹은 집합적 이익에 대한 내용을 담는 경우 전파의 힘이 커지게 된다. 이런 경우 국가 간에는 개념의 정의 혹은 지역공간의 성격 규정을 둘러싼 지속적인 교섭과 합의가 시도돼왔다.

개념전쟁에서 한국은 항상 주변적 행위자에 머물렀다. 1945년 해방되기 이전에는 일본의 개념을, 이후에는 미국의 개념을 수용하였듯이 한국은 강제적 수용자 혹은 피동적 수용자였다. 탈냉전 이후 한국도 동북아 및 동아시아 개념을 적극적으로 수용하고 지지하며 주도권 경쟁에 뛰어들려고 시도한 적은 있으나 결과적으로 개념 경쟁에서 밀려났고, 새롭게 부상한 인도-태평양 개념에 막차로 올라

탔다. 그러나 오늘날 한국은 주변부에 위치하기에는 국력이 이전과 비교할 수 없을 만큼 커졌으며 이미 선진국 대열에 진입해 있다. 세계 10대 경제대국이자 군사강국이며 최첨단 기술력과 문화력을 보유하고 있다. 이에 걸맞게 한국이 개념전쟁의 중심부로 발돋움하기 위해서는 무엇이 필요한가. 역사적 경험과 교훈을 통해 이 책은 마지막으로 한국이 앞으로 인도-태평양전략을 성공시키기 위한 7대 조건을 제시하며 마무리하고자 한다.

1. 지구적 맥락에서 미래 변화를 담는 개념을 설정하라

한국이 지역 개념전쟁에서 변방의 지위를 탈피하지 못한 까닭은 미래의 변화를 과거의 개념으로 읽어내려는 병폐 때문이다. 천하 질서라는 명분체계에 길들여져 있던 당시 조선 왕조는 부국강병과 세력 균형의 근대 신질서를 전통 개념으로 대응하다가 국망의 비극을 겪었다.[3] 이후 국경을 넘는 경제적 상호 의존의 네트워크가 확장·심화되는 가운데 지구적 수준의 문제군(群)이 대두되는 변화 속에서도 한반도 안정과 평화라는 전통적 안보 문제에 주목하는 지역 개념에 집착하다 시대의 대세에 밀려났다. 근대의 개념으로 미래의 변화를 품는 데 실패한 까닭이다.

한국은 일단 인도-태평양이라는 지역어를 채택했지만 이 공간을 능동적이고 전략적으로 활용하기 위해서는 나름대로 적절한 개념을 부여하고 정책을 개발해야 한다. 미국은 가치와 이념을 기준으로 공간 구획을 시도하며 중국을 견제하고자 하는 반면, 인도와 아세안은 대중 견제 성격을 희석하여 포용적이고 실용적인 개념을 내걸고 있으며 일본과 호주는 그 중간에 위치하여 영향력 증대를 위한 개념전략을 모색하고 있다. 따라서 한국은 결코 늦지 않았다. 개념전쟁의 수용자follower가 아니라 후발 주자late-comer일 뿐이다. 한국이 주체적으로 개념경쟁에 나서려면 과거의 체험과 미래의 기대 지평 사이에서 현재 한국이 놓인 세계 질서의 지속과 변화를 바로 보고 그 속에서 지역의 집합적 이익과 자국의 이익 간 연계를 본격적으로 모색하는 데서 출발해야 한다.

현재 미국과 중국 두 강대국 간의 전략 경쟁은 무역과 첨단기술 분야로부터 가치와 규범 분야로 전이되어 상호 불신을 심화시켰다. 첨예화된 갈등은 군사안보 분야로 확장되며 경쟁적 질서 충돌이 우려되는 상황을 초래하고 있다. 이와 함께 러시아의 우크라이나 침공은 동서 간 진영 대립을 격화시키고 다자주의적 합의와 국제법 준수, 주권 존중, 분쟁의 평화적 해결 등 기존 규칙을 기반으로 삼고 있던 국제 질서의 근간을 흔들었다. 이스라엘-하마스 전쟁은 이런 추세를 가속화하고 있다. 이처럼 지정학적 경쟁이 격화되면서 첨단기술 경쟁의 안보화, 경제적 상호 의존의 무기화, 공급망 축소 재편과 경제 블록화 등으로 자유주의 국제 경제 질서 역시 위기를 맞고 있다.

둘째, 이러한 대혼란의 이면에서는 세계 경제 질서의 거대한 변화가 진행되고 있다. 냉전 종식 이후 본격화된 신자유주의적 세계화는 지구 전체에 번영을 가져다줬지만, 시장 경쟁의 과잉으로 인해 국내적으로 경제적 불평등, 사회적 양극화, 정치적 분열을 초래했고 포퓰리즘과 경제민족주의를 불러왔다. 그 결과 각국은 자국우선주의와 보호무역주의로 경도되었고, 지난 10여 년간 사람들은 교역의 축소, 노동력 이동의 제한, 지구 공급망 축소 재편 등 세계화의 후퇴 즉, 탈세계화 deglobalization를 목도했다.

셋째, 탈세계화는 코로나19 대유행이 초래한 보건위기와 기후위기, 식량 및 에너지위기, 그리고 지구적으로 확산되는 인플레이션 및 경제 침체의 위험과 정면으로 충돌하고 있다. 이러한 공통의 초국가적 도전 과제를 풀기 위해서는 보다 적극적이고 효과적인 국제 협력과 지구 거버넌스가 필요하다. 그러나 주요국들은 내향적·자국우선주의적·민족주의적 행태를 견지하고 있어서 문제 해결을 향한 집합적 대응을 더욱 어렵게 만들고 있다.

개방적 통상국이며 강대국들의 경쟁 단층선에 위치한 한국은 탈세계화와 강대국 간 전략 경쟁, 인류 공통의 초국가적 위협이라는 지구적 수준의 도전에 그대로 노출되어 있다. 더욱이 이러한 추세는 미래로 갈수록 더 강화될 것이다. 한국은 장기적이고 거시적인 안목으로 세계화의 역진逆進을 저지하고 강대국 간 경쟁이 무력 충돌로 격화되지 않도록, 공멸적 경쟁을 넘어 공생을 이끌어낼 수 있도록 새롭고 유연한 규칙 기반의 국제 질서를 수립한다는 목표를 설정할 필요가 있다.

이상과 같은 지구적 수준의 도전 과제에 대응하기 위해서는 진정한 의미의 지구 거버넌스를 구축해야 하지만 현실적으로 이를 기대하기는 어렵다. 이에 주요국들은 지역적 수준에서 문제 해결에 나서고 있다. 유럽의 사례와 동아시아 개념의 등장을 보면 주요국들의 지역전략이 역내 문제를 해결하기 위해 역내 행위자들의 집합적 노력을 유도하는 것이었다면, 제3장과 제5장에서 다루었듯 미국의 경우는 지구적 도전에 대응하는 지역 거버넌스를 모색하는 것이라 할 수 있다.

서장에서 언급했듯이 이런 인식은 "글로벌 지역global region"이라는 공간 개념에 기반하고 있다. 글로벌 지역은 지역공간과 지구공간을 상호 연결interface하여 지역공간의 지구적 성격을 강조한다. 유럽 지역주의 연구의 대가인 비요른 헤트니Bjorn Hettne 교수는 탈냉전기 지역이라는 국제 정치적 공간의 부상 즉, 지역성regionness의 상승을 세계화의 진전과 결합되는 현상으로 이해하면서 이를 지구적 지역화global regonalization라 불렀다.[4] 피터 카첸슈타인Peter Katzenstein 코넬

대 교수는 전후 유럽과 아시아라는 지역적 영역은 미국의 패권과 지구적 설계, 그리고 독일과 일본에 대한 연계의 결과로 형성되었음을 주장하고 있다.[5] 이들이 주목하는 지역은 지구적 수준에서 다루는 쟁점, 과제, 전략이 지역적 영역에 투사되어 다층적이고 또한 기능적으로 다면적인 영역이 중첩되는 공간으로 인식된다. 실제로 현재 미국은 이런 지역 개념을 바탕으로 인도-태평양 지역과 유럽-대서양 Euro-Atlantic 지역전략을 연결하여 자국의 지구적 이익을 수호하고자 하며, 중국도 글로벌 안보 구상 Global Security Initiative과 글로벌 발전 구상 Global Development Initiative의 틀 속에서 일대일로 및 아시아-태평양전략을 모색하고 있다.

한국도 지구적 견지에서 공유할 수 있는 이익과 목표를 정의한 후 공간을 구획하고 설계하는 글로벌 지역 개념을 채용하고 전략을 수립해야 한다. 인도-태평양을 지구적 변화와 도전 과제에 대응하는 전략공간이자 한국의 확장된 국익을 실현하는 무대로 삼아야 한다.

2. 인도-태평양을 친숙한 공간으로 만들어라: 인도와 동남아와의 관여 강화

한국이 인도-태평양 개념 도입에 주저한 주된 이유는 한반도 문제를 풀기 위해 인접 국가를 활용하려는 한반도중심주의 혹은 한반도민족주의에서 벗어나지 못한 데 있다. 이미 경제대국이자 선진국으로 발돋움한 한국의 국익은 한반도 주변을 넘어 지역적으로 폭넓게 걸쳐 있음에도 불구하고, 한국의 지역 개념은 한반도와 동북아시아라는 협소한 지리적 영역에 머물러 있었다. 한국이 인도-태평양을 전략공간으로 설정하는 경우, 국내적으로 이를 뒷받침하는 논리가 설득력 있게 제시돼야 한다. 그간 친숙했던 공간 개념인 동북아와 동아시아, 혹은 아시아-태평양을 접고 인도-태평양을 추진한다면 과연 어떤 논리가 필요한가. 그 논리가 미국과 일본 등 주요국의 전략을 추수하는 것이라면 인도-태평양은 여전히 낯선 지역으로 남게 될 것이다. 한국의 주체적 시각이 투영된 개념이 부과되어야 한다는 이야기다.

인도-태평양의 주체적 개념화를 위한 첫 번째 행보는 미래 세계 경제지도를 전망하는 것이다. 제4장에서 보았듯이 미래 경제지도는 미중의 각축뿐만 아니라 제3축인 인도와 아세안의 부상을 보여주고 있다. 2030년대에 접어들면 미국과 중국의 비중은 상대적으로 줄어드는 반면 인도가 부상한다. 14억의 인구대국으로서 거대한 중산층을 가지고 있으며 특히 25세 이하가 6억 명 이상인 세계 최대 청년대국으로서 인도는 이미 고령화 추세에 접어든 중국과 대비되는 경제적 잠재력을 보여주고 있다. 2030년 일본을 제치고 세계 3위 경제대국으로 발돋움할 것이며, 2040년에는 미국 GDP의 40퍼센트를 상회하는 지위에 오를 것으로 전망된다. 2008년 중국의 GDP가 미국의 40퍼센트에 이르렀던 것처럼 2040년대에 인도는 'G2 시대'의 개막을 알렸던 2008년 중국에 비견되는 지위에 오를 것이다.

아세안의 부상 역시 인상적이다. 아세안 지역은 지난 10년간 세계 경제 성장의 엔진으로서 지속적으로 성장해왔다. 아세안은 2050년경 유럽에 필적하는 규모가 될 것이며, 그 중심국인 인도네시아는 2040년 일본을 제치고 세계 4위의 경제대국으로 자리매김할 전망이다. 이미 아세안은 한국에게 세계 제2의 무역 파트너이자 제

3의 투자 대상이며, 한국 국민의 제1의 방문지이고 양자 공적개발원조(Official Development Assistance, ODA) 최대 공여 지역이다. 외교적으로도 아세안+3 (한·중·일), 아세안지역안보포럼, EAS, 역내 포괄적 경제 동반자 협정(Regional Comprehensive Economic Partnership, RCEP) 등 역내 다자 협력을 증진하는 데 핵심적인 역할을 하고 있다.

이렇듯 인도와 동남아가 미래 세계 경제의 중심으로 부상할 경우, 이들을 심상지도의 중심에 둔 개념이 바로 인도-태평양이다. 즉, 한국이 동북아나 동아시아, 아시아-태평양 등 기존의 지역 개념을 넘어 인도-태평양을 우리의 삶의 터전으로, 익숙한 공간으로 삼아야 하는 까닭은 인도와 아세안의 미래 경제적 가치 혹은 미래의 기대 지평이 크기 때문이다. 향후 인도와 아세안의 경제적 관계를 격상시켜 한국의 핵심적 파트너로 삼고, 이들과의 접촉면을 넓혀 무역, 투자, 기술 협력, 인적 이동 등 교류네트워크를 확산하는 것이 긴요하다.

인도-태평양의 전략적 의미 또한 크다. 북한의 핵미사일 위협, 타이완해협의 긴장, 남중국해 분쟁, 민군 겸용 첨단기술 분야 경쟁, 민주주의에 대한 위협 등 역내 여러 사안에서 이 지역의 안보적 중요성이 증대된다는 뜻만은 아니다. 동아시아 혹은 아시아-태평양으로 지역을 구획하는 경우 미중 양대국이 공간을 양분하고 지역의 안보적 운명을 좌우할 가능성이 크다. 반면 인도-태평양으로 지역을 구획하는 경우, 지도에 신흥대국 인도가 진입하고 아세안과 호주의 위치권력positional power이 증대되어 미중 양강 구도가 아닌 다극체제 혹은 다중심체제를 이루게 된다. 예컨대, 2040년 인도-인도네시아-일본이 연합하는 경우 이들 GDP의 총액은 중국 또는 미국 GDP를 추월하게 된다.[6] 이는 곧 지역 질서에서 미중 전략 경쟁의 규정력과 중국의 영향력이 상대적으로 축소되고 한국의 전략적 존재감이 향상될 수 있음을 시사하는 것이다. 다시 말해서 인도-태평양으로 전략공간을 구획하는 경우 역내 중견국들의 영향력이 증진되는 환경을 마련할 수 있다는 것이다.

3. 인도-태평양전략의 대목표를 설정하라

　인도-태평양을 단위로 지역전략을 구성하는 경우 대목표는 무엇인가. 윤석열 정부의 인도-태평양전략은 규칙 기반 국제 질서를 조성하는 것을 지향하고 있다. 한국의 주요한 전략적 이익이 규칙 기반 질서의 회복, 유지, 강화에 달려 있다는 전략적 인식에 기초한 것이다. 윤석열 정부는 "국제 규범을 지지하고 자유, 민주주의, 법치주의, 인권 등 보편적 가치에 기초한 규칙 기반 질서 강화"를 최상위 목표로 설정하였는데[7] 사실 쿼드 국가, 아세안 국가, 독일 및 프랑스 등의 주요국 모두, 심지어 중국까지도 규칙 기반 질서 수호를 내걸고 있다. 그렇다면 자연스레 '한국이 주장하는 규칙 기반 질서는 어떤 차별성이 있는가'라는 질문이 뒤따르게 된다. '무엇을 위한 규칙과 규범인가' 즉, '어떤 목표를 실현하기 위해 어떤 규칙과 규범을 제정, 수호, 강화할 것인가'라는 질문에 대응하여 전략의 대목표를 구체화할 필요가 있다.

한국의 인태전략은 세 가지 핵심 목표를 수행하는 규칙 기반 인태 질서를 지향해야 한다.[8] 첫째는 세계화의 역진을 저지하고 보다 나은 세계화로서 재세계화reglobalization를 추진하는 것이다.[9] 현재 세계 주요국들을 중심으로 전개되고 있는 탈세계화는 미래의 대안이 되기 어렵다. 사실 세계화는 정보통신기술(information and communications technology, ICT)의 발전과 지구 공급망의 확대를 수반하며 지난 40년간 세계 경제의 성장을 견인해왔다. 1980년부터 2020년 사이 세계 무역은 약 10배 증가했고 대외 직접투자액은 17배, 노동력 이동은 3배 증가했다. GDP 기준 지난 10년간 상품 무역과 노동력 이동의 상대적 축소에도 불구하고 자본시장의 통합과 디지털 무역은 오히려 증가하고 있으며 비국가 행위자 지구 공공 네트워크는 여전히 정치적 순기능을 행사하고 있다. 더욱이 오늘날 우리가 직면한 도전들은 지구적 성격을 띠고 있어 개별 국가가 아닌 지구촌 전체의 대응을 요구하고 있다. 향후 인태전략의 목표는 재세계화 즉, 시대적 대세로서 세계화의 긍정적 측면을 이어가는 동시에 국내외적으로 포용적inclusive인 경제-기술 생태계를 조성하고 공급망의 안정성과 회복탄력성resilience 측면을 보강하기 위해 개방적이고 공정한 규칙과 규범을 세우는 일이다.

두 번째 목표는 초국경적인 도전과 위협에 대응하여 국제적 협력을 이끌어내는 일이다. 기후 변화, 코로나 팬데믹 등 보건위기, 에너지 및 식량위기, 대량살상무기 테러 등은 근대문명의 결함을 노정하는 중대한 위협이다. 어떤 국가도 독자적으로 이 문제를 해결할 수 없기 때문에 국가와 비국가 행위자는 지구적 수준에서의 제도 설계를 통해 집합적인 대응을 해나가야 한다. 그러나 위에서 기술하였듯이 현재의 탈세계화 추세는 이런 노력을 어렵게 만들고 있다. 한국은 탈근대 공생의 가치를 바탕으로 초국적 도전 과제에 효과적으로 대응하고 지속 가능한 발전을 가능하게 하는 규칙과 규범 제정에 적극 동참해야 한다. 나아가 이 과정에서 미국과 중국의 협력을 이끌어 낼 수 있도록 지혜를 모아야 한다.

세 번째 목표는 미중 간 전략 경쟁이 군사력을 동원한 충돌로 귀결되지 않도록 관리하고 양국이 규칙에 기반한 경쟁을 할 수 있도록 인태 안보 공간을 설계하는 것이다. 인태 지역은 타이완해협, 동중국해 및 남중국해, 한반도 등 지정학적 인화점flashpoint이 자리하고 있다. 역내 구성원들은 미중 간 직접 군사 충돌의 가능성이 급격히 높아지기 전에 전략적 안정성을 확보할 수 있도록 지역 안보 질서를 구축해야 하는 사활적 과제를 안고 있다. 미국은 자유주의 패권적 권위를 스스로 훼손하는 행태를 보이고 있으며, 중국 역시 권위주의체제를 강화하며 자국 중심적이고 강압적인 외교로 미래의 패권 국가로서의 정당성을 스스로 훼손하고 있다. 따라서 이들이 단독 혹은 공동으로 미래 질서를 주도하기 어렵다면 한국 등 역내 중견국들이 연대하고 협력하여 공생을 향한 인태 지역의 안보 규범, 대외 정책 행동 원리와 규칙을 마련하는 데 보다 적극적으로 나서야 한다.

4. 인도-태평양 개념에 전략적 지향성을 담아라: '전략적 균형'전략

앞서 보았듯이 미래의 세력 배분 구조 변화는 한국 외교의 전략적 방향성을 재고再考하게 만들고 있다. 장기적으로 미국 패권의 상대적인 쇠퇴, 중국 수정주의의 대두, 유럽의 회귀, 인도와 아세안의 부상 등에 따라 기존의 외교전략 즉, 한미동맹을 기축으로 하고 중국과 경제적·전략적 협력을 병행 추진하는 전략은 재고돼야 한다. 국제세력 분포의 다극화 혹은 국제 질서의 다중화가 진전될수록 한국의 안정과 번영은 한미동맹의 강화, 그리고 한미일 협력의 강화만으로는 기약하기 어렵게 될 것이다. 따라서 한미동맹 축軸과 함께 인도-태평양전략 축에서 길을 찾아야 한다.

미국, 일본, 호주, 인도 등 쿼드 국가들이 주도한 인도-태평양 개념은 두 대양을 합친다는 해양 개념으로 규정됐고, 이에 따라 해상 운송로의 안전, 항행의 자유, 해양 인프라 구축 등 해양의 전략적 안정성이 강조됐다. 하지만 그 이면의 전략적 관심은 중국의 '해양 실크로드(일로)' 등 중국의 해양 진출에 대한 대응에 있었다. 인도-태평양 개념은 해양공간에서 중국을 견제하거나 그 영향력을 희석시키는 의도로 정의된 것이다. 제4장에서 보았듯이 이들의 인도-태평양전략은 중국의 위협을 인식하는 정도에 따라 달라진다. 대중위협론을 심각하게 받아들이는 국가는 보다 경쟁적이고 군사적인 성격을 강조하는 인태 개념을 사용하는 반면, 중국과의 대립을 회피하려는 국가는 포용적이고 경제 중심적 혹은 이슈 포괄적인 인태 개념을 사용한다.

한편, 윤석열 정부의 인도-태평양전략은 "어느 국가도 배제하지 않는다는" "포용성"의 원칙을 기조로 하고, 중국과 "국제 규범과 규칙에 입각하여 상호 존중과 호혜를 기반으로 공동 이익을 추구"하겠다는 점을 강조하는 등 주요국들의 인도-태평양 개념이 대중 전략적 성격을 띠는 추세와 의식적으로 거리를 두고 있다. 중국은 한국 수출의 22퍼센트를 점유하는 최대 무역국이자 북한 문제를 다루는 데 있어서도 핵심 이해 당사자이기 때문에 여전히 한국은 중국과의 관계가 악화되는 것을 피하고자 한다. 더욱이 한국은 미국이나 일본과 달리 중국과 직접적인 군사안보적 현안을 갖고 있지 않다. 그럼에도 불구하고 중국의 대국주의적·수정주의적·강압적 행태가 증가하는 데 따른 전략적 우려가 커지는 것도 사실이다. 한국 내 여론은 중국이 자국을 존중하지 않고 강압적으로 행동하는 국가라는 부정적 인식이 팽배해 있다.[10] 그 이면에는 중국의 정치체제나 이념, 가치, 외교 행태 등이 미래의 문명 기준과는 거리가 있다는, 따라서 미래 질서를 주도하기에 여러 결함이 노정되어 있다는 인식이 자리하고 있다. 윤석열 정부가 자유민주주의 국가로서의 정체성, 보편적 가치의 추구, 힘에 의한 현상 변경에 반대한다는 것을 강조하며 중국과 보다 원칙에 입각한 관계를 구축한다는 입장을 견지하는 것도 이런 까닭이라 볼 수 있다.

이런 점에서 한국은 한편으로 미국과 기능적 영역을 확대하고 지역적·지구적 협력을 통해 동맹을 업그레이드하면서, 다른 한편으로 중국에 대한 포용적 기조를 견지하되 인도-태평양 지역 협력 틀을 살려나가야 한다. 인도-태평양 지역공간에서 부상하는 인도와의 미래 지향적 협력 강화, 그리고 동남아, 호주 등과의 중견국 네트워크를 다면적으로 확대·심화해 나가고 역내 국가들과의 협력을 통해 중국의 일방적·강압적 행동과 강대국 간 경쟁의 부정적 영향을 완화하고 경제적 번영을 위한 협력의 주축으로 삼는 것이다.

후자의 경우, 인도-태평양을 단위로 한 규칙 기반 질서를 건축하는 데 중심적 역할을 담당할 기제는 포괄적·점진적 환태평양경제동반자협정(Comprehensive and Progressive Agreement for Trans-Pacific Partnership, 이하 'CPTPP'와 혼용)이다. 한국은 이를 재세계화를 위한 경제 아키텍처의 중심으로 삼아야 한다. 자유주의 무역질서의 회복뿐만 아니라 공급망 안정성과 회복탄력성 확보를 기하고, 강대국에 의한 상호 의존의 안보화 남용을 막기 위해 경제 규제(무역, 투자, 기술 이전 등)의 국가안보적 근거를 명확히 하는 규칙과 규범 제정을 위해 CPTPP를 적극 활용해야 한다. 이런 점에서 한국은 조속히 CPTPP에 가입 신청해야 하며 일본 등 주요 가입국은 한국의 가입 노력에 적극 협력해야 한다.

5. '중층적 공간' 전략을 짜라

한국이 인도-태평양전략을 채택한다는 것이 곧 기존의 지역 개념을 완전히 인도-태평양으로 대체한다는 의미는 아니다. 한 국가가 하나의 지역만을 설정할 필요는 없다. 강대국은 글로벌 지역 개념을 통해 복수의 지리적 공간을 구획하고 연결하는 지역전략을 수립하고 있다. 미국은 북아메리카에 속하는 동시에 인도-태평양 지역의 일원이며, 북대서양 지역을 대상으로 하는 안보기구 NATO를 주도하고 있기도 하다. 마찬가지로 동남아 국가들은 아세안이라는 지역협력체를 근간으로 해서 인태 단위의 구상outlook을 제시하는 등 중층적인 지역전략을 구사하고 있다.

한국 역시 인태지역을 고정된 지리적 영역으로 개념화하는 것이 아니라 복수의 지리적 영역이 중첩되는 '글로벌 지역'공간으로 인식해야 한다. 인도-태평양은 지리적으로 거의 지구의 절반을 차지하는, 거대한 규모의 지역이기 때문에 이를 포괄하는 단일한 제도와 조직을 형성하고 관리하기는 어렵다. 예컨대 한반도, 남중국해, 동중국해와 타이완해협의 불안정성을 다루거나 메콩 지역의 개발 등 지역적 문제 해결이 반드시 인도-태평양 차원의 범지역적 의식과 참여에 의해 이루어지는 것은 아닐 수 있다.

그렇다면 한국의 '글로벌 인태전략Global Indo-Pacific Strategy'은 인태 지역을 기존의 동아시아 공간을 포함하여 기능적 분야와 쟁점 영역에 따라 다양하게 구획되는 다중multiplicity의 공간전략으로 인식할 필요가 있다. 예를 들면, 한반도 안보 사안을 다루는 데에는 기왕의 동북아 공간을, 남중국해 관리나 금융 협력, 메콩 지역 개발은 EAS, 아시아 개발은행(Asia Development Bank, ADB), AIIB 등을 중심으로 한 동아시아 공간을 활용하는 등 서로 다른 수준과 범위의 지역공간을 중층적으로 활용할 필요가 있다.

끝으로 인도-태평양 개념은 영원한 것이 아니다. 지난 150여 년의 개념사를 회고해 보면 어떤 지역 개념도 그 패권적 지위를 30년 이상 유지하지 못했다. 인도-태평양 개념도 경험 공간의 추세와 미래의 기대 지평을 담지 못할 때, 예컨대 중국 견제라는 지정학적 개념 일변도로 흐를 때 그 수명은 의외로 짧아질 수 있다. 한국은 중층적 공간전략의 프레임 속에서 주체적인 인도-태평양 개념 수립을 위해 노력하는 동시에 언제든지 대안이 부상할 수 있다는 사실을 예민하게 관찰하고 전향적으로 대응하는 자세를 가질 필요가 있다.

6. 선진 중견국 네트워크 외교를 펼쳐라

　한국은 선진 중견국이다. 경제적·군사적·영토적 덩치로는 강대국이 되기 어렵지만 산업이나 기술 차원에서는 고도의 인적자원과 세련된 시장을 보유하고 있는 선진국이고 대중문화 면에서는 신흥 강국이다. 이렇듯 높아진 국제적 위상과 이에 비례해 다면화된 국익을 지키기 위해서는 두 강대국 사이에서 어느 한편에 기대어 이득을 보거나 중립을 유지하는 등거리 외교 발상을 넘어서야 한다. 인도-태평양이라는 지역공간을 활용하여 강대국의 세력권 경쟁과 협조concert가 초래할 위험 요소를 관리하고 협력적이고 민주적인 지역질서를 건축하려는 꿈을 가져야 한다.

　시진핑의 중국과 트럼프의 미국은 강대국으로서 강압적 외교의 횡포를 보여줬고, 그 결과 국제적인 권위의 실추를 맛보았다. 한편 미국은 기성 국제 질서의 부분적인 결함과 수정 가능성을 인정하고 있고, 중국 역시 설득력 있는 대항 규범과 규칙을 제시하고자 애쓰고 있다. 따라서 미중 양측이 부분적으로 공유하는 비전을 담고 기능적으로 분화하는 인태 지역 아키텍처를 모색하는 데 한국이 역할을 맡을 부분이 있다. 한국은 양자, 다자, 소다자 외교 등 세 층위에서 복합네트워크 외교를 추진해야 한다. 여기서 일본, 호주, 인도네시아, 베트남 등 여타 중견국들과의 연대가 중요하다.

한국은 선진 중견국으로서 중견국 간의 연대네트워크를 이끌 만한 위치에 있다. 한국이 신질서를 건축하는 데 창조적 역할을 발휘할 기회 구조가 존재한다는 것이다. 일종의 위치권력 positional power이라 하겠다.[11] 첫째, 중견국들 간의 소통과 대화의 장을 마련하고 협력을 촉진하는 중개자 역할을 수행할 수 있다. 한국이 지닌 독특한 위치, 강대국과 약소국, 동양과 서양, 동북아와 동남아, 중국과 일본, 미국과의 사이에서 위치권력을 포착 및 활용하여 중개와 가교 역할을 함으로써 새 질서 건축에 기여할 수 있다.

둘째, 중견국 간의 연대를 이끌기 위해서는 지식, 문화, 이념 등 소프트파워 자원을 적극 활용해야 한다. 중견국이 어떤 형태의 연대를 통해서 강대국을 넘어 독자적인 게임의 규칙을 제정한 적은 아직까지 없다. 그러나 한국은 강대국이 설계한 플랫폼 위에 적절한 역할을 설정하고 응용 프로그램을 설계하거나 시스템의 상호 운용성과 호환성을 증대시키는 역할, 전체 체계의 규범적 가치와 정당성을 향상시키는 역할을 수행할 수 있다. 이를 수행할 때 한국은 하드파워를 중시하는 강대국들의 외교와 달리 소프트파워와 네트워크파워를 활용하여 '윈-윈'의 결과를 도출하는 외교를 추진해야 한다.

셋째, 소다자네트워크로서 한미일 삼각 협력을 적극 활용할 필요가 있다. 북한 핵미사일 개발에 대한 정책 조정을 위해 출발한 한미일 협력은 2023년 8월 18일 캠프 데이비드 정상회의에서 포괄적 협력네트워크로 진화했다. 여기서 선언한 "삼각 파트너십의 신시대"는 삼국이 인도-태평양전략의 부분 전략으로서 한미일 협력을 정의하고, 북핵을 넘어 "지역적 도전, 도발, 위협에 대응을 상호 조정하고, 공동 위협에 신속 협의"를 추진하며, "인도-태평양에 대한 접근을 조정하는 인도-태평양 삼각 대화체"를 출범시키는 등 협력의 수준과 범위를 전례 없이 끌어 올렸다.[12] 이를 통해 한국은 한미일 협력이 중국 견제를 위한 동맹의 성격을 띠지 않고 인도-태평양 지역의 모범적인 질서 구축의 비전과 행동 계획을 제시하고 실천하는 소다자 협력체로 기능하도록 해야 한다.

이를 추진하는 데에는 한일 양국 간 신뢰를 회복하는 과제가 남아 있다. 2010년대 들면서 양국에서는 민족주의가 부상하고, 이에 따른 대립이 역사 문제로 표출되어 외교적 갈등으로 이어졌다. 양국은 윤석열 정부와 기시다 정부가 들어서면서 관계 개선의 길에 접어들었다. 향후 기능적 협력을 배가하여 역사 화해를 향한 분위기를 조성하고, 역사 화해를 향한 노력의 진전이 기능적 협력을 확대 및 심화시키는 선순환 구조를 만들어나가는 과제를 안고 있다.

7. 제도적 역량을 강화하라

　한국의 인도-태평양전략은 당장의 결과를 노리기보다는 인도-태평양 공간 내 관계를 규율하는 지역 규범과 규칙, 표준을 제정하는 데 있으므로 장기적 이익의 견지에서 추진되어야 한다. 즉, 단기적이고 임의적인 대응에 치우친 약소국 외교문화로부터 탈피하여 대국적 시야로 안정적이고 지속적인 외교를 추진할 수 있는 외교문화가 형성되어야 한다. 물론 지역전략이 반드시 장기적인 관점으로 추진돼야 한다는 것은 아니다. 국제 환경의 변화에 따라 기민하게 조정할 필요가 있을 수도 있다. 문제는 국내 정치적 요인에 의해 지역전략이 전환되거나, 혹은 전환되어야 함에도 불구하고 불가피하게 유지되는 현상이 나타나는 데 있다.

한국의 역대 정부들은 대통령의 5년 임기에 맞추어 지역정책을 내걸었고 예외 없이 전임 정부와의 연속성보다는 차별성을 강조했다. 노무현 정부의 "평화와 번영의 동북아시대" 대신 이명박 정부는 "신아시아정책"으로, 후임 박근혜 정부는 "동북아평화협력구상"으로, 문재인 정부는 "신남방정책"과 "신북방정책"으로 전임 정부의 정책을 대체했다. 5년마다 지역정책을 바꾼 셈이다. 또한 이 정책들은 대체로 대선 캠프에 의해 급조된 것으로 선언적 구상의 수준을 넘지 못했다. 외교정책의 정치화가 정책의 안정성과 지속성을 저해하는 대표적 사례인 것이다.[13]

마찬가지로 민족주의 정서와 연결되어 있는 외교 사안에 대해서는 국내적 인기에 연연하여 정책 실패에 직면하기도 했다. 한국의 민족주의는 과거 강대국의 압력과 지배에 대한 강렬한 저항을 바탕으로 하는 배타적 성격이 강하다. 이는 민족적 자긍심을 고취하고 선진국 따라잡기에 국민적 역량을 결집하는 순기능을 발휘하기도 하지만 외교정책의 자율성을 심각하게 저해하고 실용주의적 접근을 어렵게 하는 역기능도 나타난다. 한일관계의 경우, 대통령은 민족주의를 자극함으로써 대중적 지지를 확보하고자 하는 유혹이 강하게 작동한다. 제5장에서 보았듯이 한국이 시대적 대세인 인도-태평양 개념을 수용하지 못한 이유 중 하나는 민족주의적 대립을 지속하고 있던 일본이 주창하는 개념을 추종할 수는 없다는 인식이었다.

민주국가에서 외교정책이 국내 정책과 연계되어 작동하고, 정치적 상황의 영향을 받는 것은 당연한 일이다. 다만 인기 영합적 외교정책은 그 수명이 짧을 뿐만 아니라 결국 국익을 저해하는 결과를 초래하기 때문에 이를 적절히 제한할 제도적 조건을 만들어가야 한다. 외교정책 수립 및 집행에 있어 적절한 국가 자율성의 확보, 리더십, 그리고 정치적 안정을 이룰 수 있는 국내 거버넌스가 정립되어야 한다. 첫째, 대통령과 대통령실에 집중된 외교정책 권한을 내각과 주무 부처에 분산, 위임하여 수평적 의사결정체계를 이루고, 둘째로 인태전략은 전 정부적 접근 whole of the governement approache 으로 이루어지므로 부처 간, 기구 간 통합·조정 기능을 강화하는 제도를 설계해야 한다.

미주

서문

1 Henri Lefebvre, *The Production of Space*, NY: Wiley-Backwell, 1991.
2 사상사적으로 아시아 공간의 개념 변화를 추적한 대표적인 저작은 山室信一, 《思想課題としてのアジア》, 岩波書店, 2001.
3 재세계화 개념에 대해서는 Bishop, Matthew and Anthony Payne, *Reglobalization*, New York: Routledge, 2021.
4 Lefebre, 같은 책, p. 5.
5 Reinhard Kosselleck, *Future's Past: On the Semantics of Historical Time*, NY: Columbia Universty Press, 1979.
6 동아시아의 경우 T.J. Pempel, *Remapping East Asia*, Ithaca: Cornell University Press, 2002.
7 Peter Katzenstein and Takashi Shiraishi, *Network Power*, Ithaca: Cornell University Press, 1997.
8 Emanuel Adler and Michael Barnett, *Security Communities*, Cambridge: Cambridge University Press, 2009, p. 58.
9 지역공간의 지구적 성격을 강조하는 지적 흐름은 Peter Katzenstein, *A World of Regions: Asia and Europe in the American Imperium*, Ithaca: Cornell University Press, 2005; Mary Farrell, Bjorn Hettne, and Luk Van Langenhove (eds), *Global Politics of Regionalism*, London: Pluto 2005; Fredrik Soderbaum, *Rethinking Regionalism*, Baisingstoke: Palgrave, 2016; and Maria Lagutina, "The Global Region: A Concept for Understanding Regional Processes in Global Era," *The Journal of Cross-regional Dialogue*, 2020 Special Issue.
10 Bjorn Hettne and Frederik Soderbaum, "Theorising the rise of regionness," *New Political Economy*, Vol 3, No 3, 2002, p. 33.
11 洪宗郁, 《戰時期朝鮮の轉向者たち》, 東京: 有志舍, 2011.
12 Rory Medcalf, "Indo-Pacific Visions: Giving Solidarity a Chance", *Asia Policy* 14, 3(July 2019).
13 Brandon Cannon and Kei Hakata, *Indo-Pacific Strategies: Navigating Geopolitics at the Dawn of a New Age*, London: Routledge 2021, chs 6 & 8.
14 본격적인 국내 사회과학 개념사 연구 저작은 하영선 서울대 교수 주도로 이뤄졌다. 하영선 편, 《근대 한국의 사회과학 개념 형성사》, 창비, 2009; 하영선·손열 편 《근대 한국의 사회과학 개념 형성사 2》, 창비, 2012; 하영선·손열 편 《한국 사회과학 개념사: 조공에서 정보화까지》, 한울아카데미, 2018; 하영선·손열, 《냉전기 한국 사회과학 개념사》, 대한민국역사박물관, 2018; 또한 한림대학교 한림과학원이 출간한 《한국개념사총서》 증보판, 2016 등도 꼽을 수 있다.
15 加藤周一·丸山眞男, 〈翻訳の思想〉, 《日本近代思想大系》 15, 岩波書店, 1991; 丸山眞男·加藤周一, 〈翻沢と日本の近代〉, 《岩波新書》 580, 岩波書店, 1998; 《日本近代思想史における法と政治》, 岩波書店, 1976 등을 꼽을 수 있다.
16 이에 대해서는 Lydia Liu, *Translingual Practice*, Stanford: Stanford University Press, 1995; Doulas Howland, *Translating the West*, Honolulu: University of Hawaii Press, 2001.
17 야나부 아키라, 김옥희 옮김, 《번역어의 성립》, 마음산책, 2011.

18 Melvin Richter, *The History of Political and Social Concepts*, Oxford: Oxford University Press, 1995, p. 10.

1장

1 John Fairbank, "A Preliminary Framework," in idem ed. *Chinese World Order*, Cambridge: Harvard University Press, 1973, p. 1-19.
2 이용희, 〈한일관계의 정신사적 문제〉, 《신동아》, 1970년 8월호.
3 같은 책 p. 245.
4 카와카츠 헤이타, 〈아시아 개념의 성립과 변용〉, 《신아세아》 5 no.1, 1998, pp. 65-68.
5 松本三之介, 《近代日本の中國認識》, 以文社, 2011, p. 8.
6 동양 혹은 오리엔트라는 공간 설정을 통한 유럽(서양)의 자기정체성 구축의 전략적 과정을 분석한 대표적 저작은 Edward Said, *Orientalism*, NY: Pantheon Books, 1978을 참조할 것.
7 Stefan Tanaka, *Japans Orient: Rendering Pasts into History*, Berkeley: University of California Press, 1993, p. 4.
8 "이상화된 중국(고대 이상향)"을 타자로 설정하고 그 순수한 형태가 도쿠가와 치하의 일본에 발현 및 유지되고 있다는, 따라서 일본이 중심 혹은 중화中華가 된다는 사고와 연관되는 것이었다. 일본이 중심이 되어 조선, 류큐, 아이누를 주변으로 삼는 이른바 "일본형 화이질서"관이 그 사례다. 荒野泰典, 《近世日本と東アジア》, 東京大學出版會, 1988; 山室信一, 《思想課題としてのアジア, 基軸・連鎖・投企》, 岩波書店, 2001, p. 36.
9 동아시아에 있어서 문명 개념의 도입사에 대해서는 하영선, 《근대 국제 질서와 한반도》, 을유문화사, 2003, pp. 372-404.
10 富田正文 編, 《福澤諭吉選集》 4卷, 岩波書店, 1981, p. 20.
11 富田正文 編, 〈時事小言〉, 《福澤諭吉選集》 5卷, 岩波書店, 1981.
12 山室信一, 《思想課題としてのアジア基軸・連鎖・投企》, 岩波書店, 2001, p. 45.
13 富田正文 編, 〈脱亜論〉, 《福澤諭吉選集》 7卷, 岩波書店, p. 1981.
14 Peter Duus, *The Abacus and the Sword: Japanese Penetration of Korea, 1895-1910*, Berkeley: Univestiy of California Press, 1998.
15 大山梓 編, 《山県有朋意見書》, 原書房, 1966.
16 Stefan Tanaka, *Japans Orient: Rendering Pasts into History*, Berkeley: University of California Press, 1993, p. 45.
17 같은 책.
18 大岡信, 大岡玲 編, 《宝石の声なる人に プリヤンバダ・デーヴィーと岡倉覚三 愛の手紙》, 平凡社ライブラリー, 1997, p. 30.
19 같은 책, p. 61.
20 예컨대, Benedict Anderson, *Imagined Communities : Reflections on the Origin and Spread of Nationalism*, NY: Verso, 1983.
21 Michel S. Laguerre, *American Odyssey: Haitians in New York City*, Ithaca: Cornell University Press, 1984, p. 33.
22 장인성, 《장소의 국제 정치사상》, 서울대학교 출판부, 2002.
23 平石直昭, 《アジアから考える》, 東京大學出版會, 1993-1994, p. 272.
24 한국의 경우 동양연대론은 동양 삼국에 한정되어 있으나 일본은 이를 넘어 황인종 전체를 지칭하는 경우가 많다. 장인성, 《장소의 국제 정치사상》, 서울대학교 출판부, 2003, p. 219; 장인성, 〈자기

로서의 아시아, 타자로서의 아시아〉, 《신아세아》 5 no.1, 1998, p. 23, p. 32.
25 田岡嶺雲·熊谷元宏 編, 《明治叛臣伝―自由民権の先駆者たち》, 大勢新聞社, 1967, p. 59.
26 같은 책.
27 하영선, 《한국 외교사 바로보기: 전통과 근대》, 한울아카데미, 2019.
28 하영선 편, 《근대 한국의 사회과학 개념 형성사》, 창비, 2009.
29 〈논설〉, 《독립신문》, 1898년 4월 7일.
30 〈논설〉, 《독립신문》, 1899년 11월 9일.
31 《황성신문》, 1904년 5월 6일; 1904년 5월 31일.
32 《황성신문》, 1903년 10월 15일; 1903년 10월 28일.
33 《대한매일신보》, 1905년 11월 22일.
34 이는 방합과 도요새가 서로 다투는 틈을 타서 둘 다 어부에게 잡히고 만다는 의미의 고사다.
35 지역인자란 역내 행위자들을 하나로 묶는 공통의 것commonality, 혹은 지역성regionness을 뜻한다. 국가state가 정치적으로 의미 있는 존재로 기능하려면 국가성stateness이 필요하고 국민국가로 존재하려면 국민성(nationhood 혹은 nationness)이 요구되는 것처럼, 지역이 하나의 정치적 단위로서 존재, 기능하려면 지역성이 요구된다. 국가성이 현저히 약화되면 '실패한 국가'가 되듯이 지역성이 약화되면 지역으로서 의미를 잃게 된다. 또, 이 지역성을 부여하는 인자가 변하게 되면 지역의 모습 (즉, 경계) 역시 변하게 된다. 지역 인자가 역내 행위자들에게서 정당성과 권위, 매력을 획득하게 될 때 정치적 실체로서 지역이 등장한다. 지역인자는 주어지는 것이 아니라 창조되는 것이다. 이에 대해서는 손열 편, 《매력으로 엮는 동아시아: 지역성의 창조와 서울컨센서스》, 지식마당, 2007, 1장을 참조할 것.
36 국가보훈처, 《21세기와 동양평화론》, 국가보훈처, 1996.
37 같은 책, pp. 55-57.
38 당시 안중근의 동양연대론과 다른 입장으로서, 최익현崔益鉉은 동양 삼국의 정립鼎立을 주장하면서 '애당愛黨'의 마음을 결여한 일본의 행위가 동양 멸망을 초래할 수 있다고 경고한 바 있다. 반면 신채호申采浩는 "국가는 주인이요, 동양주의는 손님"이라 외치며 동양주의의 위험성을 적나라하게 비판했다. 그는 동양이란 본래 제국주의의 공간이고 따라서 동양연대는 일본의 제국주의적 이익을 교묘하게 포장한 수사修辭이므로 조선은 현실을 직시하고 민족주의로 활로를 개척해야 한다는 주장을 펼쳤다.
39 Arif Dirlik, *Asia-Pacific as Space of Cultural Production*, Durham, NC: Duke University Press, 1995.
40 Gordon Wood, *The Pacific Basin*, Oxford: Oxford University Press, 1930, pp. 3-6.
41 Immanuel Wallerstein, *The Modern World-System II: Mercantilism and the Consolidation of the European World-Economy, 1600-1750*, Berkeley: University of California, 2011.
42 고정휴, 《태평양의 발견과 근대 조선: 세계와 마주하다》, 나남출판, 2022.
43 임종태, 《17, 18세기 중국과 조선의 서구 지리학 이해: 지구와 다섯 대륙의 우화》, 창비, 2012.
44 Bruce Cumings, *Dominion from Sea to Sea: Pacific Ascendancy and American Power*, Yale University Press, 2010.
45 Akira Iriye, *Pacific Estrangement*, Harvard University Press1972, p. 8.
46 같은 책, p. 8.
47 Akira Iriye, *Across the Pacific: An Inner History of American-East Asian Relations*, NY: Harcourt, 1967, p. 109.
48 Peter Duus, *The Abacus and the Sword: The Japanese Penetration of Korea, 1895-1910*.

Berkeley: University of California Press, 1998.
49 Manjiro Inagaki, *Japan and the Pacific: the Japanese View of the Eastern Question*, London: T. Fisher Unwin, 1890.
50 Akira Iriye, *Pacific Estrangement. Japanese and American Expansion, 1897-1911*, Cambridge: Harvard University Press, 1972, p. 36.
51 같은 책, p. 53.
52 Akira Iriye, *Across the Pacific: An Inner History of American–East Asian Relations*, NY: Harcourt, Brace & World, 1967, p. 105.
53 같은 책, pp. 107–108.
54 John King Fairbank, "William Holland and the IPR in Historical Perspective," *The Pacific Affairs* 52 no. 4 (winter 1979–1980): 589.
55 국가 이외의 행위 주체로서 정부 간 국제기구(IGO), 비정부기구(NGO), 국제 비정부기구(INGO), 테러리스트, 국제 무기 암거래 조직 등을 지칭한다.
56 Fairbank, 같은 책.
57 같은 책, p. 39.
58 Tomoko Akami, *Internationalizing the Pacific*, London: Routledge, 2002, p. 5.
59 같은 책, pp. 67–68.
60 間野英二·堀直·中見立夫·小松久男, 《内陸アジア (地域からの世界史)》, 東京: 朝日新聞, 1992.
61 秦郁彦, 《現代史の光と影―南京事件から嫌煙権論争まで》, 東京: グラフ社, 1999, p. 279.
62 江口圭一, 《1941年12月8日 アジア太平洋戦争はなぜ起こったか》, 東京: 岩波ジュニア新書, 1991, pp. 117–119.
63 Akira Iriye, *Across the Pacific: An Inner History of American–East Asian Relations*, NY: Harcourt, 1967, p. 116; Andrew Gordon, *A Modern History of Japan: From Tokugawa Times to the Present*, NY: Oxford University Press, 2003, p. 177.
64 Tetsuo Najita and H. D. Harootunian, "Japanese Revolt against the West," Peter Duss, eds. *The Cambridge History of Japan* 6, 1989.
65 Samuel Moyn and Andrew Sartori, *Global Intellectual History*, New York: Columbia University Press, 2013.
66 Oswald Spengler, *The Decline of the West*, NY: Oxford University Press, 1991.
67 Najita and Harootunian, 같은 책, p. 735.
68 같은 책.
69 山室信一, 《思想課題としてのアジア基軸·連鎖·投企》, 東京: 岩波書店, 2001, p. 99.
70 이하 기술한 동아협동체론은 졸저 하영선·손열 편, 〈지역 질서로서 공동체 개념의 등장: 동아협동체론의 성립, 전파와 식민지 유통〉, 《한국 사회과학 개념사: 조공에서 정보화까지》, 한울아카데미, 2018 내용을 원용하였다.
71 大久保達正·永田元也·兵頭徹 編, 《昭和社會經濟史料集成》 第31卷, 東京: 大東文化大学東洋研究所, 2004, p. 187.
72 같은 책, p. 189.
73 같은 책, pp. 208–209.
74 Akira Iriye, *The Origins of the Second War in Asia and the Pacific*, London: Routledge, 1989, pp. 42–43.

75 大久保達正·永田元也·兵頭徹 編,《昭和社會經濟史料集成》第31卷, 東京: 大東文化大学東洋研究所, 2004, p. 458.
76 兵頭徹·大久保達正·永田元也 編,《昭和社會經濟史料集成》第32卷, 東京: 大東文化大学東洋研究所, 2005, pp. 479-482.
77 兵頭徹·大久保達正·永田元也 編,《昭和社會經濟史料集成》第33卷, 東京: 大東文化大学東洋研究所, 2006, p. 58.
78 같은 책, p. 60.
79 같은 책, p. 61.
80 함동주, 〈중일전쟁과 미키 키요시의 동아협동체론〉,《동양사학연구》, 1996, p. 176.
81 兵頭徹·大久保達正·永田元也 編,《昭和社會經濟史料集成》第33卷, 東京: 大東文化大学東洋研究所, 2006, p. 112.
82 Tetsuo Najita and H. D. Harootunian, "Japanese Revolt against the West," Peter Duss, eds. *The Cambridge History of Japan* 6, 1989.
83 兵頭徹·大久保達正·永田元也 編,《昭和社會經濟史料集成》第33卷, 東京: 大東文化大学東洋研究所, 2006, p. 64.
84 같은 책, p. 65.
85 미키 키요시, 〈신일본의 사상 원리〉, 최원식·백영서 엮음,《동아시아인의 '동양' 인식》, 문학과지성사, 1997, pp. 52-70.
86 William Miles Fletcher III, *The Search for a New Order: Intellectuals and Fascism in Prewar Japan*, Chapel Hill: The University of North Carolina Press, 2011, p. 123.
87 오자키 호츠미, 〈동아 협동체의 이념과 그 성립의 객관적 기초〉, 최원식·백영서 엮음,《동아시아인의 '동양' 인식》, 문학과지성사, 1997, pp. 36-51.
88 洪宗郁,《戰時期朝鮮の轉向者たち》, 東京: 有志舍, 2011.
89 같은 책.
90 홍종욱, 〈1930년대 동아일보의 국제 정세 인식〉,《한국민족운동사연구》58, 2009, pp. 73-116.
91 〈抗日戰争期の蒋介石とスターリン〉, 西村成雄·石島紀之·田嶋信雄 編,《国際関係のなかの日中戦争》, 東京: 慶應義塾大學出版會, 2011.
92 洪宗郁,《戰時期朝鮮の轉向者たち》, 東京: 有志舍, 2011, p. 64.
93 김명식, 〈건설의식과 대륙 진출〉,《삼천리》1월호, 1939a, p. 48.
94 같은 책, pp. 49-50.
95 같은 책, p. 51.
96 인정식, 〈동아의 재편성과 조선인〉,《삼천리》1월호, 1939, p. 54.
97 같은 책, p. 55.
98 같은 책, p. 56.
99 같은 책, p. 60.
100 같은 책, p. 63.
101 김명식, 〈조선 경제의 독자성〉,《조광》1월호, 1940.
102 洪宗郁,《戰時期朝鮮の轉向者たち》, 東京: 有志舍, 2011.
103 임성모, 〈동아협동체론과 '신질서'의 임계〉, 임성모·백영서 편,《동아시아의 지역 질서》, 창비, 2005.
104 이준식, 〈파시즘기 국제 정세의 변화와 전쟁 인식- 중일전쟁기 내선일체론자들을 중심으로〉, 방

기중 편,《일제하 지식인의 파시즘체제 인식과 대응》, 혜안, 2005, p. 109.
105 임성모,〈동아협동체론과 '신질서'의 임계〉, 임성모·백영서 편,《동아시아의 지역 질서》, 창비, 2005, pp. 187–188.
106 일본의 진주는 서구의 관심을 이끌게 되고 일본군 진주 지역을 탈환하는 가운데 구미에 동남아시아라는 개념이 성립하게 된다. 山室信一,〈アイデンティティ: 解体と再構成〉,《アジア新世紀》第3巻, 東京: 岩波書店, 2002.
107 外務省 編,《基本国策要綱》, 東京:外務省, 1965, p. 466.
108 임성모,〈동아협동체론과 '신질서'의 임계〉, 임성모·백영서 편,《동아시아의 지역 질서》, 창비, 2005, p. 7.
109 高坂正顯·藤田親昌 編,《世界史的立場と日本》, 東京: 中央公論社, 1943, pp. 358–359.
110 福間良明,〈大東亜 空間の生産 (I)(II)—地政学における空間認識の動態性とナショナリティの再構築〉,《政治経済史学》, 2003, pp. 440–441.
111 Akira Iriye, *Power and Culture*, Cambridge: Harvard University Press, 1982.

2장

1 Charles Dobbs, "The Pact That Never Was: The Pacific Pact of 1949," *Journal of Northeast Asian Studies* 3, 4, Winter 1984.
2 李鍾元,〈韓国の地域外交とアジア太平洋〉, 渡邉昭夫 編,《アジア太平洋と新しい地域主義の展開》, 千倉書房, 2010
3 David Mabon, "Elusive Agreements: The Pacific Pact Proposals of 1949–1951," *Pacific Historical Review* 57, May 1988, pp. 151–152.
4 Kenneth B. Pyle, *Japan in the American* Century, Cambridge: Harvard University Press, 2018, p. 159.
5 Akira Iriye and Warren I. Cohen, *The United States and Japan in the Postwar World*, Lexington: University Press of Kentucky, 2015, pp. 24–25.
6 다자안보체제에 대한 역내 국가들의 대립에 대해서는 細谷千博,《サンフランシスコ講和への道》, 中央公論社, 1984.
7 Kent Calder and Min Ye, *The Making of Northeast Asia*, Redwood: Stanford University Press, 2010, p. 68.
8 G. John Ikenberry, "America in East Asia," in Ellis Krauss and T. J. Pempel eds., *Beyond Bilateralism*, Stanford: Stanford University Press, 2004, pp. 37–54.
9 신욱희,〈한미관계의 역사적 고찰: 이승만의 역할 인식과 1950년대 후반의 한미관계〉,《한국정치외교사논총》 26, no.1 2005, pp. 45–46.
10 1974년 유엔아태경제사회위원회(United Nations Economic and Social Commission for Asia and the Pacific, ESCAP)로 명칭을 개정했다.
11 박태균,〈1950년대 미국의 대아시아정책과 ECAFE〉,《국제지역연구》 12, no.2, 2003, p. 40.
12 大庭三枝,《アジア太平洋地域形成への道程—境界国家日豪のアイデンティティ模索と地域主義》, 京都: ミネルヴァ書房, 2004, p. 156.
13 같은 책, p. 150.
14 같은 책, p. 153.
15 같은 책.
16 같은 책.

17 박태균, 〈박정희의 동아시아 인식과 아시아·태평양 공동사회 구상〉, 《역사비평》 8, 2006.
18 박태균, 〈한국전쟁, 그리고 베트남전쟁의 기억과 참전의 악순환〉, 《국제지역연구》 20 no.2, 2011, p. 19.
19 1960년대 아스팍 등 지역 협력 외교에 대한 총체적 분석은 대표적으로 曹良鉉, 《アジア地域主義とアメリカ ベトナム戦争期のアジア太平洋国際関係》, 東京大学出版会, 2009.
20 박태균, 〈박정희의 동아시아 인식과 아시아·태평양 공동사회 구상〉, 《역사비평》 8, pp. 144–145.
21 大庭, 앞의 책, pp. 195–200.
22 박태균, 〈한국전쟁, 그리고 베트남전쟁의 기억과 참전의 악순환〉, 《국제지역연구》 20 no.2, 2011, p. 26; 마상윤, 〈박정희와 남북대화〉, 《학술대회》 4, 2007.
23 大庭, 같은 책, p. 211.
24 Peter Drysdale and Hugh Patrick, *Evaluation of a Proposed Asia-Pacific Regional Economic Organization*, Canberra: Australian National University, 1979.
25 大庭三枝, 《重層的地域としてのアジア――対立と共存の構図》, 有斐閣, 2014, pp. 77–78.
26 John Ravenhill, *APEC and the Construction of Pacific Rim Regionalism*, Cambridge: Cambride University Press, 2001.
27 T.J. Pempel, *Remapping East Asia*, Ithaca: Cornell University Press, 2002.
28 1985년 9월 22일 미국 뉴욕에 위치한 플라자호텔에서 프랑스, 독일, 일본, 미국, 영국 등 G5의 재무장관들이 외환시장의 개입으로 인해 발생한 달러화 강세를 시정하기로 결의한 조치를 말한다. 그 결과 인위적으로 달러의 가치가 떨어지고 엔화의 가치가 올라갔는데, 이로써 미국은 자국의 경제적 입지를 위협하던 일본을 저지하는 효과를 거뒀다.
29 寺田貴, 《東アジアとアジア太平洋》, 東京大學出版會, 2013, pp. 44–45; 大庭, 같은 책, pp. 86–87.
30 大庭, 위의 책, p. 321.
31 寺田, 같은 책, pp. 49–50.
32 John Williamson, "What Washington Consensus Means by Policy Reform", in idem. ed. *Latin American Adjustment: How Much Has Happened?*, Washington: Institute for International Economics, 1990.
33 Robert Wade, "Showdown at the World Bank", *The New Left Review* Jan/Feb, 2001, pp. 124–137.
34 Terada, Takashi. "Constructing an East Asian Concept and Growing Regional Identity", *The Pacific Review* 16, no. 2, 2003, p. 47.
35 같은 책, p. 48.
36 Bergsten, Fred, "Open Regionalism," *PIIE Working Papers* 97-3, 1997.
37 大庭三枝, 《アジア太平洋地域形成への道程―境界国家日豪のアイデンティティ模索と地域主義》, 京都: ミネルヴァ書房, 2004, p. 282.

3장

1 펨펠에 의하면 지역화란 비국가 행위자 간 접촉, 교환, 협력을 통해 상향식bottom-up으로 지역적 영역을 인식하는 경우이고, 지역주의란 국가 행위자 간 접촉, 교환, 협력을 통해 하향식top-down으로 지역 인식 및 제도화를 이루는 경우를 말한다.
2 The World Bank, *The East Asian Miracle: Economic Growth and Public Policy*, Oxford: Oxford University Press 1993.
3 Johnson, Chalmers. 1982. *MITI and the Japanese Miracle: The Rise of Industrial Policy*,

1925-1975, Stanford: Stanford University Press.

4 Chalmers Johnson, 1987, "The Developmental State: Odyssey of a Concept" in Meredith Woo-Cumings ed., *The Developmental State*, Ithaca: Cornell University Press, 1999.

5 Bruce Cumings, "The Origin and Development of the Northeast Asian Political Economy" *International Organization* 38, 1, 1984, pp. 1-40.

6 Pempel, T.J., "The Developmental Regime in a Changing World Economy," in M. Woo-Cumings, *The Developmental State*, Ithaca: Cornell University Press, 1999. 또한 Haggard, Stephan, *Developmenmtal States*, Cambridge: Cambridge University Press, 2018; Pempel, *A Region of Regimes: Prosperity and Plunder in the Asia-Pacific*, Ithaca: Cornell University Press, 2021.

7 寺田貴, 《東アジアとアジア太平洋》, 東京大學出版會, 2013, pp. 106-109.

8 같은 책, p. 106.

9 Terada, Takashi, "Constructing an East Asian Concept and Growing Regional Identity," *The Pacific Review* 16, no. 2, 2003, p. 107.

10 寺田貴, 앞의 책, pp. 112-114.

11 大庭三枝, 《重層的地域としてのアジア――対立と共存の構図》, 東京: 有斐閣, 2014, p. 115.

12 Andrew MacIntyre, T.J. Pempel, and John Ravenhil eds., Crisis as Catalyst: Asia's Dynamic Political Economy, Ithaca: Cornell University Press, 2008.

13 Douglas Webber, "Two Funerals and a Wedding? The Ups and Downs of Regionalism in East Asia and Asia-Pacific After the Asian Crisis," *Pacific Review* 14, issue 3, 2001.

14 Richard Higgott, "Asian Financial Crisis: A Study in the Politics of Resentment," *New Political Economy* 3, no.3, 1998, p. 339.

15 Jennifer Amyx, Japan's Financial Crisis: *Institutional Rigidity and Reluctant Change*, Princeton: Princeton University Press, 2004, p. 205.

16 Webber, 앞의 책, p. 355.

17 Richard Higgott, "The Asian economic crisis: a study in the politics of resentment," *New Political Economy*, 3, 3 , 1998.

18 두 국가가 현재 양국 화폐의 교환 비율에 따라 필요한 만큼의 돈을 상대국과 교환하고, 일정 기간이 지난 후에 최초 계약 때 정한 환율로 원금을 재교환하는 거래를 말한다.

19 Paul Bowles, "Asia's Post-Crisis Regionalism: bringing the state back in, keeping the (United) States out," *Review of International Political Economy* 9, 2, 2002.

20 Richard Higgott, "Asian Financial Crisis: A Study in the Politics of Resentment," *New Political Economy* 3, no. 3, 1998.

21 다른 국가의 거주자가 자유롭게 서로 자본 이동을 수반한 거래를 체결·실시할 수 있도록 하는 것을 말한다.

22 관세 이외의 수단에 의한 무역 관리와 환 관리를 완화 또는 폐지하는 무역정책.

23 Robert Wade, "Showdown at the World Bank," *The New Left Review* Jan/Feb, 2001; Geoffrey Garrett, *Partisan Politics in the Global Economy*, New York: Cambridge University Press, 1998.

24 Peter Hall and David Soskice, eds., *Varieties of Capitalism: The Institutional Foundations of Comparative Advantage*, Oxford: Oxford University Press, 2001.

25 손열, 〈일본에 있어서 21세기적 국가-기업 간 관계〉, 《국제평화》 3, no.1, 2006; 진창수 편, 《일본 정치경제의 효율성과 경쟁력 제고》, 한울아카데미, 2006.

26 Wade, "Showdown at the World Bank", *The New Left Review* Jan/Feb, 2001.
27 이하의 논의는 다음의 두 글에 의존한다. Fareed Zakaria, "Culture is Destiny: A Conversation with Lee Kwan Yew" *Foreign Affairs*, 73, 2, 1994와 Dae Jung Kim, "Is Culture Destiny?: The Myth of Asia's Anti-Democratic Values," *Foreign Affairs*, 73, 6, 1994.
28 창비의 동아시아론에 대해서는 백영서, 《동아시아담론의 계보와 미래》, 나남출판, 2022.
29 백낙청, 〈새로운 전 지구적 문명을 향하여〉, 《창작과비평》 6, 1996.
30 류준필, 〈분단체제론과 동아시아론〉, 《아세아연구》 52, no. 4, 2009. pp. 38-72; 이정훈·박상수 편, 《동아시아, 인식 지평과 실천 공간》, 아연출판부, 2010.
31 David Shambaugh, "China Engages Asia: Reshaping the Regional Order", *International Security* 29(13),: 62004/5, pp. 4-99; 天兒慧, 〈日中外交比較から見た日中關係〉, 毛利和子·張蘊嶺 編, 《日中關係をどう構築するか》, 42-46, 岩波書店, 2004.
32 Joshua Kurlantzick, *Charm offensive*, New Haven: Yale University Press, 2008.
33 아차리아는 이를 열린 지역주의, 연성 지역주의, 탄력적 합의주의, 협력안보로 정의하고 있다.
34 Akio Takahara, "Beijing Embraces Regionalism", *Japan Echo* 29, no. 1, 2002, pp. 38-49.
35 〈경제인덱스〉, 하영선 편, 《동아시아공동체: 신화와 현실》인덱스 3-3, 동아시아연구원, 2008.
36 United States Department of Defense, "Quadrennial Defense Review Report", February 6, 2006; The White House, *National Security Strategy of the United States of America*, 2006.
37 의식주 문제가 완전히 해결되고 모든 인민이 문화적인 생활을 할 수 있는 수준의 단계를 말한다.
38 Zheng Bijian, "China's Peaceful Rise to Great Power Status", *Foreign Affairs*, Sep/Oct 2005.
39 다카하라 신안전보장관이 차츰 동아시아 다자외교를 적극적으로 추진하는 데 이념적 기초가 됐음을 밝히고 있다. 高原明生, 〈中國の新安全保障觀と地域政策〉, 五十嵐曉郎 外 編, 《東アジア安全保障の新展開》, 東京: 明石書店, 2005. pp. 192-215.
40 Kuik Cheng-Chwee "Multilateralism in China's ASEAN Policy: Its Evolution, Characteristics, and Aspiration", *Contemporary Southeast Asia* 27, no. 1, April 2005, pp. 102-122.
41 조영남, 〈중국 외교의 새로운 시도: '소프트파워' 전략〉, 김태호 외 지음, 《중국 외교 연구의 새로운 영역》, 나남, 2008, p. 205.
42 조영남, 〈중국의 소프트파워와 그 외교적 함의〉, 손열 편, 《매력으로 엮는 동아시아》, 지식마당, p. 132.
43 Joshua Cooper Ramo, "The Beijing Consensus," *The Foreign Policy Centre*: 3, 2004.
44 조영남, 《후진타오 시대의 중국정치》, 나남, 2006.
45 Zheng Bijian, "China's Peaceful Development and Chinese Civilized Revival", *People's Daily*, 2006.
46 조영남, 〈중국 외교의 새로운 시도: '소프트파워' 전략〉, 김태호 외 지음, 《중국 외교 연구의 새로운 영역》, 나남, 2008, p. 214.
47 안보의 궁극적인 대상을 인간으로 보는 개념으로서 평화와 안보, 경제 발전 및 복지, 인권 존중, 환경 보존, 사회정의, 민주화, 군축, 법치, 좋은 정치 등이 주요 요소다.
48 青木保·白井早由里·神保謙·浦田秀次郎·福島安紀子 編, 伊藤憲一·田中明彦 監, 《東アジア共同体と日本の針路》, 東京: 日本放送出版協会, 2005. pp. 60-64.
49 일본의 주장에 더하여 중국의 부상에 의해 아세안의 영향력이 저하되는 현실을 우려한 싱가포르와 인도네시아가 멤버십 확대를 통해 중국을 견제하려는 전략적 판단을 했고, 그 결과 호주, 뉴질랜드, 인도의 EAS 참가가 가능하게 됐다. EAS에서 동아시아의 공간적 범위는 아세안+6으로까지 확대됐다(같은 책, p. 62).

50 毛里和子 編,《東アジア共同體の構築 4: 圖說 ネットワク解析》, 東京: 岩波書店, 2006, p. 236.
51 Yul Sohn, "Japan's New Regionalism: China Shock, Values, and the East Asian Community," *Asian Survey* 50, 3, 2010.
52 The White House, "The National Security Strategy of the United States of America,", The White House, March 2006, https://nssarchive.us/national-security-strategy-2006/
53 大庭三枝,《重層的地域としてのアジア——対立と共存の構図》, 東京: 有斐閣, 2014, pp. 162-163.
54 寺田貴,《東アジアとアジア太平洋》, 東京大學出版會, 2013, p. 147.
55 같은 책, pp. 160-164.
56 The White House, *National Security Strategy of the United States of America*, Washington: The White House, 2022.
57 The White House, *National Security Strategy of the United States of America*, Washington: The White House, 2006.
58 Condoleezza Rice, "The Promise of Democratic Peace", The Washington Post, 2005.
59 Alice Ba, "Systemic Neglect?: A Reconsideration of US-Southeast Asia Policy" *Contemporary Southeast Asia* 31, no.3, 2009.
60 ASEAN Secretariat, "ASEAN Documents Series 2005," ASEAN Documents Series, 2005, https://asean.org/wp-content/uploads/images/archive/ADS-2005.pdf.
61 寺田貴,《東アジアとアジア太平洋》, 東京大學出版會, 2013, p. 169.
62 Yul Sohn and Mingyo Koo, "Securitizing Trade: The Case of Korea-US FTA", *International Relations of the Asia-Pacific* 11, Fall 2011.
63 USTR, "The President's 2010 Trade Policy Agenda", 2010 Trade Policy Agenda and 2009 Annual Report, 2010, https://ustr.gov/2010-trade-policy-agenda/
64 Takashi Terada, "The US Struggles in APEC's Trade Politics: Coalition-Building and Regional Integration in the Asia-Pacific", *International Negotiation*, 2014.
65 Clinton, Hilary, "America's Engagement in the Asia-Pacific", 2010, https://2009-2017.state.gov/secretary/20092013clinton/rm/2010/10/150141.htm(검색일: 2023.11.11.); Clinton, Hilary, "America's Pacific Century," Foreign Policy, October 11, 2011.
66 USTR, "Remarks by Ambassador Froman at the Coalition of Services Industries on the Trade in Services Agreement", USTR Press Release, June 2014, https://ustr.gov/about-us/policy-offices/press-office/speeches/transcripts/2014/June/Remarks-by-USTR-Froman-at-Coalition-Services-Industries-on-TiSA/
67 USTR, "Remarks by Tom Donilon, The United States and the Asia-Pacific in 2013", USTR Press Release, March 11, 2013 https://ustr.gov/about-us/policy-offices/press-office/speeches/transcripts/2014/June/Remarks-by-USTR-Froman-at-Coalition-Services-Industries-on-TiSA/
68 U.S. Department of State, "U.S. Secretary of State John Kerry delivers a speech about US-Pacific relations at the Tokyo Institute of Technology in Tokyo, Japan, on April 15, 2013", https://amview.japan.usembassy.gov/en/in-tokyo-secretary-kerry-j/
69 U.S. Department of State, "AP 4.0, an operating system for the Asia-Pacific Region", Archived Content of U.S. Department of State, October 11, 2016, https://2009-2017.state.gov/p/eap/rls/rm/2016/10/262968.htm/
70 Kirshner, Jonathan, *American Power After the Financial Crisis*, Ithaca: Cornell University Press, 2014.

71 鳩山由紀夫, 〈私の政治哲學〉, 《Voice》 9月号, 2009.

4장

1 미국 중심 질서를 대체하려는 중국의 대전략이 본격화하는 시점이라 보는 견해로 Rush Doshi, *The Long Game: Chinas Grand Strategy to Displace American Order*, NY: Oxford Universtiy Press, 2021.

2 川島真, 〈韜光養晦と大國外交の間〉, 《國際問題》 160号, 2012.

3 Tai Ming Cheung, *Innovate to Dominate: The Rise of the Chinese Techno-Security State*, Ithaca: Cornell University Press, 2022.

4 Henry Paulson, *Dealing With China: An Insider Unmasks the New Economc Superpower*, London: Headline, 2015.

5 '책임 있는 이해관계자'에 대해서는 'Robert B. Zoellick, "Whither China: From Membership to Responsibility?" Remarks by Department of State Deputy Secretary of State, to the National Committee on the United States and China Relations, presented in New York City, September 21, 2005.

6 오바마 정부의 재균형과 피봇전략에 대한 종합적 분석은 Jeff Bader, *Obama and China's Rise*, Brookings Institution 2012.

7 馬田啓一·木村福成·浦田秀次郎, 〈日本のTPP参加決定過程〉, 《日本のTPP戰略》, 東京: 文眞堂, 2012.

8 Wen Jin Yuan, *The Trans-Pacific Partnership and China's Corresponding Strategies*, Washington DC: Center for Strategic and International Studies, 2012; Song, Guoyou and Wen Jin Yuan, "China's Free Trade Agreement Strategies." *Washington Quarterly* 35 no. 4, 2012, pp. 107-119.

9 鈴木美勝, 《日本の戦略外交》, 東京: 筑摩書房, 2017, pp. 131-150.

10 같은 책, p. 73.

11 安倍晋三, 〈インド国会における安倍総理大臣演説〉, 《二つの海の交わり》, 外務省演説, 2007年 8月 22日, https://www.mofa.go.jp/mofaj/press/enzetsu/19/eabe_0822.html/

12 福田康夫日本国内閣総理大臣スピーチ 於·国際交流会議, 〈アジアの未来〉, 2008. 太平洋が「内海」となる日へ https://www.mofa.go.jp/mofaj/press/enzetsu/20/efuk_0522.html/

13 鳩山由紀夫, 〈私の政治哲学〉, 《Voice 9》, 2009, pp. 132-141.

14 중국과 타이완이 주장하는 개념으로, 아홉 개의 점선으로 그어진 남중국해의 해상 경계선이다.

15 吉見俊哉, 《平成時代》, 岩波書店 2019, p. 248.

16 鈴木美勝, 앞의 책, 2017, pp. 138-142.

17 安倍晋三, "安倍総理大臣の東南アジア訪問(概要と評価)", 外務省, 2013年 1月 18日 https://www.mofa.go.jp/mofaj/kaidan/s_abe2/vti_1301/gaiyo.html/

18 神谷万丈, 〈インド太平洋は日本の地域安全保障政策の中核概念たりえるか〉, 平成25年度外務省外交·安全保障調査研究事業, 《インド·太平洋時代 の日本外交》, 日本国際問題研究所, 2014; 山本吉宣, 《インド太平洋と海のシルクロード: 政策シンボルの競争と国際秩序の形成》, PHP研究所, 2016.

19 岸田文雄, 〈岸田外務大臣によるモディ·インド首相表敬〉, 外務省, 2015年 1月 16日, https://www.mofa.go.jp/mofaj/s_sa/sw/in/page4_000900.html/

20 安倍晋三, 〈TICAD VI開会に当たって·安倍晋三日本国総理大臣基調演説〉, 外務省演説, 2016年 8月 27日, https://www.mofa.go.jp/mofaj/afr/af2/page4_002268.html/

21 外務省, 《外交青書 2017》, 外務省, 2017年 9月26 日, https://www.mofa.go.jp/mofaj/gaiko/blue

book/2017/html/index.html/

22 선진국을 뜻하는 '글로벌 노스'와 대비되는 개념으로 주로 남반구나 북반구의 저위도에 위치한 아시아, 아프리카, 남아메리카 등의 개발도상국을 지칭하는 용어.

23 Sunil Kumar·Pratap Bhanu Mehta·Prakash Menon·Srinath Raghavan·Shyam Saran·Nandan Nilekani·Siddharth Vara Khilnani·Rajiv darajan, *NonAlignment 2.0: A Foreign and Strategic Policy for India in the Twenty First Century*, New Delhi: Centre for Policy Research, 2012.

24 Manmohan Singh, "PM's address to Japan–India Association, Japan–India Parliamentary Friendship League and International Friendship Exchange Council," Government of India, May 28, 2013, https://archivepmo.nic.in/drmanmohansingh/speech-details.php?nodeid=1319/

25 外務省, "日印首脳会談", 外務省, 2015年12月13日, https://www.mofa.go.jp/mofaj/s_sa/sw/in/page4_001632.html/

26 Xi Jinping, "Speech by Chinese President Xi Jinping to Indonesian Parliament," ASEAN-China Centre, October 3, 2013, http://www.asean-china-center.org/english/2013-10/03/c_133062675.html/

27 Australian Government, "Defence White Paper 2013," Australian Government: Department of Defence, 3 May, 2013, https://www.aph.gov.au/About_Parliament/Parliamentary_Departments/Parliamentary_Library/pubs/rp/rp1516/DefendAust/2013/

28 이재현, 〈인도-퍼시픽: 새로운 전략공간의 등장〉, 《아산 이슈브리프》 2015-15, 2015.

29 Rory Medcalf, "Second thoughts on Kevin Rudd," Lowy Institute, 14 Novermber, 2013, https://www.lowyinstitute.org/the-interpreter/second-thoughts-kevin-rudd/

30 Clive Hamilton, *Silent Invasion: China's influence in Australia*, NY: Hardie Grant Books, 2018.

31 Rory Medcalf, *The Indo-Pacific Empire*, Manchester: Manchester University Press, 2020.

32 Roberts, Anthea and Nicolas Lamp, *Six Faces of Globalization: Who Wins, Who Loses, and Why It Matters*, Cambridge: Harvard University Press, 2021.

33 Eichengreen, Barry, The Populist Temptation: Economic Grievance and Politival Reaction in the Modern Era, NY: Oxford University Press, 2018.

34 Roberts and Lamp, 앞의 책, 2021.

35 The White House, "National Security Strategy of the United States of America", 2017, https://trumpwhitehouse.archives.gov/wp-content/uploads/2017/12/NSS-Final-12-18-2017-0905.pdf.

36 The Department of Defense, "The Indo-Pacific Strategy Report", 2019 https://media.defense.gov/2019/Jul/01/2002152311/-1/-1/1/DEPARTMENT-OF-DEFENSE-INDO-PACIFIC-STRATEGY-REPORT-2019.PDF.

37 Defense Intelligence Agency, "Statement for the Record: Worldwide Threat Assessment – 2021", Defense Intelligence Agency speeches and testimonies, April 29, 2021. https://www.dia.mil/articles/speeches-and-testimonies/article/2590462/statement-for-the-record-worldwide-threat-assessment-2021/

38 최원기, 《'인도-태평양전략'의 최근 동향과 '신남방정책'에 대한 시사점》, 국립외교원, 2018, p. 4.

39 Campbell, Kurt and Rush Doshi, "How America Can Shore Up Asian Order," *Foreign Affairs*, January 21, 2021.

40 The White House, "Indo-Pacific Strategy of the United States", White House Contents,

February, 2022, https://www.whitehouse.gov/wp-content/uploads/2022/02/U.S.-Indo-Pacific-Strategy.pdf.

41 The Ministry of Foreign Affairs of the Peoples republic of China, "Foreign Minister Meets the Press," https://www.fmprc.gov.cn/eng/wjb_663304/wjbz_663308/2461_663310/201803/t20180309_468677.html.

42 Peter Navarro, "China's Real Goal: A Monroe Doctrine in Asia?," *The National Interest*, 2014.

43 Liu Feng, and Kai He, "China's Bilateral Relations, Order Transition, and the Indo-Pacific Dynamics," *China Review* 23, no. 1, 2023, p. 18.

44 같은 책, p. 19.

45 〈왕이 美 '인도·태평양전략'은 인도·태평양판 NATO 도모〉, 《인민망》 한국어판, 2022년 3월 7일, http://kr.people.com.cn/n3/2022/0307/c203278-9967737.html/

46 Ministry of Foreign Affairs of the People's Republic of China, "Wang Yi Meets with Pakistani Foreign Minister Bilawal Bhutto Zardari," Minister Activities of the People's Republic of China, July 29, 2022, https://www.fmprc.gov.cn/eng/wjb_663304/wjbz_663308/activities_663312/202207/t20220729_10730551.html/

47 Ministry of Foreign Affairs of the People's Republic of China, "Wang Yi Meets with Pakistani Foreign Minister Bilawal Bhutto Zardari," Minister Activities of the People's Republic of China, July 29, 2022, https://www.fmprc.gov.cn/eng/wjb_663304/wjbz_663308/activities_663312/202207/t20220729_10730551.html/

48 전재성, 〈동북아 국제정치이론: 불완전 주권국가들의 국제정치〉, 한울, 2020, 제6장.

49 大庭三枝, 〈日本の「インド太平洋」構想〉, 《国際安全保障》 46 no.3, 2018, p. 22.

50 Yuichi Hosoya, "FOIP 2.0: The Evolution of Japan's Free and Open Indo-Pacific Strategy," *Asia-Pacific Review*, 29, 2019, p.1.

51 손열, 〈일본의 안보전략 전환과 한국의 대일 외교〉, EAI 논평, 2023년 1월.

52 Narendra Modi, "Prime Minister's Keynote Address at Shangri La Dialogue", Ministry of External Affairs Speech, June 1, 2018, https://www.mea.gov.in/Speeches-Statements.htm?dtl/29943/Prime+Ministers+Keynote+Address+at+Shangri+La+Dialogue+June+01+2018/

53 최영미, 〈중견국 외교로서의 신남방정책의 평가와 발전 방향〉, 《21세기정치학회보》 31, 2021, p. 4.

5장

1 中見立夫, 〈北東アジアはどのように、とらえられてきたか(〈特集〉モンゴル学国際シンポジウム)〉, 《北東アジア研究》 7, 2004, p. 44.

2 같은 책, pp. 46-47.

3 Stephen Kotkin, "Robert Kerner and the Northeast Asia Seminar", *ACTA SLAVICA IPONICA* 15, 1997.

4 Bruce Cumings, "Japans Position in the World System," in Andrew Gordon ed., *Postwar Japan as History*, Berkeley: University of California Press, 1993.

5 같은 책.

6 신범식, 〈북방정책과 한국-소련/러시아 관계〉, 《국제문제연구》 7, 2003.

7 이를 배경으로 8월 소련 영사단 사무소 설치, 1989년 2월 헝가리와 대사급 외교 관계 성립, 1989년 11월과 12월 각각 폴란드, 유고슬라비아 수교, 1990년 3월 체코, 불가리아, 몽골, 루마니아와 각각

대사급 외교 관계를 이루고, 9월 30일 한소국교정상화, 1992년 8월 중국과 국교정상화를 이루는 일련의 성과를 거두게 된다. 이어서 남북한 UN 동시 가입, 남북고위급회담 추진, 남북기본합의서 및 비핵화 공동선언 등의 결과를 낳았다(전재성, 〈노태우 정부의 북방외교와 한국-소련/중국 수교〉, 《외교정책론》, 명인문화사, 2008).

8 박철언이 소개한 북방정책 5대 기본 원칙 즉, (1) 북한의 고립화를 추구하지 않으며, (2) 통일정책과 연계하고, (3) 정치와 경제를 연계하며, (4) 미국 등 우방과의 기존 유대 관계를 바탕으로, (5) 국민적 합의하에 추진 등에서 잘 드러나듯이 동북아로의 공간 확장은 결국 북한과의 문제 풀기에 초점을 맞춘 결과였다.

9 김달중, 〈북방정책의 개념 목표, 배경〉, 《국제 정치논총》 29, 1989년 2월, p. 43.

10 전재성, 〈동아시아 지역주의론〉, 백영서 외 지음, 《동아시아의 지역 질서: 제국을 넘어 공동체로》, 창비, 2005; 손열 엮음, 《동아시아와 지역주의: 지역의 인식·구상·전략》, 지식마당, 2006; 하영선 편, 《동아시아공동체: 신화와 현실》, 동아시아연구원, 2008; 《국제 정치논총》 48, no. 4, 2008, pp. 381–391.

11 김대중, 《나의 길 나의 사상: 세계사의 대전환과 민족통일의 방략》, 한길사, 1994, pp. 166–167.

12 마상윤, 〈한국의 지역주의 구상〉, 손열 편, 《매력으로 엮는 동아시아》, 지식마당, 2007.

13 대통령비서실, 〈제58주년 광복절 대통령 경축사〉, 노무현사료관, 2003년 8월 15일, https://archives.knowhow.or.kr/record/all/view/86645/

14 대통령 자문 동북아시대위원회, 《평화와 번영의 동북아시대 구상》, 동북아시대위원회, 2005, p. 6.

15 Rozman, Gilbert, *Northeast Asia's Stunted Regionalism*, Princeton: Princeton Universtiy Press, 2002.

16 손열, 〈위안부 합의의 국제 정치〉, 《국제 정치논총》, 2018.

17 이재현, 〈신남방정책을 기반으로 한 한국형 인태전략 제안〉, 《아산정책연구원 이슈브리프》, 2022년 2월 28일.

18 노효동, 〈靑 '트럼프, 인도·태평양 안보 동참 제안…우린 수용 안 해'〉, 연합뉴스, 2017년 11월 9일. https://www.yna.co.kr/view/AKR20171109152700001/

19 같은 글.

20 같은 글.

21 조준형, 〈인도-태평양 안보 논란 불끄기…靑·외교부 "美와 협력 모색"〉, 연합뉴스, 2017년 11월 9일. https://www.yna.co.kr/view/AKR20171109186600014/

22 하영선·김병연, 〈대북정책: 북한 비핵화와 21세기 생존 번영을 위한 구상〉, 하영선·손열 편, 《2022 신정부 외교정책 제언》, 동아시아연구원, 2021, p. 58.

23 Yul Sohn, "South Korea under the United States-China rivalry: Dynamics of the Economic-Security Nexus in Trade Policymaking," *The Pacific Review*, May 2019.

24 Rory Medcalf, *Indo-Pacific Empire*, 2020, p. 7에서 재인용.

25 외교부 북미국/남아시아태평양국, 〈한미 간 신남방정책 및 인도-태평양전략 관련 협의〉, 외교부 보도자료, 2018년 8월 24일. https://usa.mofa.go.kr/www/brd/m_4080/view.do?seq=368529&page=3/

26 외교부 북미유럽경제외교과, 〈제3차 한미 고위급 경제협의회 개최〉, 외교부 보도자료, 2018년 12월 7일. https://usa.mofa.go.kr/www/brd/m_4080/view.do?seq=368840&page=1; 외교부 아세안협력과, 〈2차관, 인도-태평양 협력 고위급회의 참석〉, 외교부 보도자료, 2019년 3월 20일. https://usa.mofa.go.kr/www/brd/m_4080/view.do?seq=369077&page=1/

27 U.S. Embassy & Consulate in the republic of Korea, "U.S. & ROK issue a joint factsheet on their regional cooperation efforts," U.S. Embassy & Consulate in the republic of Korea,

November, 2019, https://kr.usembassy.gov/110219-joint-fact-sheet-by-the-united-states-and-the-republic-of-korea-on-cooperation-between-the-new-southern-policy-and-the-indo-pacific-strategy/; U.S. Embassy & Consulate in the republic of Korea, "Fact Sheet by the USA and the Republic of Korea on Cooperation between the Indo-Pacific Strategy & the New Southern Policy," U.S. Embassy & Consulate in the republic of Korea, November 14, 2020, https://kr.usembassy.gov/111320-release-of-the-u-s-indo-pacific-strategy-republic-of-korea-new-southern-policy-joint-fact-sheet/

28 이런 점에서 2019년 한일 무역 갈등이 안보 갈등으로 비화하여 미국의 인태전략을 손상할 지경에 이른 것은 한국이 안보 분야에서 인태 협력을 고려하지 않았음을 증명한다고 볼 수 있다. 한국은 일본과 상호 무역 보복을 주고받은 후 지소미아 종료를 선언하였고, 미국은 인도-태평양 아키텍처의 주요 부속품인 한미일 삼각 협력이 한일 대립으로 훼손되는 상황을 정면으로 비판하고 나섰다. 손열, 〈미중 전략경쟁 속 한일관계, 2012-2023〉, 《일본연구논총》 59호, 2023.

29 Kei Koga, Mie Oba, Ken Jimbo, and Zack Cooper, "U.S.–Japan Cooperation on Indo-Pacific Regional Architecture," Sasakawa Peace Foundation, September, 2019, https://www.spf.org/jpus-insights/spf-asia-initiative-en/spf-asia-initiative003.html/

30 한상희, 〈미 국무부 부차관보 '한미관계 글로벌 동맹으로 확장'〉, 뉴스1, 2020년 12월 4일, https://www.news1.kr/articles/?4139429/

31 최원기, 〈신남방정책 4년 평가: 외교적 성과와 향후 과제〉, IFANS 주요국제문제분석 2021-34.

32 외교부, 〈북미국장, 미국 국무부 동아태 부차관보 협의〉, 보도자료, 2020년 11월 14일, https://www.mofa.go.kr/www/brd/m_4080/view.do?seq=370650.

33 박경준, 〈[전문] 한미 정상회담 공동성명〉, 연합뉴스, 2021년 5월 22일, https://www.yna.co.kr/view/AKR20210522035500001/

34 〈윤 대통령 "자유·평화·번영의 인도-태평양 지역 만들겠다"〉, 연합뉴스, 2022년 11월 11일, yna.co.kr/view/MYH20221111016800038/

35 대한민국 정부, 〈자유, 평화, 번영의 인도-태평양전략〉, 2023년 12월.

36 최원기, 〈윤석열 정부의 인도-태평양전략: 주요 내용과 전략적 함의〉, 국립외교원, 2022.

37 정아란, 〈캠프 데이비드 '원칙'·'정신' 채택… "한미일, 쿼드 넘는 협력체"〉, 연합뉴스, 2023년 8월 17일, https://www.yna.co.kr/view/AKR20230817102052001/

6장

1 T.J. Pempel, ed., *Remapping East Asia: The Construction of a Region*, Ithaca: Cornell University Press, 2005.

2 Bruce Cumings, "Japan and Northeast Asia into the Twenty-first Century," in Katzenstein and Shiraishi eds., *Network Power: Japan and Asia*, Cornell 1997, pp. 137-138.

3 하영선, 〈변화하는 세계와 개념사〉, 하영선 편, 《근대 한국의 사회과학 개념 형성사》, 창비, 2009, p. 23.

4 Bjorn Hettne, "Regionalism and World Order," in Mary Farrell, Bjorn Hettne, and Luk Van Langenhove (eds), *Global Politics of Regionalism*, London: Pluto 2005.

5 Peter Katzenstein, *A World of Regions: Asia and Europe in the American Imperium*, Ithaca: Cornell University Press 2005.

6 Rory Metcalf, *Indo-Pacific Empire*, Manchester: University of Machester Press, 2020, p. 8.

7 대한민국 정부, 《자유, 평화, 번영의 인도-태평양전략》, 2023년 12월.

8 이하 기술은 필자의 〈[인태전략 스페셜리포트] 총론: 한국의 글로벌 인도-태평양〉, EAI 스페셜리포

트, (2022.12.07.)의 일부를 게재했다.
9 재세계화에 관해서는 Bishop, Matthew and Anthony Payne, *Reglobalization*, New York: Routledge, 2021.
10 이동률, 〈중국은 싫지만 한중관계는 중요: 한국의 대중정책 방향은〉, EAI 이슈브리핑, 2023년 9월 27일.
11 위치권력 개념에 기반한 중견국 외교론은 김상배, 〈네트워크이론으로 보는 중견국 외교전략: 구조적 공백과 위치권력 이론의 원용〉, 《국제 정치논총》 51, 3, 2011.; 네트워크 세계 정치 이론의 포괄적 이해는 김상배, 《아라크네의 국제정치학: 네트워크 세계정치이론의 도전》, 한울, 2019.
12 〈[전문] 캠프 데이비드 정신〉, 《서울신문》, 2023년 8월 19일. https://www.seoul.co.kr/news/newsView.php?id=20230819500011/
13 손열, 〈외교안보 컨트롤타워를 혁신하라〉, 《2022 대통령의 성공조건》, 동아시아연구원, 2021.

찾아보기

ㄱ

개념사 … 9, 19, 24, 81, 305, 335
개념전쟁 … 16, 25, 27~28, 31, 56, 119, 123, 198, 220, 229, 260, 269, 273, 287, 311, 313, 315~318
개도국 … 124, 132~135, 139, 141~142, 145~149, 151, 153, 155, 171, 214, 227, 255, 258
개발원조 … 135
건설의식 … 106
걸프전쟁 … 169
게마인샤프트 … 83~85, 93, 95, 96
경제 블록화 … 97, 319
경제 협력 … 23, 26, 131, 132, 146, 195, 205, 226, 267, 284~286, 289, 303
경제대국 … 144, 150, 169, 184, 224, 225, 227, 246, 316, 322, 323
경제안보 … 224, 253, 304
경제적 상호 의존 … 21, 145, 147, 163, 195, 250, 317, 318
경제적 세계화 … 163
경제적 지역주의 … 147
고노에 후미마로 … 52, 53, 85, 86, 89, 98, 111, 112
고무라 주타로 … 46
고이즈미 준이치로 … 194
고지마 키요시 … 132
곤여만국전도 … 28, 64
공간 개념 … 14, 16, 26~28, 31, 38, 54, 233, 320, 322
공간 지배 … 17, 312, 314, 315
공급망 … 18, 147, 157, 263, 265, 301, 318, 319, 327, 333
공급망 축소 재편 … 318, 319
공산주의 … 88, 89, 92, 107, 127, 128, 134, 135, 137
공수동맹 … 41
교토학파 … 116, 117
구조개혁 패키지 … 175
국가안보전략 … 187, 197, 203, 218, 250
국내 거버넌스 … 343
국민국가 건설 … 21
국제개발금융공사, IDFC … 252
국제남북회랑, INSC … 238
국제통화기금, IMF … 152, 153, 155, 173~175, 177, 178, 180
국제협조외교 … 73
군함외교 … 64
규칙 기반 국제 질서 … 263, 304, 326
규칙 기반 질서 … 257, 300, 303, 304, 326, 332
근대화 … 65, 68, 71, 98, 181
글로벌 개발 구상 … 261
글로벌 리더십 복원 … 255
글로벌 안보 구상 … 251, 321
글로벌 인태전략 … 335
금융자유화 … 179
기대 지평 … 18, 31, 219, 314, 318, 335
기시다 후미오 … 235, 264, 340
김대중 … 182, 192, 194, 274, 283~285
김명식 … 101, 104~106, 110, 113
김영삼 … 274, 283
김옥균 … 55, 56

ㄴ

나렌드라 모디 … 241~243, 266
남중국해 구단선 … 241
내선일체 … 108~110, 113

내정 불간섭 … 185
냉전 … 16, 21, 23, 27, 29, 74, 110, 123, 129, 134, 141, 142, 152, 155, 157, 187, 261, 274, 280, 281, 283, 286, 311, 313, 315, 319, 320
냉전형 지역주의 … 129
네트워크 외교 … 338
노구교사건 … 88, 89
노무현 … 31, 285, 286, 342
농본주의 … 83, 86, 94
농산물 자유화 … 172

ㄷ

다극화 세계 … 188
다이아몬드 안보 협력 … 233
다자네트워크 … 339
다중심체제 … 325
다카하시 가메키치 … 86
단일의 전략적 호 … 246~247
대국외교 … 222, 223
대동아 … 111, 114~118, 123, 131, 313
대동아공영권 … 110, 114, 115, 117, 142, 276
대아시아주의 … 163
대안 문명 … 17, 183
대중 견제 … 23, 195, 296, 318
대초승달전략 … 280
도광양회 … 222
도널드 트럼프 … 218, 219, 226, 249~252, 254, 258, 266, 268, 273, 291~293, 295, 337
도쿠토미 소호 … 69, 70
독립신문 … 56, 57
동도서기 … 54, 55
동류국가 … 156
동문동교 … 41, 43, 55
동문동종 … 54
동북아 … 8, 9, 13, 14, 31, 110, 124, 163, 171, 174, 195, 208, 230, 269, 273~280, 282~289, 292, 303, 305, 312, 315, 322, 324, 335, 338

동북아 삼각관계 … 278
동북아 평화 협력 구상 … 274
동북아 플러스 공동체 … 274
동북아다자협의체 … 274, 284
동북아시대위원회 … 286
동북아안보대화기구 … 274, 283
동북아중심국가 … 285, 286
동심원적 계열 구조 … 110
동아 … 8, 25, 78, 79, 83, 84, 92, 94~96, 98, 108, 111, 113, 114, 116, 118, 119, 123, 131, 161~163, 166, 181, 311~313
동아시아 … 8, 9, 13, 16~18, 21, 22, 30, 124, 142, 145, 146, 148, 149, 150, 151, 161~189, 191~201, 205~207, 211, 213, 214, 229, 230, 232, 246, 285, 287, 288, 305, 312, 315, 320, 322, 324, 335
동아시아 외환위기 … 172, 178, 181, 205
동아시아 포괄적 경제 동반자 협정, CEPEA … 206
동아시아경제그룹, EAEG … 168, 169, 176, 198
동아시아경제협의회, EAEC … 169~171, 201
동아시아공동체 … 30, 85, 193, 194, 197, 199, 213, 214, 232, 233
동아시아비전그룹, EAVG … 176, 193, 285
동아시아연구그룹, EASG … 193
동아시아의 기적 … 165
동아시아정상회의, EAS … 20, 21, 192~195, 198, 199, 204~206, 209, 226, 229, 237, 243, 285, 289, 298, 324, 335
동아신질서성명 … 98
동아협동체 … 22, 85, 95~97, 99~101, 104~108, 110~113, 163, 183
동양문명 … 43, 46, 48, 90
동양사학자 … 47
동양연대론 … 53, 56
동양의 이상 … 48
동양적 휴머니즘 … 96
동양정신 … 90
동양평화론 … 58
동중국해 … 223, 228, 233, 239, 241, 251, 257
두 해양의 합류 … 231

| 361

디커플링 … 264
딘 애치슨 … 126, 290

ㄹ

라인하르트 코젤렉 … 19
러시아의 우크라이나 침공 … 318
러일전쟁 … 46, 57, 58, 70, 71, 80
로렌스 서머스 … 154
로리 매드카프 … 248
로버트 웨이드 … 153, 179
로버트 젤릭 … 225
로야마 마사미치 … 97, 118
룩 이스트 … 241
리만쇼크 … 260
리콴유 … 181, 182, 191

ㅁ

마이클 폼페이오 … 251, 258, 294
마크 에스퍼 … 259
마테오 리치 … 37, 64
마하티르 … 168~170, 181, 191, 194
만주사변 … 77, 86~88, 102, 118
말라바르훈련 … 231, 242, 243
말라카해협 … 238
매력공세 … 185
메이지유신 … 41, 54, 68
멜빈 리히터 … 27
무쓰 무네미쓰 … 44
무역자유화 … 172, 178
문명 … 17, 28, 30, 36, 37, 40, 42~44, 46~55, 64~66, 79, 81~83, 116, 181, 182, 183, 189, 190, 312, 332
문명개화 … 42~44, 51, 54~56, 81, 82
문명론의 개략 … 42
문명사적 전환 … 44
문재인 … 269, 274, 289~295, 300, 304, 342
문화주의 … 80, 82, 94
물질만능주의 … 81

미국우선주의 … 254, 258
미국의 상대적 쇠퇴 … 221
미국의 태평양 세기 … 209
미국의 호수 … 62
미쓰비시총합연구소 … 221
미중 공동 거버넌스 … 225
미중 무역전쟁 … 259
미중 전략경쟁 … 248
미키 기요시 … 85, 91~99, 101, 106, 183
미키 다케오 … 141, 142
민본정치 … 182
민주국가 간 집합 능력 … 254

ㅂ

박근혜 … 274, 288, 289, 293, 342
박정희 … 129, 137~139, 141
반공 … 124~126, 138, 139
반공연맹 회의 … 129
반일 … 80, 88, 126,
발전국가 … 166, 178
밥 호크 … 149
방공식별구역 … 241
방위계획대강 … 264
버락 오바마 … 208, 225, 289
번역어 … 41, 64, 161
범태평양연합 … 67
범태평양주요국회의 … 145
베이징 컨센서스 … 188, 189
베트남 파병 … 139
벵골만 … 238, 242
보편적 가치 … 152, 153, 182, 190, 195, 197, 198, 230, 232, 234~236, 263, 306, 326, 332
보호주의 … 86, 168
복합화 … 180
북대서양조약기구, NATO … 20, 125, 220, 259, 334
북미자유무역협정, NAFTA … 22, 150, 154, 168

분야별 자발적 조기 무역자유화, EVSL ⋯ 172
불안정의 호 ⋯ 203, 230
브루스 커밍스 ⋯ 166, 314
비동맹 2.0 보고서 ⋯ 239, 243
비동맹주의 ⋯ 140, 238
비요른 헤트니 ⋯ 320
비전통 안보 ⋯ 23, 236, 299, 304
빌 클린턴 ⋯ 153, 170, 201

ㅅ
사실의 수리 ⋯ 103, 104
시장 개방 ⋯ 128, 148, 169, 171, 178
사카키바라 에이스케 ⋯ 175
사쿠마 쇼잔 ⋯ 41, 55
사회주의 ⋯ 96, 100, 102~105, 107, 109~111, 113, 190, 278
사회주의자 ⋯ 100, 102, 104, 107, 109~111, 113
3대 안보 문서 ⋯ 264
3불 정책 ⋯ 293
삼천리 ⋯ 101, 104
상하이협력기구, SCO ⋯ 184, 238
새로운 자본주의 ⋯ 213
새뮤얼 헌팅턴 ⋯ 182
샌프란시스코체제 ⋯ 128
생산네트워크 ⋯ 147
샹그릴라 대화 ⋯ 266
서양문명 ⋯ 28, 40, 42, 44, 47, 48, 55
서유견문 ⋯ 55
서태평양 ⋯ 71, 72, 134, 144, 149, 228, 233, 234, 246
선진 중견국 ⋯ 337, 338
선진국 ⋯ 124, 131~135, 139, 141~146, 148, 151, 154~156, 171, 172, 194, 290, 316, 332, 337
성공 조건 ⋯ 31, 32, 309
성숙한 세계국가 ⋯ 288
세계 표준 ⋯ 174
세계금융위기 ⋯ 164, 212, 224

세계무역기구, WTO ⋯ 147, 150, 156, 158, 188, 207
세계화의 과잉 ⋯ 17, 212
세계화의 파고 ⋯ 163, 186
세력 균형 ⋯ 45, 46, 102, 295, 311
센카쿠열도 ⋯ 223, 233
소강사회 ⋯ 187
소다자주의 ⋯ 255
소프트파워 ⋯ 203, 338, 339
쇼와연구회 ⋯ 85, 86, 88~91, 97~99, 108, 113
수출주도형 성장 ⋯ 167
순치보거 ⋯ 41, 42
스티븐 코트킨 ⋯ 278
스페인의 호수 ⋯ 62
시라토리 구라키치 ⋯ 47
시어도어 루스벨트 ⋯ 66, 71, 72
시장근본주의 ⋯ 152
시진핑 ⋯ 223, 224, 234, 241, 257, 263, 337
식민지화 ⋯ 42
신남방정책 ⋯ 269, 290, 295~299, 303, 304, 342
신미야지마 구상 ⋯ 191
신북방정책 ⋯ 269, 289, 342
신아시아전략 ⋯ 170
신아시아협력외교 ⋯ 288
신안전보장관 ⋯ 187
신자유주의 ⋯ 152, 155, 174, 178
신자유주의적 세계화 ⋯ 17, 29, 30, 153, 154, 158, 163, 170, 172, 175, 179~181, 183, 188, 212, 260, 288, 319
신조어 ⋯ 19, 25, 27, 38, 314
신태평양공동체 ⋯ 170
쌍둥이 적자 ⋯ 146, 149

ㅇ
아리프 딜릭 ⋯ 61
아베 신조 ⋯ 214, 228, 230~235, 241, 263, 265, 273, 291~293

| 363

아세안 중심성 … 23, 296, 299, 306
아세안+3, APT … 22, 171, 175~177, 185, 188, 191~195, 198, 199, 201, 202, 205, 206, 209, 285, 324
아세안의 길 … 185
아세안지역포럼, ARF … 184, 204, 283
아소 다로 … 230, 232
아시아 … 8, 9, 13, 22, 25, 28, 37, 38, 40~48, 50~52, 56, 57, 61~63, 66, 71, 73, 74, 78, 79, 83, 87, 96, 97, 116, 118, 124, 126, 131, 134~138, 141~143, 145~149, 151, 155, 161, 175~177, 181, 182, 204, 206, 209, 211, 213, 214, 223, 228, 231, 234, 235, 257, 263, 273, 276, 278, 279, 305, 311~314, 321
아시아 엣지 … 251, 252
아시아 패러독스 … 289
아시아 회귀 전략 … 213
아시아 개발은행, ADB … 335
아시아민족반공연맹 … 129
아시아유럽정상회의, ASEM … 170, 171
아시아인프라투자개발은행, AIIB … 223, 257, 294, 335
아시아적 가치 … 30, 118, 182, 198
아시아-태평양 … 8, 9, 13, 14, 16, 17, 26, 29, 31, 137~142, 144, 145, 148~151, 157, 158, 161, 168, 176, 201, 209, 212, 217~219, 225, 232, 249, 250, 256, 260, 267, 269, 273, 287~289, 312~315, 322, 324
아시아-태평양 구상 … 141
아시아-태평양 내해론 … 232
아시아-태평양 재균형 … 225
아시아-태평양각료협의회, ASPAC … 137, 139~141
아시아-태평양경제협력체, APEC … 155~159, 170~172, 174, 176, 177, 201, 204, 207, 209, 213, 219, 226
아시아통화기금, AMF … 174, 175, 177, 201
아키라 이리에 … 119
아태 FTA, FTAAP … 207
아프리카개발회의 … 235
안중근 … 58~60

알프레드 마한 … 66
앙리 르페브르 … 14
액트 이스트 … 241
앨런 그린스펀 … 178
야마가타 아리토모 … 45
야마무로 신이치 … 50
약소국 외교문화 … 341
양자 통화스와프 … 176
양자동맹네크워크 … 128, 225
양자택일 … 248, 294
에드워드 사이드 … 41
역코스 … 126
연계성 강화 … 267
영국의 호수 … 62
영일동맹 … 80
오리엔트 … 41, 47
오스발트 슈펭글러 … 81
오자키 호츠미 … 99, 111
오카쿠라 덴신 … 48
오히라 마사요시 … 145
왕이 … 256, 259, 260, 263
외교 다변화 … 140
외교청서 … 236, 263
요시다 시게루 … 127, 130
우루과이라운드 … 147, 150, 168
우리의식 … 85
운명공동체 … 111, 257, 260, 261, 264, 315
운영체계 … 212
워싱턴 컨센서스 … 152~154, 175, 178~180, 188, 201, 212, 224
워싱턴체제 … 29, 74, 75, 81, 119
워싱턴회의 … 75, 80
위안화 평가절하 … 184
위정척사 … 54~56
위치권력 … 338
윌리엄 태프트 … 66, 80
유교문명권 … 48, 312
유교적 가치 … 41, 190

유길준 … 55, 56
유럽경제공동체, EEC … 131, 134
유럽공동체, EC … 132, 150, 154
유사-발전 레짐 … 167
유엔아시아극동경제위원회, ECAFE … 130, 131
윤석열 … 274, 300, 302~306, 326, 331, 332, 340
이나가키 만지로 … 68
이명박 … 288, 302, 342
이스라엘-하마스 전쟁 … 318
이승만 … 126, 128, 129, 139, 140
이와쿠라사절단 … 42
이익선 … 45
이종원 … 129
인도양 … 15, 217, 224, 227, 231, 232~235, 237~239, 242, 245~248
인도-태평양 … 8, 9, 13~18, 21, 23, 30~32, 217~219, 221, 228, 229, 231~235, 237, 240, 241, 243~245, 247~251, 253~256, 258, 260, 262, 265~269, 273~276, 288, 291~296, 298~303, 305~307, 312~313, 315~317, 321~326, 330~332, 334~337, 339, 341, 342
인도-태평양 비즈니스 포럼 … 258
인도-태평양 해양 이니셔티브 … 243
인도-태평양군 … 14, 219
인도-태평양에 대한 아세안의 관점 … 267
인도-태평양전략 보고서 … 255, 295, 301
인도-태평양판 NATO … 259
인민전선 … 88, 102, 103
인정식 … 101, 107, 108
인종 개념 … 50, 51, 56
인종주의 … 71, 82
일대일로 … 224, 242, 248, 252, 254, 257, 258, 264, 294, 295, 321
일본민족주의 … 92
일본의 재무장 … 126
일본-인도 비전 2025 특별 전략적 글로벌 파트너십 … 230, 241
일본적 경영 … 180

일본적 정신 … 82
일청동맹론 … 41, 53
잃어버린 10년 … 191

ㅈ

자본주의 … 17, 63, 83, 87, 88, 96~98, 100, 102, 107, 178~180, 183, 213
자본주의적 생산 양식 … 26, 29
자유, 평화, 번영의 인도-태평양전략 … 300
자유롭고 개방적인 인도-태평양 (FOIP) … 236, 273, 291, 296, 299
자유무역협정 … 22, 150, 154, 206
자유민주주의 … 155, 332
자유방임주의 … 81
자유시장경제 … 180
자유와 번영의 호 … 230
자유의 확산 … 203, 203
자유주의 … 23, 29, 30, 80, 87, 92, 96, 97, 100, 119, 224 , 253, 254, 319, 328, 333
자유화 경제 개혁 프로그램 … 152
재세계화 … 17, 30, 327, 333
전랑외교 … 261, 264
전략공간 … 15, 17, 29, 177, 185, 229, 231, 232, 237, 240, 244, 247, 274, 280,282, 303, 305, 321, 322
전략적 균형 … 240, 330
전략적 호혜관계 … 263, 265
전파 … 9, 15, 22, 23, 25, 38, 47, 64, 68, 85, 110, 112, 123, 144, 146, 152, 153, 155, 157,163, 166, 179, 188, 198, 213, 311, 313~315
정당성 … 18, 22, 25, 123, 329, 339
정체성 … 14, 15, 22, 26, 47, 48, 50, 51, 63, 66, 83, 124, 134, 135, 139, 140~144, 146, 149, 151, 156, 164, 168, 175, 183, 195~197, 217,119, 232, 234, 315, 332
제1차 세계대전 … 29, 72, 73, 75, 78, 79, 87
제국주의 … 22, 28, 42, 44~47, 55, 61, 66, 68, 70, 73, 76, 80, 87, 89, 90, 93, 97, 111, 117, 118, 143, 311

제임스 베이커 … 155, 169
조 바이든 … 254, 255, 275, 299
조선프롤레타리아예술가동맹, 카프 … 103
조용한 침공 … 248
조정시장경제 … 180
조지 W. 부시 … 202
조지 H. W. 부시 … 153
조지프 스티글리츠 … 154
조화세계 … 190
존 메이 … 66
존 아이켄베리 … 128
존 케리 … 211
존 페어뱅크 … 36, 74
주권선 … 45
중국 특색의 발전 모델 … 188
중국 포위망 … 294
중국몽 … 15, 224
중국민족주의 … 97, 98, 113
중국식 먼로독트린 … 257
중국-아세안 FTA … 185, 192
중국-아세안 해상협력기금 … 242
중국위협론 … 185, 233
중국의 강압외교 … 213
중국의 부상 … 192, 206, 221, 222, 224, 232, 252
중국의 수정주의 … 233, 244, 255, 233, 244
중국의 해양 진출 … 223, 233, 331
중국제조2025 … 259
중일전쟁 … 77, 88, 89, 93, 94, 97~104, 109, 111, 114, 118
중층적 공간전략 … 334, 335
중화민족의 위대한 부흥 … 15, 224
중화질서 … 35, 48, 312
지경학 … 250, 268
지구 거버넌스 … 225, 257, 319, 320
지구 남반부, Global South … 237
지구적 지역 … 21
지구적 지역화 … 320

지구적 패권국 … 21, 30
지역 개념 … 8, 9, 15, 21, 22, 28, 31, 68, 123, 124, 144, 151, 171, 201, 218, 231, 234, 236, 250, 282, 287~289, 291, 295, 305, 311~313, 317, 321, 322, 324, 334, 335
지역공간 … 13, 14, 21, 22, 24, 26, 27, 52, 97, 126, 132, 162, 173, 175, 201, 245, 281, 300, 311, 314, 315, 320, 332, 335, 337
지역아키텍처 … 209
지역어 … 8, 9, 15, 20, 24~26, 28, 30, 61, 78, 123, 124, 137, 139, 145, 161, 165, 212, 217, 218, 240, 249, 260, 267, 273~276, 311, 314, 317
지역주의 … 129, 131, 140, 147, 150, 156, 168, 172, 184, 285, 286, 320
지역화 … 163
지정학적 개념 … 237, 256, 277, 312
진주목걸이전략 … 238, 242
집단안보체제 … 125~128

ㅊ
찰머스 존슨 … 166
창비 그룹 … 183
책임 있는 이해관계자 … 225
천하 … 28, 35, 37~40, 54, 317
첨단기술 경쟁의 안보화 … 318
청일전쟁 … 44, 46, 56, 68, 69, 71, 79
초국가적 위협 … 319
최대 장기적 위협 세력 … 253
치앙마이 구상 … 176, 177, 191
친숙한 동북아 … 281

ㅋ
캠프 데이비드선언 … 306, 339
커트 캠벨 … 255
케빈 러드 … 246
케언스그룹 … 149
쿼드 … 231, 243, 255, 256, 258, 259, 267, 296, 299, 326, 330
쿼드 플러스 … 243

쿼드정상회의 … 255

ㅌ

타이밍 청 … 233
타이완해협 … 239, 302, 306, 328, 335
탈세계화 … 319, 327, 328
탈아론 … 43, 44, 48, 52
태평양경제협력회의, PECC … 144, 146, 156
태평양공동방위체 … 129
태평양공동체 … 76, 77, 145, 156, 170
태평양관계연구소, IPR … 73~77
태평양무역개발기구, OPTAD … 133, 144
태평양무역개발협력기구, PAFTAD … 132, 141, 144
태평양안전보장조약 … 128
태평양연안경제위원회, PBEC … 133, 144
태평양의 꿈 … 211
태평양자유무역지대, PAFTA … 132, 141, 144
태평양조약 … 125
토니 블링컨 … 254
통산성 … 148
통합 억제 … 265

ㅍ

파시즘 … 86, 92, 97, 100, 102, 103
패권 … 30, 75, 152, 166, 314, 315, 321, 329, 330
패권적 부상 … 17
페르디난드 마젤란 … 61~63
평화와 번영의 동북아시대 … 285, 342
평화적 팽창주의 … 66, 68, 69
평화헌법 제9조 … 127
플라자합의 … 147
피터 카첸슈타인 … 320

ㅎ

하와이 병합 … 66, 70, 71
하토야마 유키오 … 212, 213, 232
한국의 인도-태평양전략 … 274, 300, 307, 341

한미동맹 … 128, 268, 288, 291, 295, 300, 330
한미상호방위조약 … 128
한미정상회담 … 295, 299, 300, 306
한반도민족주의 … 322
한반도중심주의 … 322
한반도평화프로세스 … 290
한일관계 … 134, 273, 289, 292, 342
한일국교정상화 … 139
해상수송로 … 244
해양 실크로드 … 242
해양국가 … 76, 133, 219, 232
해양안보 … 230, 234, 235, 237, 242, 243, 252, 296, 304
허버트 노먼 … 74
허버트 크롤리 … 75
협동주의 … 96, 162
혼일강리역대국지도 … 36, 37
홍종욱 … 101
화웨이 … 248, 253, 259
화평굴기 … 187
확대 아시아 … 231
확대 태평양 … 134
환일본해권 … 288
환태평양경제동반자협정, TPP … 208, 209, 212, 214, 226, 258, 289, 294
환태평양연대 … 145
황화론 … 46, 71, 81
후발 주자 … 167, 318
후쿠자와 유키치 … 42, 43, 48, 52, 55
흥아론 … 42, 56
희토류 수출 금지 조치 … 226
힐러리 클린턴 … 209, 211, 213
힘을 통한 평화 … 251

367

아시아에서 인도-태평양까지,
강대국의 공간 지배 전략과 한국의 선택

개념전쟁

초판 1쇄	2023년 12월 30일 발행
지은이	손열
발행인	손열
발행처	(재)동아시아연구원
주소	03028 서울특별시 종로구 사직로7길 1
전화	02-2277-1683
팩스	02-2277-1684
홈페이지	www.eai.or.kr
등록	제2-3612호.(2002. 10. 7.)
ISBN	979-11-6617-693-7 93340

이 책에 실린 글과 이미지의 무단전재·복제를 금합니다.
이 책 내용의 전부 또는 일부를 재사용하려면 반드시 발행처의 동의를 받아야 합니다.